① タンジャ
② フェズ
③ マルラーケシュ
④ シジルマーサ
⑤ イーワーラータン
⑥ ティンブクトゥ
⑦ マールリー
⑧ グラナダ
⑨ チュニス
⑩ アレクサンドリヤ
⑪ カイロ
⑫ アスワーン
⑬ アイダーブ
⑭ ジュッダ
⑮ メジナ
⑯ メッカ
⑰ アデン
⑱ ウマーン
⑲ ザイラア
⑳ サワーヒル
㉑ ダマスクス
㉒ ラタキヤ
㉓ アラーヤー
㉔ サヌーブ
㉕ カルシュ
㉖ アストラカン
㉗ コンスタンチノープル
㉘ フワーリズム

世界探検全集 — 02

三大陸周遊記

Tuḥfat an-Nuẓẓār fī Gharāʾib
al-Amṣār wa ʿAjāʾib al-Asfār
Ibn Baṭṭūṭah

イブン・
バットゥータ
前嶋信次 訳

河出書房新社

①村についた旅人。後方の建物の中では、村人たちがさまざまの仕事をしている。イブン・バットゥータの旅姿が偲ばれる。

②托鉢僧たち。大ぜいの人びとの前でダンスを踊っている場面。
（Ibn Battuta *Travels in Asia and Africa 1325-1354* 挿絵より）

③酒場。階上にも客席があり、階下の給仕が階上の給仕に酒壺を渡している（左）。
④インドのハーレム。器楽が奏され、酒も準備されている（右）。
（Ibn Battuta *Travels in Asia and Africa 1325-1354* 挿絵より）

⑤先王の廟。インド滞在中のイブン・バットゥータが番人を命じられたこともあった（右）。
（*The Travels of Ibn Battuta, A.D. 1325-1354 Volume III* より）
⑥モロッコのタンジャ（タンジール）にあるイブン・バットゥータ廟。史料的な確証はないものの、イブン・バットゥータの墓といわれる（左）。

⑦繁栄ぶりをうかがわせる17世紀ごろの広東。
（Ibn Battuta *Travels in Asia and Africa 1325-1354* 挿絵より）

ナビゲーション

快適と危険に耽溺する空前絶後の旅行記

高野秀行

イブン・バットゥータは人類史上最大の旅行家である。

一三〇四年、モロッコの港町タンジェ（タンジャ）に生まれた彼は、二二歳で故郷を離れ、北アフリカ、中東、中央アジア、インド、東南アジア、そして中国まで足かけ二五年にわたって旅をした。モロッコに戻ったあとも、キリスト教徒との戦争に参加するために現在のスペインを訪れたあと、今度はサハラ砂漠を越えて西アフリカ諸国を旅した。全てを合わせると足かけ三〇年に及ぶ。彼の足跡をたどるためにはユーラシア大陸とアフリカ大陸上半分の地図の両方が必要となる。まったく途方もない。

ちなみに、そのユーラシア大陸の右端にある日本では、当時、イブン・バットゥータより一歳年下の足利尊氏が鎌倉幕府を滅ぼしたり、室町幕府を開いたり、後醍醐天皇と戦ったりとめまぐるしく動いていたが、尊氏の活動範囲をイブン・バットゥータのそれと比べたら、あまりに狭くてまるで「点」のようである。日本史を貶めるつもりはなくて、日本が小さく世界が大きすぎるのだ。

イブン・バットゥータが比類なき大旅行家と認定されているのには、もう一つ理由がある。著作を遺しているからだ。おそらく過去の世の中には彼と同じかそれ以上に旅をした人たちは何人もいただろうが、記録に残っていない。その点、イブン・バットゥータは当時モロッコを治めていた王の要請で、自分の旅を余すことなく口述で記録する機会に恵まれた。しかも口述を記録して編纂したイブン・ジュザイイは学識豊かで文章の達者な人物だった。こうした一種の「奇跡」により、彼の長大な旅は格調高く生き生きとした筆致で後世に残された。

私はある仕事上の必要性から、数年前に、その日本語訳である『大旅行記』（家島彦一訳、東洋文庫全八巻。一九九六年から二〇〇二年にかけて刊行）を通して読んだ。訳注がおそろしく充実していることもあったが、完読するのにまるまる二週間もかかった。まったく驚くべき本で、猛烈に面白かったものの、いかんせん長すぎる。

そのような経緯から、一九五四年に河出書房で刊行され、のちに世界探検全集の一冊として訳出されたときは、原書の四分の一ほどに抄訳され、『三大陸周遊記』と名づけられた。今では我が国ではイブン・バットゥータの旅行記はこちらの題名で知られている。訳者は著名な東洋史学者の故・前嶋信次博士。『アラビアン・ナイト（千一夜物語）』を初めてアラビア語から日本語に直接訳したことでも知られる（それ以前、『アラビアン・ナイト』は英語などからの重訳だった）。付け加えれば、前嶋博士は、『大旅行記』の訳者である家島博士の恩師である。つまり、先に師が抄訳した旅行記を、後に弟子が全訳し、詳細な訳注をつけたのである。

今回このナビゲーションを書くにあたり、初めて『三大陸周遊記』を読んだが、素晴らしく読みやすい。全訳では各地の王家の伝承やしきたり、信仰（イスラム）に関する話が異常に長いのだが、本書ではそういう部分をばっさり切っていて、テンポがとてもいい。でも、全訳の雰囲気は損なわれていない。

以下、全訳『大旅行記』読書の経験を踏まえながら、『三大陸周遊記』（以下、「本書」と記す）の魅力をいくつか紹介したい。

まず、旅行記としての完成度の高さ。それはイブン・バットゥータより五〇年ほど前に生きたマルコ・ポーロの『東方見聞録』と比べるとよくわかる。『東方見聞録』は曖昧な記述が多く、自分の体験と他人の話がごちゃごちゃに入り混ざっているようだし、どこまで本当の話かわからない。記録というよりファンタジーに近い物語のようだ。もちろん、それはそれで面白いのだが、同じようなものと思って本書を開くと驚く。

こちらは現代の作家が書いた旅行記としても通用するほど、描写が精密で、現地の物価や衣食住まで事細かに書かれ、リアリティにあふれている。全部が事実でないだろうが、後世の人が検証しても事実性が高いことが確認されている。イブン・バットゥータの驚異的な記憶力と深い教養の、それに編纂者イブン・ジュザイイの並外れた文筆力のおかげだろう。

『東方見聞録』がファンタジー的な楽しみを与えるのに対し、本書では本当に一四世紀の世界をイブン・バットゥータと一緒に旅しているようなタイムトリップ感が得られるのだ。

では一四世紀の世界とはどんなだったのか。驚くのは圧倒的なイスラムのパワーである。西は北アフリカ及び西アフリカから東はインドネシアまで、彼の旅行先はほとんどがイスラム教徒の支配下にあった。二一世紀はイスラムの時代などと言われることがあるが、いやいや、とっくにイスラムが世界制覇した時代は来ていたのだ。

行くところ全てにモスクがあり、アラビア語を話す人が必ずいて、ハラルフードも手に入ったはずである。アラビア語ネイティブ（アラブ人）にして敬虔なムスリムであるイブン・バットゥータにとっては至って快適な世界だったはずだ。まるで現在のアメリカ人がどこを旅しても英語が通じてマクドナルドのハンバーガーが食べられるようなものだ。

海はダウ船が、陸路ではラクダの隊商が、まるで網の目のように都市と都市を結んでいる。当時の航路や通商路のルート図は、現在の航空路線図と変わらないくらい密である。

イスラムは聖地メッカへの巡礼を奨励するから、どこの土地でも巡礼者を接待する習慣や仕組みができていた。特にイブン・バットゥータのような知識人の旅行者は各地の王や有力者から歓迎された。滞在中はなにくれと面倒をみてもらい、出発するときにはお金やお土産を渡されるのである。

イスラムの知識を買われ、ときには現地の国の法官（裁判官）に任命されるうえ、驚いたことに、あちこちで「妻」を得てしまう。「女奴隷」を得ることもあれば、一般の女性を紹介されることもある。一度に妻を四人ももっていたこともあって、三〇年の旅の間でいったい何人の女性を娶（めと）ったのかわからないほどだ。それらの妻は多くの場合、「現地妻」で、子供も何人かできたようだが、妻子がどうなったのか詳しいことはほとんど書かれていない。ときには身重の妻を残したまま、新たな旅に出かけているが、特に誰からも恨まれたり不人情だと誹（そし）られたりしていないところを見ると、別に問題なかったらしい。

要するに、衣食住に不満がなかったばかりか、地位の高い仕事や家族も現地調達でき、飽きると次の土地へ移るという、現代では考えられない旅ができたのだ。

こんなに便利で快適なら、当時の人（男性）はみんながイブン・バットゥータのように旅をしただろうと思うかもしれないが、そんなことはなかった。旅は危険で苛酷極まりないものでもあったからだ。

まず病気。イブン・バットゥータと一緒に旅をしていた人たちはしばしば病気で呆気なく死ぬ。彼自身、何度も熱病で死にかける。それから山賊や海賊の襲撃。さらに海での難破。命がいくつあっても足りない。当時の旅とは文字通り「冒険」「探検」だったのだ。

当時の旅のもつ、この「快適」と「危険」の両極がイブン・バットゥータにとって麻薬のような魅力を感じさせたのだろう。私たちが本書を読んでワクワクできるのは、当のイブン・バットゥータがワクワクしているからである。

見所を挙げれば尽きないが、私はインドとモルジブ（マルディーヴ群島）の滞在中の話がいちばん好きだ。インドでは、信仰心に篤くて公平性を重んじるが異常に残虐という織田信長みたいな王にイブン・バットゥータは気に入られてしまい、途中から逃げるに逃げられなくなってしまう。

いっぽう、インドの近くの島国モルジブ諸島は打って変わって平和な国。女王が国を治め、人々は武器をもたず戦争もしない。島は美しくて清潔、鰹とココナツを主食とし、他の料理も美味しそう。旅人は誰でも現地の人たちから家族のように迎え入れられ、お世話をしてもらえる。イブン・バットゥータなどは宰相（首相）の仲人で「女王の義母」を妻にもらってしまったほどだ。モルジブは七百年前、今以上のリゾートアイランドだったのだ。

女王の義母と結婚するのは微妙だが、それ以外に関しては、私は当時のモルジブで暮らしてみたいと思った。

読者のみなさんも、どの土地で暮らしてみたいか候補を考えながら読むことをお勧めしたい。

高野秀行（たかの・ひでゆき）

一九六六年、東京都八王子市生まれ。ノンフィクション作家。早稲田大学探検部在籍時に書いた『幻獣ムベンベを追え』（集英社文庫）をきっかけに文筆活動を開始。アジア、アフリカなどの辺境地をテーマとしたノンフィクションや旅行記のほか、東京を舞台にしたエッセイや小説も多数発表。一九九二―九三年にはタイ国立チェンマイ大学日本語科で、二〇〇八―〇九年には上智大学外国語学部で、それぞれ講師を務める。『ワセダ三畳青春記』（集英社文庫）で第一回酒飲み書店員大賞を受賞。『謎の独立国家ソマリランド』（本の雑誌社）で第三五回講談社ノンフィクション賞を受賞。主な著書に『アヘン王国潜入記』『巨流アマゾンを遡れ』『異国トーキョー漂流記』（以上、集英社文庫）、『西南シルクロードは密林に消える』（講談社文庫）、『イスラム飲酒紀行』（扶桑社）、『語学の天才まで1億光年』（集英社インターナショナル）など。

目次—世界探検全集02—三大陸周遊記

後篇

＊

訳者まえがき

イブン・バットゥータはマルコ・ポーロより五〇年ほどおくれて生まれ、これと並び称せられている。生地(せいち)もマルコのふるさとヴェニスからさして遠くない地中海の入口タンジャであった。しかし、一方はキリスト教国に、他方はイスラム世界のひととなり、はなはだしくことなった教養を受けている。二人とも、青春時代から中年に至るまでを広大な大陸の旅にすごし、人の世のさまに限りない好奇探求の眼をそそいでいるし、今の北京がその旅路の果てであったこと、晩年にその思い出を口述せしめたことなど、種々の点で似かよったところがある。しかし世の中を見る角度はよほど違っていた。

イブン・バットゥータの見たのはイスラムの世界が中心であった。アラビヤン・ナイトがイスラム世界を夢幻的に表現したものとすれば、この一篇は、それを如実にえがいたものである。如実にえがいたものの方が、時として夢幻の世界よりもさらに不可思議なことがある。

巻末の解説に詳記した如く、本書はもっとも権威のある原典に基き、煩雑なところをはぶき、約四分の一ほどに節略して訳出したものである。おそらくわが国で最初の紹介かと思われる。

世界探検全集02　三大陸周遊記

前篇

序

大慈大悲にいますアッラーの御名によりてしるす。

この物語りの主はタンジャ（タンジェル）のひとアブー・アブダルラー・ムハンマド、通り名はイブン・バットゥータ、東方ではシャムスッ・ディーン（教日）と呼ばれた学識いと高く、敬虔な方である。

はやく故里をいで、あまねく世界を遍歴され、もろもろの国民（くにたみ）のことどもを詳しく見てこられた。いま国王の命を受け、このひとの語り伝えられたことどもを逐一写し取ったのがこの書である。かくいうはイスラム教徒の支配者アブー・イナーン・ファーリス王のしもべムハンマド・イブン・ジュザイイである。

ナイルの水は甘し

わたくしがふるさとのタンジャ（モロッコ）を出たのはヒジュラ（マホメットがメッカからメジナに移ったとき）の後七二五年ラジャブの月の二日、木曜日（西暦一三二五年六月一四日）のことで、聖地メッカの巡礼を行なった後、メジナなる預言者の御墓（みはか）に詣でるためであった。

ひとりの同行者もなく、キャラヴァンの群に加わるのでもなく、ただ聖地を訪れるのだとの希望に胸をふくらませ、固い決意をひめて旅路に出た。心を励まして親しい男や女の人々と別れ、あたかも巣離れの小鳥のごとく、わが家を去ったのである。父母ともに在世中であったが、心を鬼にして暇（いとま）ごいをした。この悲しみは、しかし両親にとっても、わたくしにとっても終生癒えぬ病のもととなった。このときわたくしは二二歳であった。

まず着いたのはティリムサーンの町であるが、ちょうどわたくしの到着の際、チュニス王の使節が二人、この町から出発するところであった。わたくしは三日間滞在し、必要な品々を手に入れたのち、急いで使節一行のあとを慕い、ミリアーナという町で追い着いた。折しも真夏に近づき、二人の使節は病気となったので、そこに一〇日ほど滞在した。やっと出発したけれども、そのうちの一人は、ミリアーナから四マイルほどの地点で重態となり、三日間病と闘ったのち、四日目の朝、最後の息をひきとった。一行はその遺骸を埋めるため、あとにひきかえしたので、わたくしはチュニスの隊商の群に加わって東に進むことにした。

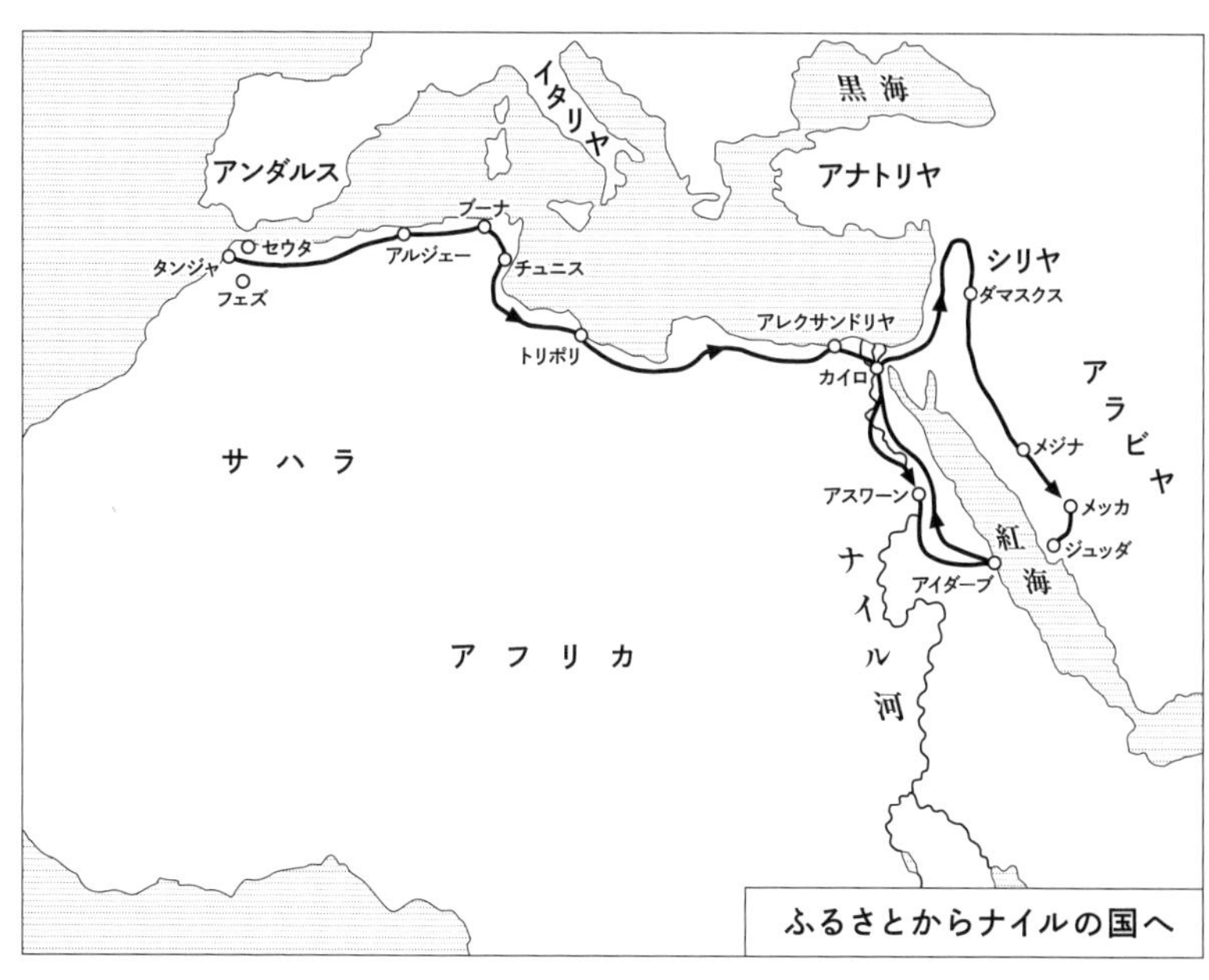

アッ・ジャザーイル（アルジェー）の町につき、その近郊に数日滞在してチュニス王の使節の一行を待ち、一緒にビジャーヤ（ブージー）の町に向った。そのころ、この町の太守をしていたのはムハンマド・イブン・サイイッド・アン・ナースという人であった。たまたまわたくしどもの一行に加わっていたチュニスの商人の一人が死んだが、金貨三〇〇〇ディーナール（一ディーナールは普通、四・二五グラムあり、純度は高かった）を故郷の家族に渡してくれるように友人に頼んであった。このことを聞いた太守は、その金を取上げてしまった。これが旅に出て、地方役人が不法な行ないをするのを見た最初であった。

わたくしも、このビジャーヤの町に着いて間もなく熱病にかかった。チュニス王の使節は、病が癒えるまで、この町に滞在した方がよいと奨めてくれたが、

「もし神がわたくしの死をお定めになった

ものなら、せめてヒジャーズ（アラビヤの西部、メッカのあるところ）に向う途上であちらを向いて息をひきとりたいのです」と答えた。

「それまでの覚悟ならば、乗用の馬匹や、重い荷物は売り払うがよかろう。わたしが乗りものも、天幕も貸して進ぜるから、身軽になって一緒に来られるがよい。途中で遊牧のアラブ族に襲われるおそれがあるから、途を急ごうではないか」と使節はいった。メッカへの長い旅の間、神の恩寵を多く受けたが、これがその初めのものであった。

クサンティーナの町の郊外に野営したとき、真夜中に大雨があって、天幕の中に居たたまらず、付近の民家に逃げこんだ。翌朝、町長のアブル・ハサンという人が迎えに来てくれたが、雨に汚れたわたくしの衣類を見て、うちで洗濯してあげようと供のものに命じ、わたくしの頭に巻いていたイフラーム（頭巾）が古びているのに目をとめ、シリヤのバールベク産の布でつくったイフラームのひと隅に金貨二ディーナールを結びつけて贈ってくれた。これが、わたくしが、今度の旅で受けた最初の施しものであった。

途中、休むことなくブーナの町まで進み、数日間滞在した。路上がいよいよ危険になってきたので、これまで一緒に来た商人達を後に残し、全速力で進むことになった。熱病が再発し、身体は衰弱しきったので、ターバンで身体を鞍に結え（ゆわ）つけておいた。けれど危険を感ずるあまり、途中一度も下りることなく、チュニスの町に着いた。町の人々は、使節の一行を出迎え、双方から近づくとお互いに挨拶したり、訊ねたり訊ねられたりしている。ただ、わたくしには誰ひとり知人もなく、挨拶してくれる者もなかった。強い悲しみにうたれ、むせび泣きがとまらず、涙がしきりに流れ出た。そのとき、一人の聖地巡礼者が、わたくしの有様を見て、近より、挨拶の言葉をかけ、何かと力づけてくれた。そして、市内に入るまで、さまざまの物語りをしては、わたくしの心を引立たしてくれた。その時のチュニスのスルターン（ハフス朝の王）はアブー・ヤフヤーであった。わたくしの滞在中、断食明けの祭（フィトルの祭）が行なわれ、多数の市民は盛装して祭典に集り、スルターンも家臣をひきつれ、馬で式場に来た。

しばらくして聖地巡礼団の引率者が選ばれ、わたくしもそのカージー（法官）に推された。

一一月の初めチュニスを出発、海岸にそって進み、アトラーブルス（トリポリ）に向かった。一〇〇騎あまりが護衛してくれ、また巡礼団の方でも一隊の弓手を備えていた。アラブ族は、これらを恐れたのか、途をさけ、襲いかかることがなかった。トリポリに滞在中、わたくしは、旅の途中サファークス（スファックス）の町でめとった女との結婚披露を行なった。乙女の父はチュニスの某同業組合の幹部であった。七二六年ムハルラムの末日（西暦一三二六年一月の初め）に、巡礼団中のマスムード族の人々や新妻とともにトリポリを出発した。わたくしは隊旗を持ち、先達の役にあたった。ただし、本隊は寒さと雨に恐れて、トリポリに居残っていた。

クスール・スルトという所で、一団の遊牧アラブ族が襲いかかろうとしたが、神の御心は、それらをかけへだて、われらの身にはその害が及ばぬようはからい給うた。

それから森林地帯を通りぬけサツラーム廟で、トリポリで別れた本隊と合した。そのとき、わたくしと義父との間に意見の相違が起こり、妻を離別しなければならなくなった。わたくしは、そのためファース（フェズ）出身のある学者の娘をめとり、その披露（ひろう）の宴には、巡礼団の人々全部をまる一日の間もてなしたのである。

旅路を重ねジュマーダ前の月の一日（西暦一三二六年四月五日）にはついにイスカンダリーヤ（エジプトのアレクサンドリヤ市）に着いた。

そこはまことに繁華なところであった。土地がらも素晴らしく、建物は堅固、また欲しいものはなんでも手に入れることができた。西洋と東洋との境にあたる地を占め、さまざまの美しさを蒐めて、あたかも珠玉のごとく輝いている都市であった。

あらゆる素晴らしさが目を楽しましめ、なべての珍貴なものどもが集まって来ていた。

ここには四つの城門と、宏大な港があった。全世界で、この港に較べ得るものとしては、インドのカウラム（今のクイロン）とカーリークート（カリカット）、トルコ族の地方（クリミヤ）のスーダークにある異教徒（ジェノア人）の港、及びシナのザイトゥーン（泉州）の港などをわたくしは知るのみである。

名高い燈台を訪れた。市街から一ファルサハ（約五キロ）ほどにある、空たかくそびえ立つ四角い建物であるが、その一面はすでに崩れていた。入口は地面よりも高い所にあるから、その対面にあるもう一つの建物から板橋を渡って行くようになっている。中に入ると番人の詰所があり、また沢山の部屋があった。二四年後（西暦一三四九年）に、故里へ帰る道すがら、再びここを訪れたときは、全く壊れていて、内部に入ることも、登ることもできなくなっていた。

市の郊外のなつめやしの林の中に立つ大理石の巨大な円柱も名物の一つであった。一つながりの巨石を巧みに刻んだもので、大きな台座の上に立てられてあった。いったい、何人が、どんな方法でこの場所に建てたかは誰にもわからぬのであった。

この地の名士のうちに「びっこ」のブルハーヌッ・ディーンという敬虔で謙遜、学識も高いイマーム（イスラムの主教）がいた。わたくしは三日間その人の家で、手厚いもてなしを受けた。ある日、その居間にはいると、

「お見受けするところ旅に出て、珍しい土地を見て歩くことがお好きらしいな」といわれたので、

「お言葉の通りでございます」と答えた。けれど、そのころから、インドやシナのような遙かな国々

までも行って見ようなどと思っていたわけではなかった。しかるにイマームは「あなたは、かならずインドではわたしの法兄のファリードッ・ディーンを、シンドでは同じくルクヌッ・ディーン・ザカリーヤーを、またシナでは、同じく法兄のブルハーヌッ・ディーンをお訪ねになるにちがいない。その節は、どうかわたしからもよろしくとお伝え下さるよう」といった。これには驚いたけれども、そのような遙かな国々までも行って見たいという希望が、初めてわたくしの心に萌え出てくるのを感じた。後年、果たして旅を続け、いまいわれた三人の長老達に会い、依頼された伝言を伝えることができたのである。

＊

アレクサンドリヤに滞在中、わたくしは、アブー・アブダルラー・アル・ムルシディーというシャイフ（長老）の噂を聞いた。ムニヤ・バニー・ムルシドという所にザーウィヤ（僧院）を建て、巨万の富を持ちながら、召使も友も持たず、まったく孤独の生活を送っている高徳の修行者である。毎日、王侯、貴人、その他さまざまの階級の訪客が集まってくる。それらにそれぞれ肉や果物、菓子類など所望する通りのものを与えるのみならず、季節はずれの珍しい果物や野菜まで供することも常住であるという。また法律家たちは、この人の所に集まって職を得ようとするから、それらの任免のことにもあたっている由で、アル・ムルシディー長老の名声は遠近に聞こえ、カイロに都するアン・ナースィル王も幾度となくその僧院を訪れたという。

この長老を訪ねようと思って、わたくしはアレクサンドリヤを出発し、半日行程でタラウジャという小さな町に着いて一泊した。そこのナージル（監察官）と話したところ、わたくしの故郷のタンジャでは、税収入がどのくらいに上るかと聞かれたので、年に一万二〇〇〇ディーナールくらいである

と答えると、彼はびっくりして、

「ここは御覧の通り小さな町ですが、税収入は七万二〇〇〇ディーナールにも上るのですよ」といった。エジプトでは、すべての土地が国有であるから、こんなに収入が多いのである。

ダマンフールという美しい町を経て、ファッワーの町についた。周囲の果樹園といい、町並（まちなみ）といい、素晴しい眺めであった。アル・ムルシディー長老の僧院は、この町の郊外、運河をへだてた所にあった。アスルの祈り（イスラム教徒が毎日行なう午後の礼拝）の前にそこに着いた。

はいって挨拶すると、長老は立ち上ってわたくしを抱き、食物を取寄せて一緒に食べたりした。そのとき長老は黒い羊毛織のジュッバ（短衣）を身につけていた。

夜も更けたので休みたいというと、

「僧院の屋上に登って、おやすみ」といってくれた。折しも暑熱の候が始まったころであった。その日は、スルターンの親衛隊の幹部の将軍が、多くの部下とともに長老を訪ねて来ていて、その一行は僧院の外側に野営していた。わたくしが「ビスミルラーヒ（神の御名によっての義、おやすみの挨拶にも用いる）」というと、将軍は、

「人みなその定まれる宿なきはなし」というコーランの一節（第三七章一六四節）をとなえて、挨拶をかえした。屋上には、蓆（むしろ）、革の敷物、身体を浄めるに用いる壺・水差し・椀などが備えてあった。

そこで眠ってしまったが、不思議な夢を見た。

……大きな鳥の翼に乗って、まずメッカの方に飛び、次にヤマン（イェメン）の方に行った。それから大鳥はわたくしを東のかたに運び、ついで南に行った。さらに遙に東方にかけったのち、蒼い闇の世界に下りて、わたくしをそこに見棄てて行ってしまった……

驚いて目覚めたが、

「もし長老が、今の夢の判断をしてくれるようなら、世の噂通りの人物にちがいない」と、こう思ったのである。暁の祈りのとき、下に降りて長老と一緒になった。カイロから来た将軍をはじめ、前夜の客達はそれぞれ別れをつげて去っていく。そこで昨夜の夢の話をすると、果たして次のように解いてくれた。

「あなたはメッカ巡礼を行ない、預言者（マホメット）の墓にも詣でるであろう。ヤマン、イラーク、トルコ族の国々、インド地方などを経めぐり、インドには長い間留まるにちがいないし、またわたしの法弟ディルシャード・アル・ヒンディーに会われるだろうが、かれはあなたを、そこで陥っている苦難から救い出してあげるに違いない。」

それから小型の焼パンや路用の銀貨を出してくれた。長老の祝福によりこれから後の長い旅路にも、至る所で厚遇された。しかし、これほどの人物にめぐり会ったことはなかった。インドに住むスィーディー・ムハンマド・アル・ムーラフをのぞいては……。

*

ナハラーリーヤの町に着いた。そこの市場は目を楽しませた。この地の知事はサーディーという人で、相当の勢力家であり、その息子はインドの王に仕えていた。

この町からナイル河をへだてたかなたにアブヤールの町があった。付近には芳香がただよい、多数のモスク（礼拝堂）もあって、申し分のない美しさであった。アブヤールからは見事な織物を産し、シリヤやイラーク、カイロその他の地方で珍重されている。ところが意外なことは、河一つへだてたナハラーリーヤの人々がいっこうにそれをもてはやさぬことであった。

アブヤールのカージー（法官）の家に泊っていたとき、「騎馬の日」にめぐり会った。この土地の人々はラマダーン（イスラム暦の月の名、この月の間は斎戒すなわち昼間の断食が守られる）の新月をのぞむ日のことをそう呼んでいるのである。

その前の月（シャアバーン）の二九日になると、町の法学者、そのほか主だった人々は午後の祈りの後に法官の家に集まり、みな馬に乗り、老若男女の群の先頭にたって郊外の小高い丘に行く。そこは「新月台（ヒラール）」とよばれ、蓆や敷物がのべてあるが、法官をはじめ一行の人々は、そこで馬から下りてラマダーンの新月が上るのを待ち受ける。月が現れると、日没の祈りを行ない、かがり火を先頭にして町に帰って行く。そして町の人々は店頭に灯をかかげて出迎え、皆で法官をその家まで見送ってから、別れ去る。これが年中行事となっているのである。

アブヤールから泊りを重ねてディムヤート（ダミエッタ）の町に着いた。バナナの産地で、舟でカイロに積出している。ここでは羊を夜も昼も番人もつけず放し飼いにしている。それで、ディムヤートの「壁はみな砂糖菓子、犬の代りに羊だらけ」との言いぐさがある。ただし、一度この町にはいった者はお役人の判をもらわぬと、勝手に外に出ることができない。身分のよい人々は紙片にそれをついてもらって、城門の番人に示すのであるが、一般人は腕に判を捺（お）してもらうのである。ダミエッタ付近からはブーリー（魚の名、ぼら）が多くとれ、シリヤ、ルーム（小アジヤ）、カイロなどに積出している。

わたくしが滞在したころのこの地の知事はアル・ムフスィニーという善い人で、ナイル河畔に学校を建てた。わたくしもそこに泊り、この知事とも強い友情で結ばれるに至った。

ダミエッタを出発し、同じくナイル河畔のファーリスクールの町の郊外に宿っていると、アル・ムフスィニー知事の派遣した騎士が追いつき「長官には、貴方さまのことを訊ねられ、すでに御出発のことを知られたので、このお金をお渡しせよとの申しつけでございます」といって、その金を差出した。

次にアシュムーヌル・ルッマーンという柘榴の名産地に着いた。木の橋がかかっていて、船舶はその付近に投錨する。夕方近くなると橋板を揚げるので、船は思い思いに上流に行ったり、下航したりするのである。

サマンヌードという河畔の町から、船でナイルを溯り、カイロに向かった。両岸には大小の町々がならんでいて、船旅するものは、格別、食糧を準備する必要はない。どこででも岸に上りさえすれば、欲しいものを手に入れることができるのである。アレクサンドリヤからカイロまで、カイロからアスワーンまで、ナイルの両岸には市場が次から次へと続いている。

＊

やっとミスル市（カイロ）に着いた。この国の首都で、いにしえのファラオらのいた所でもある。広くかつ富んだ国を率い、これ以上はあり得ぬほど多数の市民を擁し、美観と光彩を誇っているかのごとくである。また四方から旅人の集って来るところでもあり、弱いものと強いものの入り交って住むところである。およそ欲しいもので、ここで見つからぬというものはない。博識なものも、無知なものも、勤勉なものも、つまらぬことに耽溺するものも、温和なものも、激しいものも、卑しいものも、貴いものも、無名なものも著名なものも、あらゆる種類の人々がいる。人の多いことは、湧きさわぐ海の波の如くで、さしもに広大な土地を、ところ狭しとひしめき合っている。創建されてから年久しいにもかかわらず、常に青春の若やぎを楽しんでいる都である。ここは栄あるナイルを持つがために、雨を祈る必要はなく、寛容で、故里を遠く離れてきた人々の心を慰め力づけてもくれるのである。

カイロには、駱駝（らくだ）で水を運ぶ人夫が一万二〇〇〇、騾馬（らば）や驢馬（ろば）を貸すムカーリンが三万人もおり、ナイル河上には三万六〇〇〇隻の船があって上り下りしているとのことである。ナイル河をへだてて対岸にあるアル・ラウダ（今のローダ島）は遊楽の地で、美しい庭園が数多くあるのは、カイロの市民が楽しみと遊びを愛するがためである。わたくしの滞在中も、国王のアン・ナースィルが手に負傷し、それが癒えたお祝いが行なわれたが、すべての商家は、装飾品、色とりどりの布、絹布などで店頭を飾りたて、祭典は何日も何日も続いたものであった。

ナイルは、その水の甘美さ、流域の広さ、民衆を益することの多大さなどで、地上いずれの河よりも勝っている。伝説によれば、預言者（マホメット）が夜、天馬にまたがって昇天したとき、天国のはてにある蓮花を見たが、その根もとから四つの河が流れ出ていた。その二つは天国の中を流れ、他の二つはその外に流れ出ていた。天使ガブリエルにおたずねになると、外に流れるものはナイルとユーフラテスであるとのことであった。また一説には、この四つの河は、ナイルとユーフラテス、サイフーン（シル・ダリヤ）とジャイフーン（アム・ダリヤ）であるともある。この河の不思議さの一つは、その増水が、諸河川の減水したり、涸れたりする大暑のころに始まり、その減水が他の河川の増水したり溢れたりするときと一致していることである。シンドの河（インダス河）も、この点は似ている。ナイルの増水は六月に始まり、一六ディラー（約八メートル）に達する場合には、スルターン（国王）のもとに納められるハラージュ（年貢）は過不足ない量に達する。もしナイルがそれよりも一ディラーでも多く増水すれば、その年は豊作で、天下泰平である。しかし万一、一八ディラーまでに達するようなことがあれば田畑は損害を蒙（こうむ）り、疫病が発生する。反対に、もし、標準の一六ディラーより、一ディラーたりとも足らなかったならば、年貢は満足に納まらぬこととなる。二ディラーも不足しようものなら、民は水乞いをして騒いだり、ひどい災害を受けたりするのである。

ナイルは世界の五大河の一つであるが、他の四つはアル・フラート（ユーフラテス）、ダジュリス（チグリス）、サイフーン（シル・ダリヤ）、ジャイフーン（アム・ダリヤ）である。この五つと同じような性質のものに左の五つの河がある。第一はシンドの河（インダス河）でパンジュ・アーブ（五河）とも呼ばれるもの、第二はヒンドの河、すなわちカンク（ガンガ＝ガンジス）と呼ばれるもので、インド人はそこに巡礼し、死者の灰を投げ入れ、またこの河は天国から流れ出ていると称している。第三はジューン河（ジュムナ）で、これもインドにある。第四はイティル河（ヴォルガ）でキプチャック草原を流れ、その岸にサラー（サラーイ）の町がある。第五はサルー河（黄河）でヒタ一（北支）の地方にあり、その岸辺にハーン・バーリク（大都＝北京）があるが、そこからハンサー（臨安＝杭州）の方に流れ、さらにザイトゥーンの町（福建の泉州）に達する。ハンサーやザイトゥーンはスィーン（南支）の地にある。

＊

ピラミッドはよく刻んだ固い石で築いてある。方錐形で、入口もなければ、どうして建てたものかもわからない。伝説によれば、古代のある王が、大洪水があろうとの夢のしらせに怯（おび）えて、これらをナイルの西岸に築かせ、そこに学問の所産と、王達の遺骸を収めて安全に保存しようとしたものであるともいわれている。

その王は占星学者達に「このピラミッドが、いつかあばかれることがあろうか」と問うたところ「北方から開かれることがございましょう」と答えて、その場所を示し、これをあばくにはこれだけの費用がかかるともいった。そこで王は、それだけの金額を学者達の示した場所に納めさせた。さて、この工事に王は全力を注ぎ、前後六〇年で完成したので、「われらはこのピラミッドを六〇年を費して建てたり。破壊は建設より易きわざにてはあれど、これを破壊するには六〇〇年を要すべし」と刻して置いた。

星移り、世は変ってアッバース朝のカリフ・アル・マームーン（在位八一三―八三三年）はこのピラミッドを壊そうと思った。エジプトの某長老が、とめるのも聴かず、その北側を開けと命じた。人々はその前に大篝火をたき、目的の場所に酢をうちかけておいてから弩砲をうち、とうとう壁を破って、今も見られるような穴をうがってしまった。ところが、その穴の開かれたところから財宝が現われたので、カリフはそれを計らしたところ、ちょうど穴をうがつに要した費用と同額だったので、奇異の感にうたれたという。またそのときにピラミッドの壁の厚さが二〇ディラー（約一〇メートル）であることがわかった。

わたくしが訪れたときのミスル（エジプト）のスルターンはアル・マンスール・カラーウーンの子アン・ナースィルであった。父のカラーウーンはあだ名をアルフィー（千の人）と呼ばれたが、これはもと金貨一〇〇〇枚で買われたマムルーク（奴隷）だったためで、もとはキプチャック（南ロシヤ）の人であった。今のアン・ナースィル王は情深く数々の善行で知られた人である。

＊

マハミル（メッカのカーバ〔神殿〕にかける布を納める箱のことで、美しく装飾がほどこしてある）の行列の日がきた。大変な人出である。その日には四人の大法官、財務長官、警視総監その他のお歴々は馬に乗り、法律家、同業組合の取締役その他の主だった人々につきそわれて、アン・ナースィル王の宮殿の門のところに出迎える。すると、その年のメッカ巡礼団を率いる大官が先頭に立ち、マハミルを駱駝の背にのせて繰り出し、兵士や水運び人達が駱駝に乗ってこれに続く。この行列に一般の男女も加わってカイロと、それに隣接するフスタート市内を練り歩く。この祭りで人気が湧き立ち、聖地巡礼を志すものは、それぞれ準備にとりかかるのである。

わたくしも聖地に向かうべく、カイロをいでたち、途をナイルの上流のサイード地方に向けてとった。そして途中でムニヤ・ブヌ・ハスィーブ（ハスィーブの希望、今のミニヤ）という所に泊った。ナイルにのぞみ、学校、僧院、礼拝堂などの多い立派な町であるが、昔、エジプトの総督ハスィーブの所領だったところである。アッバース朝のあるカリフが何かエジプトの民に対し立腹したことがあった。見せしめのため、辛い目にあわすため、奴隷達のうちもっとも賤しいつまらぬ人間をその総督に任命しようと考えた。王宮の風呂焚きを勤めていたハスィーブがもっとも卑しまれていたので、これに礼服を着せ総督としてエジプトに赴任させた。すべて成上りものは下のものを苛めて、喜ぶのが常だから、定めしエジプト人をさんざんな目にあわせることだろうと思ってしたことである。あにはからんや、この人が一たび任地に着くと非常な善政を行ない、その仁愛ですっかり人民の心をつかんでしまった。バグダードの都から王族や、大官連が視察に派遣されて行くと、手厚い贈物をうけ、満足しては帰るのが常であった。

おさまらぬはカリフである。賄賂をつかったというかどで、ハスィーブの目玉を抜き去り、エジプト総督の任から逐いはらって、バグダードの市場でさらしものとせよと命じた。その使者がエジプトに着いたとき、人々はさまざまの邪魔をしてハスィーブの屋敷に入らせまいとした。その間にハスィーブは持っていた宝石類を衣服の中に縫いこんでかくすことができたが、結局、目をえぐられ、バグダードにひかれて市場の真中に曝されたのである。そこを一人の詩人が通りかかり「ハスィーブどの、わたしはあなたを褒める詩を持ってエジプトまで行ったのだが、もうあなたが発ったあとだった。どうです、その詩を聴いては下さらぬか」といった。「御覧の通りのさまとなりました。どうして聞かせてなどと申せましょうか。何の御礼もできませぬのに……」「何の礼などがいるものか。ただ聞いて下されば結構ですよ」といい、

きみの名はアル・ハスィーブ（大度量の義）
町の名はミスル（カイロ）
きみの心はかぎりなく寛く
この町はかぎりなく広し
人と町との差はあれど
ともに譬えん海の如しと
…………

と唱え終ると、ハスィーブは、

「わたくしの着物の縫い目をほどいて下さいまし」といった。詩人がいわれた通りにすると、その中から宝石をとり出し、

「どうか、これを御取り下さいまし」と辞退するのを、強いて受取らせた。詩人はそれを持って宝石商の所に行くと「これはまあ何と、カリフさまででもなければ似合わぬ立派なお品で……」と驚いた。この噂がカリフの耳に入ったものだから、詩人を呼びよせて事情を訊ねたところ、さっきのことをそのままに話した。カリフも今はハスィーブに対するしうちを後悔して、よび寄せ、立派な贈物を与えた上に「何なりと欲しいものを望め」といった。その時、ハスィーブが所望したのが、今のムニヤ・ブヌ・ハスィーブの町で、そこで生涯を終ったとのことである。

マンラウィーはナイル河から二マイルほど離れた小さな町で、一一カ所の砂糖を搾る工場がある。この地の住民は、貧しい人々がこれらの工場に入りこむのを黙認する風習を持っている。それで貧しい人々は焼きたてのパンを持っていって、砂糖を煮る釜に入れ、充分にひたして帰るのが常である。

マンラウィーからマンファルートを経てアシユートの町に着いた。にぎやかな市場がある。この地のカージー（法官）のシャルフッ・ディーンは「もう一文もない」という妙な綽名で知られていた。エジプトやシリヤでは慈善基金や旅行者のための施し金は、法官が管理していて、貧しい旅人などに与えることになっている。ある日、そういう人が、この法官を訪ねたとき、「もう一文もないでな」と断ったことがある。これからは、この言葉があだ名となってしまったのである。

イフミームの町を経てフーという、これもナイル河に沿った大きな都会に着いた。ここには預言者マホメットの血統をひくアブー・ムハンマド・アル・ハサニーという聖者がいた。その徳にあやかりたいと思って訪れると、聖者はわたくしの旅の目的をたずねられた。「ナイルをさかのぼり、そこから紅海の岸辺に出て海を渡り、ジュッダを経て聖殿（メッカのカーバ）に参拝いたしたいのです」と告げると「そのことは今のところではかなわぬであろう。もとの途に戻られるがよい。そなたは最初の聖地巡礼にはシリヤからの途をとられるに違いない」といわれた。

聖者のもとを辞したのち、わたくしはその言葉には従わず、もとのごとくナイルをさかのぼる途を続けて、とうとう紅海岸のアイダーブまで行ったのであるが、結局そこより先には進めなくなってカイロまで引きかえし、ついでシリヤに向かった。わたくしの最初の聖地巡礼は、聖者のいわれたごとくシリヤからの途によったのである。

それは後のこととして、フーからキナーに、さらにクースへと旅を続けた。ここはサイード地方の総督のいる所で、まことに形勝の地であり、果樹園はこんもりと繁り、市場は目覚しく、多くの礼拝堂や学校がある。

小規模ながら美しいアル・アクスル（ルクソル）の町から、アルマント、アスナー、アドフーなどを経て、ナイル河を東に渡りアトワーニーの町に出た。そこで駱駝を雇い、ダギーム族と呼ばれるアラブ人の一群とともに、全く無人の砂漠に進み入った。このあたりはハイエナが多く、夜間など絶えずこの野獣を撃退しなければならなかった。その一頭は、われわれの荷物を襲い、袋を破り、なつめやしの実をつめた行李を咬えて去った。翌朝になってみると行李はズタズタに裂かれ、その中身はあらかた食べ尽されていた。

こうして一五日間で砂漠を横断して海にのぞむアイダーブに着いた。大きな町で、魚や乳が豊富であるが、穀物やなつめやしはエジプトのサイード地方から運ぶのである。住んでいるのはベジャー族という黒人で、黄色の布を身にまとい、頭には指ほどの幅の紐を巻いている。この人々は女子の相続権をみとめず、駱駝の乳を主食としている。この町の三分の一はエジプトのアン・ナースィル王に属し、残りはベジャー族の王アル・ハドラビーという人の領地である。

わたくしがアイダーブに着いたときは、アル・ハドラビー王はエジプトのマムルーク朝と戦争をしていて、すでにエジプト側の船舶を覆えし、その軍を敗走させていたので、海路をアラビヤに向かうことは不可能となっていた。それでわれわれは準備して来た食糧を売りはらい、借り受けた駱駝の持主であるアラブ族の人々とともに、もとの途を引き返すこととなった。クースの町に着き、おりから増水しつつあったナイルを船で下り、八日後にはカイロにもどり、そこでただ一夜を過したのみで、シリヤに向かって旅立った。それは回暦七二六年のシャアバーンの月のなかば（西暦一三二六年七月）のことであった。

イエスのふるさと

ビルバイス（ベルベイス）、さらに東北に進んでサーリヒーヤ、それから先は砂漠だった。所々にハーンと呼ぶ宿があり、人も駱駝も泊ることができる。どのハーンにも、外側に大きな水槽があって、旅人は無料で水を汲めるし、自分達や家畜に必要なものが買える売店もあった。その中で一番有名なのはカトヤーという駅で、商人達はここで一定の税を納め、また所持品について綿密な検査を受ける。税関吏、徴税役人、代書人、公証人などの役所もこの地にある。シリヤに行くものは、エジプトで旅行券をもらってこないとここを通過することを許されぬし、またシリヤで出すパスポートを持たぬものは、ここからエジプト側に入ることができない。このあたりの街道の警備にあたっているのは遊牧のアラブ族である。その人々は夜になると、手で砂をかきならし、すべての足跡を消してしまう。翌朝、アミール（長官）がきて検閲し、もし砂上に人の通った跡でもあれば、アラブ族のものを呼んで調べさせる。その人々は足跡によって追いかけるから、関所破りは一人として逃れることはできぬ。そして長官の前に連れてこられ、それぞれ処罰されるのである。

そこを過ぎて旅を続けるほどにガッザ（ガザ）の町についた。エジプトからくると最初のシリヤの都市で、城壁はめぐらされていないが、住民が多く、立派な市場や多くのモスクのあるところであった。

次に、ハリール（アブラハム）の町（ヘブロン）に向かった。小さいが、大きな力をもち、貴く、外見もうるわしく、内部もまたほむべきところで、とある谷間の奥に位置している。とりわけてそこの神殿は立派な建物で、伝えによればソロモンがジン（妖精）に命じて建てさせたものであるという。境内にアブラハム、イサク、ヤコブの三聖とその妻達の墓のある洞窟がある。

同じ神殿の境内にはヨセフの墓もあり、東方の丘上には（アブラハムの甥）ロトの墓があり、ガウルの低地（死海のあるところ）はその下に展開しているのである。

ヘブロンから、アル・クドゥス（聖都、エルサレム）に向かったが、その途中で、預言者ヨナスの墓のある所に立ちより、またイーサー（イエス）の生れたベテレヘムをも訪れた。コーラン（一九章）に聖母マリヤはやしの樹の根もとで産みの苦しみを起こしたもうたとあるが、そのやしの幹のあとがなお見られた。その近くには立派な建物がある。キリスト教徒はこの場所を大いにあがめ、訪れる人々を手厚くもてなすのである。

次にエルサレムに着いた。二つの聖なる殿堂（メッカとメジナ）につぐ聖地で、預言者（マホメット）はある夜の夢にここから天に昇りたもうたのである。市街は大規模で美しく、石造りであるが、かの名君サラーフッ・ディーン（サラディン）が十字軍士の手からここを攻め取ったとき、城壁の一部を破壊した。その後、マムルーク朝のザーヒル・バイバルス王（在位一二六〇—七七年）がさらに徹底的にとりこわした。それは十字軍がここを回復して、拠点とするおそれを無くすためであった。エルサレムの聖域はまことに壮麗で、地上にこれよりも大規模なものはないといわれている。三面には多くの門があるが南面だけはただ一門しかなく、イマーム（主教）の出入口となっている。この大殿堂も屋根がなく、露天だが、アクサーのマスジド（遙かなるモスク）と呼ばれる部分は屋根に蔽われ、金色さんらんとしている。

サハラのクッバ（岩の円蓋殿）はもっとも奇異で、その形も変わっている。聖域の中央部の小高い所にあり、大理石の階段を登るようになっている。殿堂の内外には大理石を敷きつめ、建築の美しさは筆の及ぶ所ではない。大抵のものが黄金で蔽われ、光り輝いている。視るもののまなこはその美観にくらみ、その舌は説く力を失うのである。この殿堂の真中にかの貴い大磐石（ばんじゃく）がある。預言者（マホメット）はここから天に昇られたといい伝えられている。またこの岩の下部に小さな部屋ほどの洞窟があり、天井はほぼ六フィートほどの高さで、階段によって降りることができる。

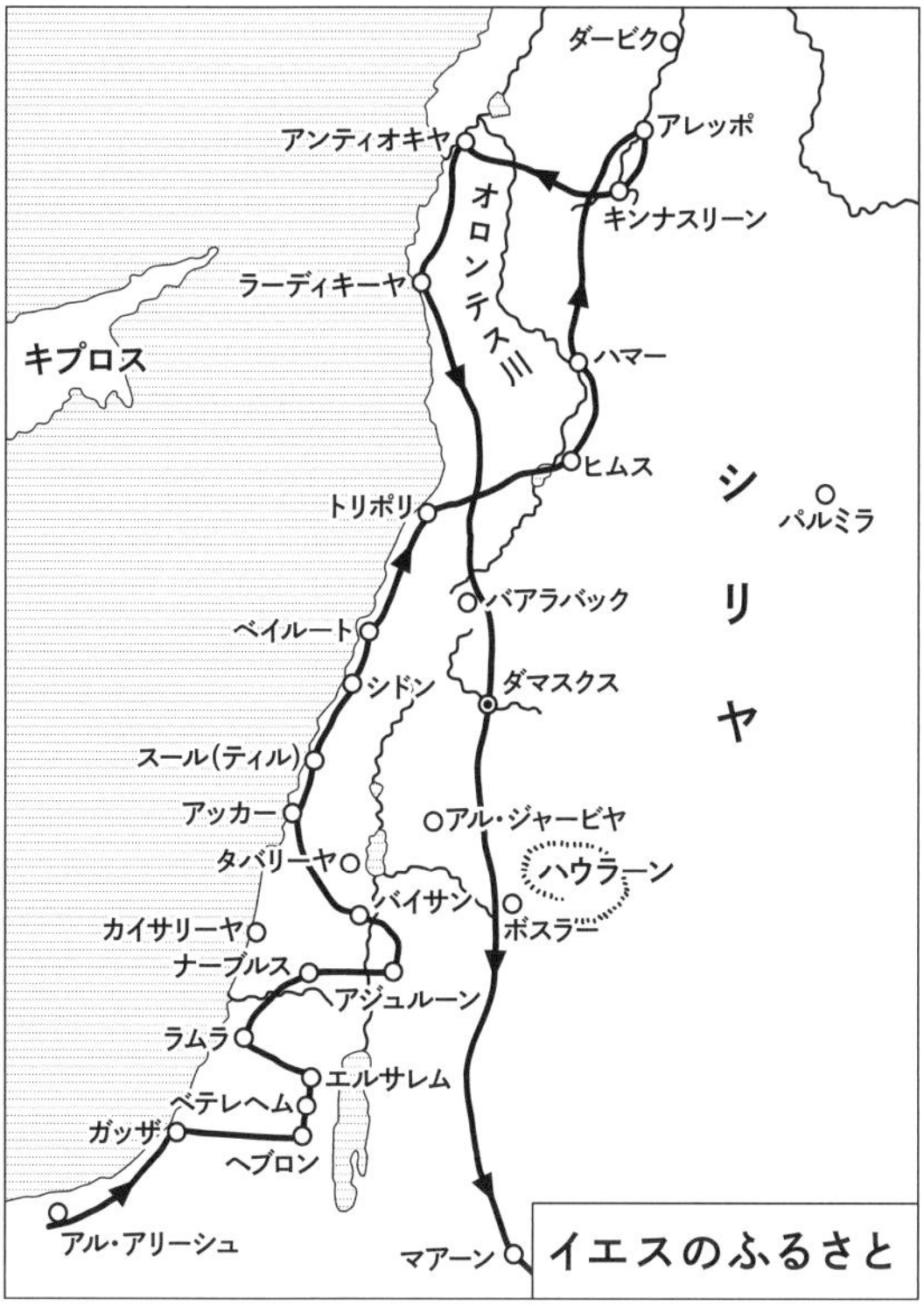

市街の東方にあたる丘の上に、ゲヘナ（地獄）の谷（実はエホシャファットの谷）にそって建物が一つあるが、キリストの昇天の場所といわれている。その他マリヤム（聖母マリヤ）やキリストの墓といわれる所もあり、キリスト教徒の巡礼にくるものが多いけれども、みなイスラム教徒に一定の納金をし、またいろいろ肩身の狭い思いをしなければならぬのである。それを不本意ながらも堪え忍んでいる。

エルサレムと別れて、西に

進み海岸に近いアスカロンを訪れた。昔は、この町ほど天然と人工との美に恵まれた所は珍しいとされたが、今は荒廃している。

名高いウマルの礼拝殿も荒れ果てて壁だけしか残っていないが、たぐいないほど美しい大理石の円柱がそちこちに立ったり、倒れたりしていて、その中に一本だけ紅色のものがあった。かつてキリスト教徒がこれを自国に運び去ったが、いつか見えなくなり、そしてもとのごとくアスカロンに来ていたとのことである。

この殿堂の南にアブラハムの井戸と称せられるものがある。また郊外にはコーランに述べられた「蟻の谷」がある（ソロモン王が人と妖精と鳥の大軍を率いて、ここで閲兵をしたという伝説）。

ラムラを経てナーブルスの町に行った。シリヤのうちオリーヴの産においてこの地に及ぶところはなく、その油をカイロやダマスクスに輸出している。また町の名をおびた一種のメロンを産するが、すこぶる甘美である。

アジュルーンは美しい町で、多くの盛場（さかりば）もあれば、城もあり、町をつらぬく河流の水はさわやかでうまい。

ラタキヤ、クサイル等を経て、海岸に向かいアッカー（アークル）の町についたが、廃墟のようになっていた。かつては十字軍の根拠地であり、フランク人はここをシリヤにおける首府とも、船着場ともして、その盛大さはコンスタンチノープルと比較されたのである。町の東方に「牛の泉」と呼ばれるものがあり、神がアダムのためにそこから牝羊を出さしめたもうたところと語り伝えられている。

アッカーからスール（ティル）に行ったが、ここも一帯の廃墟であった。しかしすこぶる要害の地で、三面は海にのぞんでいる。城門は二つあって、一つは陸地に、もう一つは海に向って開けてある。ことにこの海に面した方の城門の建築は世界中に比類のないような大規模のもので、左右に高い塔が聳えている。昔はその間に鉄鎖が張り渡してあり、これを下ろさぬと、船の出入りができなかった。そして、そこには、守備兵と信頼のできる人物がひかえていて、それらの了解を得なければ通行できぬようになっていた。

そこからサイダー（シドン）に行った。これも海岸の町で、風景が佳く、果物の産が多い。無花果、乾葡萄、オリーヴ油などをエジプトに積出している。

次にタバリーヤ（ティベリヤス）を訪れた。昔は立派な町であったが、今は廃墟にすぎぬ。けれど、そのうちにも古の栄華を偲ばすものがあり、よい温泉と、有名な湖水とがある。

その地から、大昔ヨセフがその兄達のため投げこまれたという井戸を訪れた。この井戸はとある礼拝堂の境内にあり、広くて深い。その水を飲んで見ると雨水であった。けれどそこの番人のいうところでは、この井戸からも水が湧いているとのことであった。

ベイルートに行った。小さい町ではあるが、立派な市場や、礼拝堂がある。果物や鉄などをエジプトに輸出している。そこから、われわれは、アブー・ヤークーブ・ユースフの墓に赴いた。この人はマグリブ（アフリカの北西地方、モロッコなどを含む）の王であったが、後に世を捨てて行いすまし、筵などを編んでは売って生計をたてた。寒さのきびしい日に、ダマスクス近郊の村里を乞食のように歩いていると、貧しい村人が見て哀れがり、自宅に連れて行き、できるだけのもてなしをした。その村人には大勢の子があり、中でも年かさの女の子は嫁入りの支度をしていた。土地の風習により、花嫁には銅の道具類を持たせてやることになっていた。アブー・ヤークーブはそれを見て、懐中から袋をとり出し、その中の粉を銅の家具にふりかけたところ、たちまちにすべて黄金に変わってしまったとのことである。

今では、この聖人の墓のそばに僧院があって、訪れるものには誰にでも食事をあたえている。そういう費用はサラディン王が寄進した財産から出ているとのことである。

その北方の海岸にあるアトラーブルス（トリポリ）に着いた。ここはシリヤの首邑の一つで、海と陸との富に恵まれている。十字軍との争奪戦のため古い市街は破壊され、現在のは再建された新しいものである。ここにはトルコ人（エジプトのマムルーク朝）の将官連が四〇人ほどいるが、それらの上に立つ総督はタイナールという人で、その居城は「幸福の館」と呼ばれている。総督は毎週の月曜と金曜に、それぞれ部隊を引率した将軍達をしたがえて郊外に出て行く。帰ってくると、その居館の少し手前で、将軍連中はみな下馬し、徒歩で総督の先導をして城門まで行き、総督がはいってしまうと、それぞれ引きとるのである。また毎日、日没の祈りがすむと、各将軍の家の近くでは軍楽を奏し、燈籠に火を入れるのであった。

かつてここの市長にサンダムールという人があった。罪人に対し苛酷なことをもって鳴り、それについていくつもの話が伝わっている。一例をあげると、ある婦人が、売ろうと思っていた牛乳を一人の奴隷のために、飲まれたといって訴えて出た。けれど果して飲んだものかどうか、はっきりした証拠はなかった。ところで、市長はその奴隷を呼び寄せ、胴体をまっ二つに断ち割ったところ、臓腑から牛乳が流れ出たということである。

ヒスヌル・アクラード（クルド族の砦）という山の上にあり、樹木や流れの多い町を経てヒムス（ホムス）に向かった。樹木は茂り、流れには水が豊かで、まことに気持のよい環境である。ヒムスの住民はアラブ族で、気だてもよく親切である。イスラム教初期の名将で、アッラーの剣とまで称されたハーリド・ブヌル・ワリードの墓はその郊外にあり、黒色の蔽いがかけてある。

北のかたハマーに向った。シリヤにおけるいとも立派な首邑の一つで、もっとも素晴しい都会の一つである。市街をとりかこむ田園や果樹園の間を行くと、水車がまわっていて、天体が廻転しているかの如くである。また町の中を貫流しているのはアル・アースィー（オロンテス）の流れで「巴旦杏あんず」という珍しいものがあるが、あんずの核を割ると、内部に甘い巴旦杏があるからそうよばれている。

＊

マアッラは無花果や落花生などの産が多いところで、アブル・アラー・アル・マアッリーほか多くの詩人の生地である。その次に訪れたサルミーンにはオリーヴ樹などが多くて、板状のサーブーン（石鹸）を製造し、カイロやダマスクスに輸出している。また芳香をつけた石鹸をもつくり、赤や黄に着色するが、これは手を洗うときに用いるものである。この地の住民は一〇という言葉を口にすることを忌んで、その必要のあるときは「九と一」というのである（ウマルをはじめマホメットの一〇人の教友を憎み、アリーを崇拝するあまり、こういう奇習が生じた）。またこの町の大礼拝堂も、その円屋根は九つで、わざと一〇という数をさけている。

サルミーンからハラブ（アレッポ）に行った。大都会で、まことに堂々たる首邑である。スペインの旅行家イブン・ジュバイルは「その真価は計り知れず、その名声は常にあまねし。あまたの王侯は彼女を得んと欲し、その地位は世人の心に深く印せられたり。ああ、いくたびの戦いが起り、いく振りの白刃が鞘ばしりしことぞや、彼女のために……」と記し、この地の城砦の難攻不落なことを説き、かつて、この城に拠った豪族らはすべて世を去り、建物のみが堅固に残っていることを歎いている。ハラブの城はアッ・シャハバー（灰色の城）と呼ばれ、二重の城壁と大きな濠をめぐらし、城内には二つの井戸があって、水の心配はなく、また城内の糧食は時を経て変質することがないといわれている。

ハラブとは「乳」の意味であるが、町自身も別にハラブ・イブラーヒーム（アブラハムの乳）と呼ばれている。それは、むかし、ここにアブラハムが住み、牝羊を多数飼っていて、その乳を貧しいもの、食を乞うもの、旅人などに与えていた。それで町の名までが「アブラハムの乳」となったという。地形のすぐれたこと、市街の広さ、均斉のとれたことなど、この地に比較できるものは少ない。また郊外には沃野（よくや）がひろびろと展開し、葡萄畑や果樹園が整然とつらなっている。この辺もまたアル・アースィー（オロンテス）河の流域であるが、これをアースィー（叛（そむ）いたもの）と呼ぶわけは、この流れを見るものが、ともすれば、水流の方向をとりちがえるからであるという。ハラブ（アレッポ）の町に近づけば、心は満ち足り、浮き立ち、喜悦を感ずる。これこそカリフ（イスラム世界の主）の都するにふさわしいところである。

アブール・ハサン・アル・ガルナーティーという詩人の歌を聴こう。

駱駝追いよ、いつまで休むのだ
さあ行こうハラブの途を
かの町はわがあこがれ
わが恋いしたうところ
心あたたかい人々の住み家
眼と胸をたのします牧場（まきば）の緑
盃みたす希望のうま酒
小鳥は歌うてよろこびを告げ
小枝（こえだ）はたれてくちづけを交わす

かのシャハバーの城のうえ
帯のごとまとわりまわりゆく
大空の星くず……

ティーズィーンを経て西のかたアンターキヤ（アンティオキヤ）に行った。大きな都会で、昔はシリヤにはその比を見ぬ堅固な城塞をめぐらしていたが、エジプトのザーヒル・バイバルス王がこの地を征服したとき、取りこわしてしまった。市内の某僧院の長老はムハンマド・ブヌ・アリーという人で、すでに百歳を越えているが、壮者（そうしゃ）のように元気である。わたくしが訪れたとき、長老は郊外の園にいて薪を集めていた。それを肩にかついで、市内の自宅まで運んで行かれた。またその子息にも会ったが、この人もすでに八〇歳を越え、腰が曲って立ち上ることもできなかった。この親子を見た人々は、親の方を子と思い、子の方を親と思うのが常である。

アンティオキヤを出てブグラース、クサイル（小城の義）、シュグル・ブカース、サハユーン、カドムース、マイナカ、ウルライカ、マスヤーフ、カハフなどというもろもろの山城を歴訪して歩いた。これらの城に拠っているのはイスマーイール教徒と呼ばれる人々で、別にフィダーウィーヤすなわち「命を捧げる人々」ともいわれている。彼等は自分等の教派に属さぬものはひとりとして寄せつけぬ。エジプトのアン・ナースィル王の矢とでも称すべき者達である。王は遠くに逃れようとする敵を、イラークに行こうと、どこへ行こうと、この連中を使っては命をとっている。彼等は給料のようなものをもらっている。王が、その一人をやって敵の一人を暗殺させようとするときは、前もって血の代金をあたえる。首尾よく使命を果して戻れば、その金は当人のものとなり、逆に殺されれば、その息子達の財産となる。イスマーイール教徒は毒を塗った短剣を使い、これで、殺せと命ぜられた相手を刺す。しかし、ときどき、し損じて逆に命を奪われることもある。アレッポの大将軍カラーソンクールの場合がそれであった。将軍がイラークに逃れたとき、ナースィル王は幾人かの刺客を差し向けたが、ことごとく返り討ちにあい、誰一人、これをしとめることができなかった。あるいは突如として将軍の邸内に侵入し、その面前で殺されたものもあれば、大胆にも馬上の将軍に襲いかかって手討ちにされたものもあった。多数の刺客が死ぬ一方、将軍の方も一刻も鎖かたびらを脱がず、木と鉄で固めた家の中でないと眠らなかった。

しかし将軍も最後にはイラーク王（イール汗国王）アブー・サイードが自分をエジプト王に引渡すつもりなのを知り、指環の宝石を抜き、その中にしこんでおいた毒薬を仰いで死んだ。

＊

イスマーイール教徒の諸城を経て、ジャバラの町に行った。海から一マイルほど離れ、豊かに水をたたえた河川や、樹林がある。ここに聖人イブラーヒーム（西暦七八〇年ころ死す）の墓がある。墓の近くにある立派な僧院は、何人（なんぴと）にあれ訪れるものには食事をあたえているが、毎年シャアバーンの月の一四日と一五日とには、シリヤ全土から参詣人が集って、蠟燭（ろうそく）をあげ、三日の間お籠りをする。そのために町外れには大きな市場がたち、何でも欲しいものを買うことができる。

イブラーヒーム聖人は王位を棄てて、生涯を神に仕えた人であるが、その父アドハムは王家に生まれた人ではなく、もとは神に一切を捧げた托鉢僧であった。伝えによれば、ある日、中央アジヤのブハーラーの町の樹園を通りかかり、運河の水で沐浴をした。そこへ林檎（りんご）が流れてきたので、拾いあげて食べたが、心中にこれはすまぬことをしたと思い、樹園の持ち主のところへ赦しを請いに出かけた。ところが、その園の半分はある婦人の所有で、他の半分は土地の国王の持物であり、しかも王はそこから一〇日行程のバルフの町に住んでいるとのことであった。アドハムは、はるばるとそこまで林檎半分を無断で食べた罪のゆるしを請いに出かけた。

王には一人の姫君があり、絶世の美人であったが、この話を聞いて、ぜひともそういう敬虔な人の妻になりたいといった。王が、自分の娘を妻としなければ、罪を許さぬというのでアドハムはやむなく、これと結婚し、その間に生まれたのがイブラーヒームであった。長じてから、母方の父から譲られた王位をすてて生涯を神に仕えたのであった。

また、この地域一帯の住民の大部分はヌサイル教徒と呼ばれていて、アブー・ターリブの子アリー（預言者マホメットの従兄弟であり女婿でもあり、第四代目のカリフとなる）を神としてあがめている。しかし祈りをせず、浄めも、断食も一切しない。ザーヒル・バイバルス王が強制的に礼拝堂を建てさせたところ、各村落に建てはしたが、人家から遠く離れた所を選び、誰一人祈りに行きもしなければ、手入れもしない。しばしば、家畜の群がそこに集ったりする始末である。またよその人が、この地に来て礼拝堂に入り、土地のものをも祈りにさそうこともよくあるが、「なくな驢馬よ、飼料をやるからな」と答えるが常である。しかもこのヌサイル教徒は中々数が多い。

こんな話もある。ヌサイル教徒の間に、見知らぬ男が現われ、自らマハディー（神に導かれた人の義、救世主にあたる）と称した。住民は喜んでそのまわりに集ると、「お前達に国々を支配させてやろう」と約束し、一人一人に、シリヤのうちの一地方を割りあてた。そしてオリーヴの葉を一枚ずつ渡し、「信ぜよ。これこそお墨つきと同じものであるぞ」といった。ある男が、これを持って自分に割当てられた土地に行き、その長官の前に出て「おれ救世主さまからこの土地を頂いただ」といった。「任命書があるか」と問われ、かのオリーヴの枯葉を出して見せたので、たちまち散々に打ちたたかれた上、牢屋に入れられたとのことである。

またかの救世主と名乗った男が、人々に、「イスラム教徒を討つ準備をせよ。まず血祭りにジャバラの町を襲え」と命じた。そして「刀の代りにミルタ（てんにんか）の枝をもて。それをお前達が持って闘えば剣の代りとなるであろう」といった。そこでヌサイル教徒はジャバラの町を襲撃した。町の人々は折しも金曜日の祈りのため礼拝堂に集っていた。それらの留守宅に入り、婦女を辱かしめた。町の人々は礼拝堂を出て、武器をとり、思うがままにこの侵入者どもを殺した。この報を受けたラーディキーヤの将軍は部下を率いて急行し、また伝書鳩でアトラーブルス（トリポリ）の大将軍に報告したので、これまた軍を率いて出動して来た。そこで、ヌサイル教徒を八方へ追跡し、そのうち約二万人を殺した。生き残った者は山中に立籠り、シリヤの総督に使を送って、もし赦免してくれるなら一人ごとに金貨一枚を納めると約束した。けれどエジプトのアン・ナースィル王は、すでに伝書鳩によって事情を知らされていたので、一人も残さず斬り殺せと命令を下した。シリヤ総督が、「あののどもはイスラム教徒のため耕作をしております。もし皆殺しにしたならばムスリムたち（イスラム教徒）も困ることになりましょう」と諫めたので、王も赦免の命を出したとのことである。

＊

次に海岸のアル・ラーディキーヤ（ラタキヤ）という古い町に行った。むかし、「（目につく）すべての船を分捕りする王」が住んでいたとコーラン（第一八章七八節）にあるのは、この地のことだと主張するものがある。わたくしがこの地に出かけたのは聖者アブドル・ムフスィン・アル・イスカンダリーにお目にかかりたいばかりであったが、聖者にはメッカにむけ旅立たれて留守であった。

それからマルカブの城を訪れた。高い山上にあり、エジプトのアン・ナースィル王の父君マンスール・カラーウーンが十字軍士を破って奪いとったものである。またアン・ナースィル王の生まれたのもこの付近であった。

アクラア山（禿山）に登ったが、シリヤの最高峰であり、海路を来るものが真先に目にするのがこれである。そこから、ルブナーン（レバノン）山地に行く。世界でももっとも肥沃な地の一つで、もろもろの果樹、泉水、樹蔭にめぐまれ、浮世の富を棄てひたすら神に奉仕する人々にも事かかぬところである。

レバノン山から南してバアラバック（バールベック）に着いた。シリヤ最良の町の一つで、美しく、またものさびている。桜桃が名物だし、またディブスというものをつくっている。葡萄の汁に何かの粉を入れて固まらしたもので、容器を割って、中身をこわさぬように取り出す。これに南京豆や巴旦杏を加えて菓子をつくっている。

ここからディマシュク（ダマスクス）まで、脚の達者のものなら一日の行程であるが、隊を組んで旅するものは、その途中のアッ・ザブダーニー村で一泊するのが常である。

わたくしがバールベックに着いた時はすでに夜であったが、早くダマスクスに行きたいあまり、その次の日の早朝にはそこを発った。そして、ヒジュラ後七二六年のラマダーンの月の九日、木曜日（西暦一三二六年八月九日）に着き、シャラービシーヤ学院（イスラム法学中マーリク派の学院）に宿泊することになった。

ダマスクスはその壮麗さ、完全さにおいていずれの地にも劣らず、その美点はいかに長々と説いてもなお足りぬほどであるが、イブン・ジュバイルほど巧みにそれを描写したものはないようである。「ディマシュクこそ、東洋の天国、光ののぼるところである。イスラム世界のしめくくりであり、諸都市中の花恥かしい新婦である。香草の花に飾られ、錦繡（きんしゅう）の園をまとってかがやくばかり……。メシヤ（救世主）とそのおん母君が、この地の丘の一つに住みたもうたがため、この町はいよいよ貴さを加えた。……うち眺めるものに対しては、装（よそお）いを凝らし『いざ来ませ、美の精の夜をすごすこの地に。ここに来て憩いませ』と呼びかける。……緑園は、日をめぐる光暈（こううん）のごとく、果実をとりまく花の蕚（がく）の如くディマシュクをかこんでいる。東方は目路のとどく限り、グータの野辺で、その到るところに熟れた果実が限りもなく連っている。『もし楽園が地上にあるならば、まさしくディマシュクがそれ。もし天界にあるならば、この町こそ、それと光栄を競い、その美をひとしくするであろう』とは何たる至言であろうか。」

ダマスクス市民は土曜日は、なんにも仕事をせず、遊楽の地に、川流のほとりに、大樹の蔭に、愉しい樹園やひたばしる水辺などの間に行き、夜のとばりの落ちるまで、そこで日を送っている。

ウマイヤ家の大礼拝堂は、けんらんさにおいて世界に比類がない。これを建てさせたのはカリフ、アル・ワリード（在位西暦七〇五—七一五年）で、使節をコンスタンチノープルのギリシャ皇帝のもとに送り工匠達を派遣するよう要請したので、一万二〇〇〇名が送られてきた。このモスクのある場所には、もとキリスト教の会堂があったのであるが、勇将ハーリド・イブヌル・ワリード等のムスリム軍が二方面から突入した。そのときから、半分はモスク、他の半分はキリスト教の会堂となっていたが、カリフ、ワリードはモスクの方を拡張しようと思い、キリスト教徒に「いくら高価でもかまわぬ。そなた達の教会を売れ」といった。教徒がこれを拒絶したので、カリフは力ずくで没収してしまった。教会を壊すものは気狂いとなるに違いないとキリスト教徒がいっていると聞いたワリードは「アッラーのためならば真先に狂人になろうよ」といい、手ずから斧をとって、教会堂を壊しにかかった。イスラム教徒らは、それを見て、われもわれもとはせつけて、これを助けた。こうしてアッラーはキリスト教徒の言い草の偽りだったことを証明されたのである。

このモスクの名声と、霊験とは天下に聞えている。「ダマスクスの礼拝堂での一祈りは、三万回の祈りに相当する」とも「世界破滅ののち、なお四〇年間、ダマスクスの礼拝堂ではアッラーに仕えまつるものがあろう」ともいわれている。

ダマスクスのまわりは、その東方を除けば隣接都市によってとりまかれている。それらは広い地域を占め、都心よりも美しいくらいである。北方にあるのはサーリヒーヤの町で、カーシユーン山の南麓にある。この山はむかし、もろもろの預言者たちが天に昇ったという霊山で、神の友たるアブラハムが生まれたという洞窟もある。またその西側に「血の洞窟」があるが、その上の山中にカインが弟アベルを殺したところがあり、その死骸を洞窟に曳きずって行ったのであった。神はこの兇行の場所の石に赤い痕を残したもうた。またアブラハム、モーゼ、イエス、ヨブ、ロトたちがこの洞窟で祈ったといい伝えられている。山頂にも「アダムの窟」という広々した洞があり、その下方に「飢餓の洞窟」と呼ばれるものがある。七〇人の預言者がここに逃れたが、ただ一つの薄い丸パンがあっただけであった。誰もそれを食べようとせず、互いに他に譲り合い、ついに一人残らず死んでしまったといわれている。

カーシユーン山の麓に一つの霊丘がある。コーラン（第二三章五二節）に「われら、マリヤの子とその母とを人の子らのしるしとなしぬ。かれら二人に住居として、小高く、物静かにて、水豊かなる泉ある地をあたえたり」とある所で、風光はこよなく美しい。祝福された住居はこの丘の中ほどにある小さな洞窟で、参詣者がひきも切らずつめかけている。この丘から湧き出る泉は、七つの運河に別れてダマスクスの市街をうるおしている。一番大きなのがトゥーラで、丘上から地中のトンネルをくぐって麓に出ている。ときどき、大胆な男が、山頂からこの川に泳ぎ入り、地中をぬけて麓で浮び出ることがあるが、まことに危険なことである。思い思いの方向に沃野を流れて行く七つの河の景色は言葉にも筆にも表わし得ぬすばらしさである。

ダマスクスには数え切れぬほど多数の慈善財団（ワクフ）が設けられている。二、三の例を挙げると、㈠メッカ巡礼を果すことができない人々のためのもので、その代理として行く者に旅費を出している。㈡嫁入の支度のできない娘達に、色々の調度を支給するもの。㈢捕虜を釈放させる身代金を出すもの。㈣異国の旅行者に衣料や食糧を支給するもの。㈤道路の維持、鋪装などのためのもの。ダマスクスでは、街路の両側は歩道となっており、真中を騎馬のものが通るのである。

慈善財団には、このほかにも色々の目的のものがある。ある日、わたくしがとある街を歩いていると、ちびの白人奴隷がシナ製の大皿を取り落してこわしてしまった。それはこの地でサハンと呼ばれている品であったが、たちまちに野次馬がそのまわりに集ってきた。ある人が、奴隷に向い「その皿のかけらを集めて、道具類の慈善財団の管理人のところに持って行きな」といった。奴隷は、破片をあつめ、その人に付き添われて管理人のところに行って、示した。管理人はすぐに、同じような皿を買うだけの金を渡したのである。

まことに結構な制度で、これがなかったら、若い奴隷は主人のためになぐられるか、さもなくばひどく叱られたことだろうし、彼自身も気を落し、心を痛めたに違いないのである。かかる慈善財団こそ本当に人々の心を慰めるものである。神よ、かくまでに善行を高めた人々をよみしたまえ。すべて異郷から来たものは、この都市で愉快に暮らすことができる。親切に待遇され、その自尊心を傷つけることなどないように気を配ってもらえる。他家に奉公するものには、園丁、水車場の番人、子供達を学校へ送り迎えすることなどの仕事をあてがってくれる。学問をしたり、ひたすら神に奉仕したい者も、それぞれその目的にそうような援助を受けることができる。

数ある高名な学者達の中にハンバル派法学の大家でタキーッ・ディーン・イブン・タイミーヤ（西暦一二六三年ハルラーンに生まれたイスラム神学・法学の大立物。後世に甚大な影響を与えた。一三二八年九月、ダマスクスで病死。会葬者は男子二〇万、女子一万五〇〇〇に達したといわれている）という人があって、名声が一世に高かった。かれは各方面の学問を説いたが、考え方にはねじけた点があった。しかしダマスクス市民のこの人物に対する尊敬は大変なもので、かれはいつもミンバル（説教壇）の上に立って講義していた。あるとき、不都合な言説があったというので他派の学者達から攻撃され、カイロに召喚され、裁判の上、獄に投ぜられた。「バハルル・ムヒート」（環海）という約四〇巻もあるコーランの註解書はこの際、獄中で書いたものである。

数年後、その母がアン・ナースィル王に歎願して自由の身としてもらったけれども、現にわたくしがダマスクスに滞在中も次のような事件を起してしまった。ある金曜日に、大礼拝堂でかれが説教壇に立って熱弁をふるうのを聴いたことがある。そのうちに「まことにアッラーはこの世界の上の天に降りたもうたのである。これこのごとくにな……」といいながら説教壇を一歩下りて見せた。マーリク法学派の某学者が、それを反駁し、攻撃した。すると群衆がいきり立って、その学者をなぐったり蹴ったりしたので、ターバンが落ち、絹の球帽が見えた。絹ものを用いるのは違法だというので、かの学者は法官の所にひかれ、獄に入れられた上にたたきの刑に処せられた。納まらぬはマーリク派やシャーフィイー派の学者達で、カイロのアン・ナースィル王の派遣した総督に訴え出た。総督はこれを王のもとに通報したのであるが、その中にはイブン・タイミーヤの言説にいろいろの不穏な個所があることが述べてあった。王はかれをダマスクスの城砦内に幽閉せよとの命を下した。そして遂にこの獄中で死んだのであった。

わたくしは、またこの地でマーリク派法学の教授ヌールッ・ディーン・アッ・サハーウィーという人と深い友情で結ばれた。あたかも斎戒の間（ラマダーンの月の間、イスラム教徒は明るい間は飲食をしない）であったから、毎晩自宅にきて食事するようにと招いてくれた。四晩ほど通ったけれど、発熱したため行くことをやめた。ところが教授は使いのものを迎えによこし、是非ともといってきかなかった。わたくしは、その夜は同氏の宅ですごし、翌日になって帰ろうとすると「この家を貴方自身のものか、または、貴方の御父君か、兄君の家と思し召せ」といってとめ、医師を呼んで、薬や食事などその指図どおりにしてあげよと家人に命じた。それでわたくしは、斎戒明けの祭の日（イード・ウッ・サギールともいう。シャッワールの月のはじめにあたる）まで同家に滞在したところ、神はわたくしに快癒を下したもうた。

そのとき、わたくしは全く旅費をつかい果たしていたが、このことを知った教授は何頭かの駱駝を雇い、道中の必需品やその他の品々を与えられたのみならず、さらに金子若干をも賜わって「これは何かさしせまったときのために」といわれた。

*

ヒジュラ後七二六年のシャッワールの月のはじめ（西暦一三二六年九月一日）にヒジャーズ（アラビヤの西部）行きの旅行隊がダマスクスを出てクスワの村に泊った。わたくしはこの一行に加わってアラビヤに向うことになった。隊長はサイフッ・ディーン・アッ・ジューバーンであった。またムハンマド・ラーフィーという人が率いたアル・アジャーリマと呼ぶ遊牧アラブの一部族も一緒であった。

クスワ村からサナマイン村、ハウラーン地方のズルアなどを経てボスラーの町に入った。旅行隊はここで四日間滞在し、所用でダマスクスに残っていた人々を待合わせるのが恒例となっている。ボスラーはその昔、神の使徒マホメットがまだ天啓をうけなかったころ、寡婦（後にマホメットの妻となる）ハディージャの商用を帯びて、旅して来られたところで、その駱駝が臥たという場所には、今は大きなモスクが建てられてある。聖地に赴くものは、ここで旅の必需品をととのえるのである。

ビルカ・ズィーザ（ズィーザ池）で一日、鋭気を養い、アル・ラッジューンを経てカラクの城に向かった。天下に聞こえた名城で、要害をきわめて、一に「鴉城」とも呼ばれ、四面に水流をめぐらしている。城門はただ一カ所で、天然の岩壁をくり抜いたものである。多くの王侯が危機を避けて、ここに籠ったことがあるが、エジプトのアン・ナースィル王も、まだ政権が固まらぬとき、叛臣サラールに位を奪われ、数年間この城に亡命していたことがある。しかし形勢は変って王に有利となり、サラールは空井戸に幽閉され、空腹に苦しんで腐肉などを食べたが、遂に餓死してしまった。

旅行隊はカラク城下のサニーヤという場所で四日間野営し、砂漠に入る準備を整えた。

シリヤにおける最後の町マアーンを通り、アッ・サワーンの峠を砂漠に下って行った。「そこに入るものは死に、そこより出るものは生まれたるなり」といわれる恐ろしい熱砂の荒野に……。

アラビヤの聖都

途中二日を費してダート・ハッジに着いた。水はあるが、人家はない。そこからバルダハの河床（ワーディー）を通ってタブークに到った。シリヤからきた巡礼達は、ここまでくると、手に手に剣を抜きとってオアシスに突入し、なつめやしの樹に切りつけつつ、「その昔、アッラーの使徒も、このようにして当地に入られたぞ」というのが常である。かつて預言者（マホメット）がこの地を伐たれたことを意味するのだが、その時まではここにほんのわずかの水しかなかった。預言者が来て、みそぎをされてから、清らかな水がこんこんと湧き始めて今日にまで及んでいるのである。

一行はこの泉のほとりに野営し、誰もみな心ゆくまで水を飲んで、四日の間休養した。そして駱駝にも水を与え、道中の飲用水の準備をも整えた。ここからアル・ウラーまで危険な砂漠を旅しなければならぬからである。

タブークを出発してからは、昼夜兼行で、懸命に途を急いだ。このあたりの荒野がいかにも、もの凄いからである。アル・ウハイディルの谷はその中ほどにある。そこは真に地獄の谷で、ある年シムーン（サムーム）という命とりの熱風に襲われ、巡礼の人々が不運な日に遭ったことがあった。そのときは、このあたりで、水が尽き、瓶に一つの水が一〇〇〇ディーナールにもなった。けれど結局、買う方も売る方も死に絶えたと谷間の石に書いてあった。

ムアッザムの池を経、タブークから五日目にアル・ヒジュルの井戸（マダーイン・サーリフ）に着いた。水はたんとあるけれども、どのように渇いていようと、誰ひとり飲もうとはしない。それは預言者（マホメット）がタブークを討ちに来られたとき、駱駝をはやめ、誰もこの井戸の水を飲むなと命じられた故事にならうからである。古代に神罰によって滅びたサムード族の住居は赤い岩山を刻んだもので、ま新しいもののように見え、かれらの遺骨がいまだに散らばっている。

ここから、アル・ウラーまでは半日たらずである。立派な大部落でなつめやしの園や泉水がある。巡礼団は、四日間ここに滞在し、食糧を仕入れ、洗濯をし、また多きにすぎる携帯品を始末してほんの必需品のみにしたりするのである。この地までは、シリヤのキリスト教徒の商人達も入りこむけれど、これから奥地に足を踏み入れることはない。

次の日、アル・イタースの谷に入る。酷熱、息もとまるかと思われ、死のサムーム（熱風）が吹きすさんでいた。ハディーヤに野営したが、そのあたりの谷間の地下に水が貯蔵してあった。その地点を掘って、水を汲んだが、塩からくなっていた。

そこから三日の後にはおごそかで、また高貴な都市の近郊に憩うことができたのである。

＊

メジナである。別にタイバ（快適な町）ともいう。たそがれどき、わたくし達は聖域に入り、荘厳なモスク（礼拝堂）の前にぬかずいていた。そして預言者（マホメット）の墓と、その聖なるミンバル（説教壇）との間にある聖庭で祈禱を行ない、また預言者がその下で教えを説かれたというやしの樹の幹の残片を撫して昔をしのんだのである。

かくも尊い地まで無事に来られたことを心から喜び、アッラーの恩恵に感謝しつつ、勇躍してまた旅を続けたのである。そして、ここを訪れることが今回をもって最後のものとならぬように祈るとともに、われらの名もアッラーの途に書き記されるようと願ったのであった。

預言者の墓は、モスクの南東の一隅にあって、見事な大理石が敷きめぐらしてある。墓の表面は麝(じゃ)香(こう)やその他の香料を塗りつけたため、うず高くなっており、南方の一点に銀の釘が打ってあるが、それが預言者の頭部の位置を示すのである。参詣の人々は、みなそこに立ちどまって祈ったのち、その右側のアブー・バクルの頭部の方に進む。その位置はちょうど預言者の足のところにあたっている。その次にはウマル・ブヌル・バッタープの墓に進むのであるが、その頭部はちょうどアブー・バクルの肩に触れるような位置にある。

聖廟の北に、小さな大理石の水盤がある。そのあたりが、預言者の娘ファーティマの住居の跡で、またその墓所でもあるという。

故郷メッカの人々の迫害に堪え切れなくなった預言者は、このメジナの町にのがれ、二二日の間、郊外にあったイブン・アムルという者の家におられたのち、町の中心に移り、アブー・アイユーブの家に七カ月滞在し、現在、聖廟のある地点に新居を建てて移り住まれたのである。またその隣に教友達と力を併せて礼拝所をも建てられたが、ただ壁があるのみで、屋根も柱もなく、その壁とて人の身の丈ほどに過ぎなかった。けれど暑さが耐えがたいほどだったので、後に教友達は預言者に奨めて、やしの幹を柱に建て、その枝で屋根を葺いた。しかし、雨の日は、礼拝堂の中もぬれるので、教友達は屋根に粘土を塗るよう奨めた。「いや、モーゼの小屋のようなものでよいのだ。あれは、これよりももっと簡素であった」といって肯(き)かぬので「それはどのような小屋だったのでございますか」と問うと、預言者は「立てば頭が屋根に触れたのだ」と答えられた。

それで預言者の故宅であり、その遺骸が葬られたため、後に聖廟となった建物と、イスラム教徒最初のモスク（礼拝堂）とは、もとは別の建物だったのであるが、後世に至り、礼拝堂がだんだんに拡張されたので、聖廟はその真中にとり入れられるようになったのである。

　モスクの中の説教壇は三段になっている。預言者は初めやしの切株のそばに立って説教されたが、のちに信者がこの説教壇を作って奨めた。預言者は、その最上段に腰をかけ、中段に足を置くのが常であった。誠実なアブー・バクルがその後をついでカリフとなると、中段に腰かけ、下段に足を置いていた。ウマルが第二代のカリフとなると、下段に腰かけ、足は床に置いた。のちにムアーウィヤがカリフになったとき、この壇を新都ダマスクスに移そうとした。ところがにわかに暴風が起り、日蝕となって、白昼に星が現われ、天地は闇（くら）くなり、人々は行きまどい、途も見えなくなったので、ついに思いとどまったとのことである。ただ、壇の下部にさらに六段をつけたので、今では九段となっている。

　わたくし達は、メジナに四日間滞在し、毎夜を聖なるモスクで過したのちメッカに向かって出発した。

*

メジナから五マイルほどの所にドゥル・フライファの礼拝堂があった。ここまでがメジナの聖地とされているのである。近くを流れているアキークの谷川でわたくし達は、縫いのある衣服を脱いで洗い、その代りにイフラーム（肩と腰にまく縫い目なしの二枚の布）をまとい「ラッバイカ、アッラーフンマ」（神よ、おん前におります）を唱えながら、丘を越え、谷を渡ってシイブ・アリーという鞍部に着いて、その夜をすごした。

　次の日はラウハーを経てサフラーに野営した。ここは豊かな谷間で、水も湧き、なつめやしは茂り、人家もあれば、預言者の子孫達の住んでいる城館もあった。

次の晩はバドルに泊った。預言者が初めて寡勢をもってメッカの衆と戦い勝利を得られたところである（西暦六二四年）。ここには部落があり、なつめやしの園が連なり、泉が湧き出で、流れをなしている。預言者の率いるムスリム軍はまずこの泉を押えて、敵にあたった。戦いは日没に近いころに終り、勝利を得たムスリム達は、穴を掘って敵の戦死者達をそこに投じたのであったが、その場所は今では果樹園になっている。

バドルを離れるとバズアーの砂漠に入る。道案内人さえも行き迷い、人は互いにその友のことをも顧みなくなる難所である。それは行程三日ほどの広さにわたり、渡り切ったところにラービグの谷があるが、雨水が集まって池になっている。

ラービグから三日行程でフライスに着く。その途中、フライスまで半日行程のところで「サウィークの峡道」にかかる。そのあたり砂が深く積っているが、巡礼の人々は、盛んにサウィークを飲むのが慣例となっている。サウィークとは大麦を火で焦し粉にひいたものだが、これを水に溶き砂糖を加えたものをもそう呼んでいる。昔、預言者マホメットが、この峡道を通ったとき、その一行の人々は食糧が尽きて苦しんだ。預言者が、砂をすくいあげて一同に与えられたところ、食べて見るとサウィークの味がしたと語り伝えられている。

フライスの池のほとりで野営した。そのあたりはなつめやしの樹園が多く、山の頂には城砦がある。また平地にも城の廃墟がある。フライスはこの地方のアラブ族の市場が開かれるところで羊、果実類、その他さまざまの食品類が持ちよられるのである。

次に訪れたウスファーンは四方を山に囲まれた広い盆地の真中にあり、古城があるけれども、なかば崩れかけている。このあたりムクル（小さな野生のやし）の樹が多い。

ウスファーンを去ってバトヌ・マッル（マッルの谷）に野営した。土地が肥え、泉が湧き、なつめやしが繁っていて、メッカの町に運ぶ果実や野菜類の産地でもある。いよいよ待望の地に達したことを思えば、心は喜悦に満ちた。夕方、この恵まれた谷間をたち、翌日の朝まだきに貴いメッカ（マッカ）の町に入り、直ちにアッラーの聖殿に赴いた。そこはアッラーの友アブラハムの家居のあとであり、預言者マホメットがはじめて教えを説いたところでもある。

わたくし達は東北方のバヌー・シャイバ門から境内に入り、神聖なカーバを仰いだ。敬虔な群衆がそれをとりまき、天国への路を求めようとしている。わたくし達もまた到着のタワーフ（カーバのまわりを七周すること）を行ない、聖石（カーバの東向の角にはめられた黒石）に接吻した。マカーム・イブラーヒーム（アブラハムの立ち場の義、アブラハムがカーバを建てたとき台にしたという石があり、円屋根がかけてある）で二ラカーの祈りを行ない、ザムザムの聖泉の水を飲んだ（ムスリムの祈りは立、坐、伏の三つの姿勢を順次にとり、それを一通り行なうことを一ラカーという。ザムザムは一名イスマーイールの井戸、カーバの東角に対し、深さ約三〇メートルあまりといわれる）。

それからアッ・サファーとアル・マルワの丘の間を走った後、イブラーヒーム門の近くに宿をとった。

神の、いみじきわざのうち、とりわけて心を惹くことは、人々の胸のうちに、この霊域を訪れようという強い願望を植えつけ給うたことである。このあこがれは、はげしくて、何者もこれを阻止することはできぬ。また一度この地に至ったものは、深い愛着（あいちゃく）を生じ、もはや別れ去るにしのびなくなる。やむなく去り行くときは、必ず再び三たび帰ってくるぞと心に誓うのである。

この地を深く慕うがために、たとえ遠く離れていようとも、いつも心にはその姿が浮び、ここに来るがためには途中のあらゆる艱難（かんなん）も困苦も甘んじて忍ぶのである。いくたりの病弱者が、この聖域を志す途中で命を失ったことであろうか。しかも、神が、その信徒をこの地に集めたもうたときには、すべての心は歓喜に満ち、途中でなんらの苦しみにも遭わなかったかのごときさまである。これが神意でなくてなんであろうか。

＊

メッカは大廈高楼のならび立った大きな都市であるが、周囲を山に囲まれた谷の底にあたるから、いよいよその地まできて、初めて町の姿を目にし得るのである。近くの山々はさして高峻というわけではない。東方にはアブー・クバイス山があり、西方にはクワイキアーン山がある。北方にはジャバルル・アフマル（赤山）があり、アブー・クバイスの近くには大小の峠路がある。ミナー、アラファート、アル・ムズダリファなどのようなハッジ（聖地巡礼）の儀式の行なわれるところは、みなその東方の山地にある。メッカはコーラン（第一五章四〇節）に《不毛の谷間》とあるごとくであるが、アブラハムが神の恩寵を祈ってからは、すべての新鮮で良いものがこの地に送られ、あらゆる種類の果実が運びこまれるようになった。わたくしも、この地で葡萄、無花果、桃、なつめやしなどを食べたが、その味のよさは、世界のいずこにも比類のないものであった。メロンなどもそうで、その芳香といい、甘さといい、他に比ぶべきものはない。肉類などもメッカのは脂がよくのっていて舌もとろけるかと思うばかりであった。要するに、もろもろの土地の良い品が、この町に集まってくるのである。

アル・マスジドル・ハラーム（神聖なモスク）は町のほぼ中央にあって、東西は約四〇〇ディラー（約二〇〇メートル）、南北もほぼ同じくらいである（現在は北西面が約一六六メートル、南東面が約一六九メートル、北東面が約一一〇メートル、南西面が約一一一メートルとされている）。その中央にカーバが立っている。方形の建物で、その美しさは筆にも言葉にも尽くし得ぬのである（北東に向った面とその反対側は長さ一二・二メートル。他の二面はそれぞれ一〇・七メートル、高さは一五・二メートル）。褐色で堅牢な石材を巧みに積み上げて作ったもので、多くの年月を経ても少しも変わったところが見えぬ。カーバの入口は、北東面の壁（地上から二メートルほどの高さの所）にあり、この入口と黒石との間の壁をアル・ムルタザム（身をすり寄せるところの義）という。巡礼の人々は、ここに胸をあてて熱烈な祈りをささげるのである。

カーバの扉が開かれるのは毎週金曜日の祈りの後であるが、毎年、マホメットの誕生の日にも開かれる。そのときは、下部に車がつき、木の階段がある説教壇のような台をカーバの壁に近づけ、シャイバ族の長老が、手に鍵を執って、その上に登る。護衛の人々が扉の外に垂れているカーテンを持ち上げると、長老は扉を開き、そのしきいに接吻した後、ただひとりで内部に入り、扉を閉める。そして二ラカーの祈りを捧げる。そのあとでシャイバ族の人々が次々に入

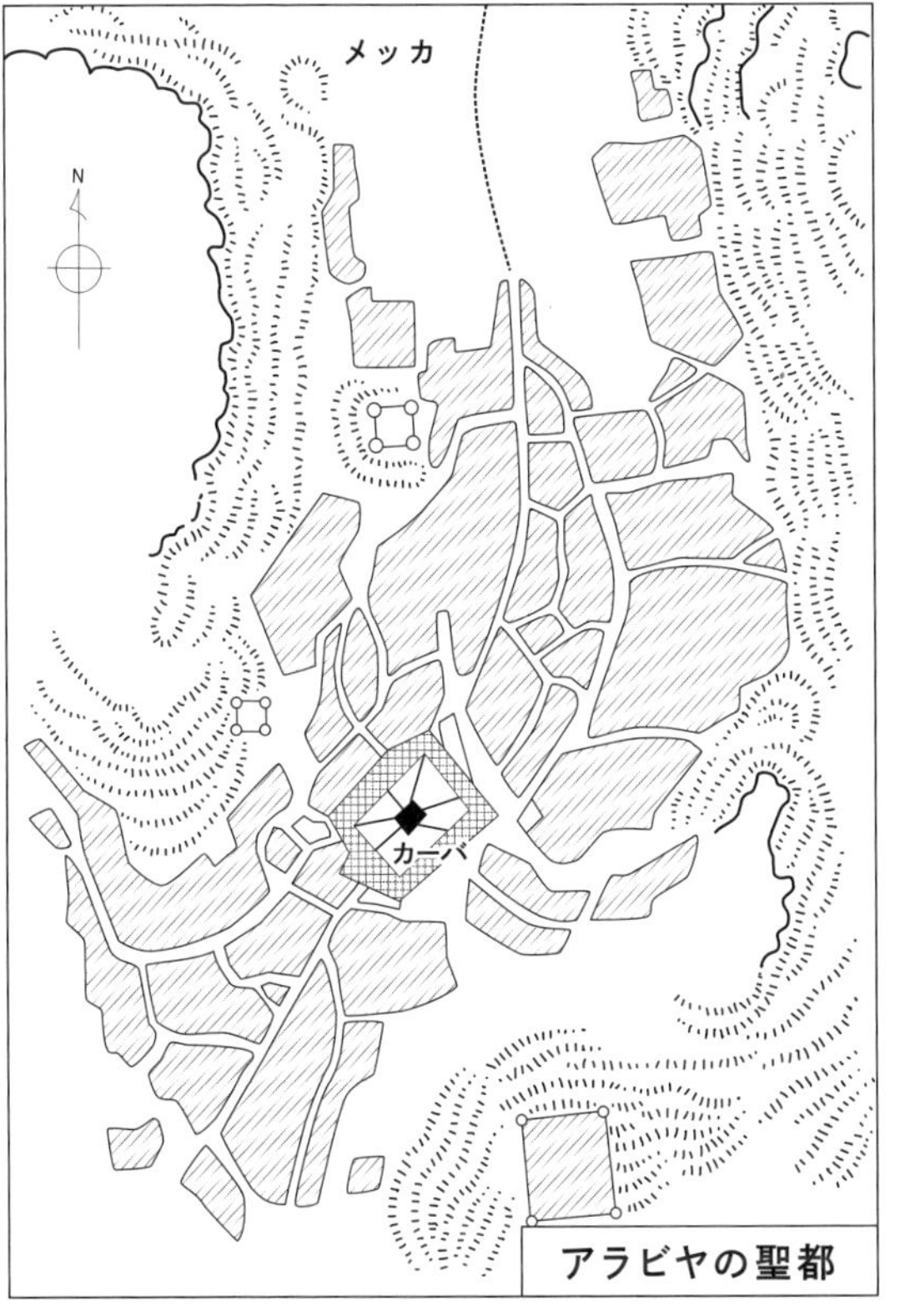

アラビヤの聖都

って祈りを行ない、それがすんだ後に、初めて一般人も内部に入ることを許される。開扉のとき、一同は「アッラーよ、われらがために、御身の慈悲と許しの門を開きたまえ。おお大慈大悲にいますアッラーよ」と唱え続ける。

カーバの床には、白、青、紅などの大理石が目もあやに敷きつめてあり、四面の壁もまた大理石である。チーク材の高い円柱が三基、それぞれ四歩の間隔をとって中央部に立っている。

カーバの被幕は黒絹で、白い文字を浮かし、屋根から地面までを蔽い、つやつやと輝いている（キスワと呼び、現今では毎年エジプトで作られ、巡礼団が寄進することになっている）。カーバの第一の不思議さは、いかほど多くの人数がその中に入っても狭く感じぬことであり、第二の不思議さは、夜となく昼となく、その周囲をめぐる人影が絶えた時がないことである。第三の不思議は、メッカには多数の鳩がいるが、決してカーバの上にはとまらず、またその上を飛び翔けることもしないことで、他の鳥どもにしてもそうである。これらの鳩は聖地の到るところを飛んでいるが、カーバの上に近づくと、方向を転じて決してその上にはこない。この上にとまるのは病気の鳥のみで、そこにとまれば、間もなく死ぬか、あるいは病が癒えるといわれている。またカーバの東角にある黒石は、背丈の高いものならば、接吻するにはかがまねばならず、低い人ならばやや背のびしなければならぬくらいの高さである。幅は三分の二シブル（一シブルは二二ないし二四センチ）、長さは一シブルほどで、しっかりと壁に嵌めてあって、どのくらいの深さがあるかはわからない。四つになったものを継ぎ合わせてあるのは、昔、カルマット教徒に割られたためだといわれている。この石に接吻すれば、くちびるから喜びが伝わり、いつまでも口づけを続けていたくなる。これこそこの石の霊性であり、神の特別の恩寵がそこにあるからである。「アッラーがこの世に示したもうたその右の御手である」とは預言者のお言葉であるが、これほどによくこの霊石の功徳を説明したものはあるまい。

黒石に接吻したものは、数歩後ろにさがり、カーバを自分の左手に見つつタワーフ（めぐりあるき）を始めるのである。

黒石とザムザムの井戸との距離は二四歩で、井戸の上には円蓋がかけてあり、地面には白大理石が敷きつめてある。井戸の口も精巧な大理石づくりで、鉛で固め、周囲は四〇シブルくらい、高さは四シブル半ほどである。毎週木曜から金曜にかけての夜間に井戸水が増すといわれている。

聖なるモスクの付近には、人々の訪れる旧蹟が多いが、その中に「啓示の円蓋殿」というものがある。そこはもとマホメットの妻ハディージャの屋敷跡で、預言者も長年住まれた所である。そこにはまた二人の間に生まれた娘ファーティマを記念する小さなドームもある。忠実な教友アブー・バクルの故宅はそこから遠くない所にある。庭前に高い石があって、訪れるものはこれに接吻するのが常である。伝えによれば、この石はマホメットを見ると敬意を表するのが常であったという。ある日、預言者が訪ねてくると、主人は不在であった。そうとは知らず、声をかけていると「おお、アッラーの使徒よ、あの人はおりませぬ」と答えたものがあった。それが外ならぬこの石だったということである。

＊

サファー門を出て七六歩でサファーの丘に達する。一四級の階段を踏んで登るようになっている。ここととマルワの丘との間は四九三歩で、後者には五つの階段がある。カーバのまわりを七周した人々は、次にこの二つの丘の間を七度走って往復するのであるが、この途の両側には穀物、肉、バター、なつめやし、その他の果実類などの市場があって、群衆が雑沓している。メッカの市中で、常住、市場の開かれているのは、ここだけである。もっとも布類や薬品類の市場はバヌー・シャイバ門の近くにある。

東北郊のハジューン山にはメッカの墓地がある。預言者の教友たち、その同時代の人々、それらの子孫、学者、聖者などの墓が多くあったのだが、大抵は破壊され、メッカの人々も、その位置を忘れてしまい、僅かばかりを記憶しているのみである。イスラム教徒の母ハディージャの墓や、アッバース朝のカリフ、アル・マンスールのものなどがそのわずかのものの例である。アラファート山に登る途やターイフの町やイラークに赴く街道は、この墓地の近くを通っている。

前にも述べたアブー・クバイス山は市街にもっとも近く、カーバの黒石と相対し、その頂上からはメッカの大観を一望の下に収めることができる。伝説によれば世界で最初にできた山で、人類の始祖アダムの柩を収めてあるという。

ヒラー山はメッカの北方（実際は北東）、ほぼ三マイルの所にあるかなり高い山である。むかし、マホメットがまだ預言者としての使命を帯びぬころ、いつもそこの洞窟で瞑想にふけり、ついに主より真理を啓示されたところである。

また（市の東南南方にあたる）サウル山の洞窟は、預言者が親友アブー・バクルとともにメジナに逃れようとされたとき、追手の意表に出るために、ことさらにメジナとは反対の方向にあるこの山に一時ひそんでいられた所とされている。二人が洞窟にひそむと、蜘蛛（くも）がその入口に網を張り、鳩も巣をかけて卵を産んだ。足跡について追ってきたメッカの衆は、洞窟の入口まで来て、「ここで足跡が消えている」とはいったが、蜘蛛の巣や鳩の卵を見て「……しかし、この中へはいった者はないのだ」とうなずいて立ち去ったのであった。今でもこの洞を訪れ、預言者のくぐった入口を入ろうとするものが多いが、楽に入れるものもあれば、入口につかえて通れぬものもある。土地の人々のいう所では、正当の結婚により生まれた者は、楽に中に入れるが、遊蕩の結果として生まれたものは、はいることができぬということである。それで、恥かしい思いをするのをおそれて、初めから試みないものも多い。

＊

メッカの市民は、行ないの正しいこと、親切なこと、不幸な人々に対し物惜しみをしないこと、異国の者を大切にすることなどの点でとくにすぐれている。寄るべのない貧民達は、町の人々がパンを焼くかまどの所に集ってくる。誰かがパンを焼き終って家に帰ろうとすると、そのあとをついて行く。そうすると、その人は貧民達にそれぞれ分けてやって、決してそのまま追いかえすようなことはしない。いやな顔もせずに、三分の一か、時には半分くらいまで施してしまうのである。

もう一つの美風は孤児をあわれむことで、幼いみなしごどもは市場に坐り、そばに大小二つの籠を置いておく。市民達は買物に来ると、野菜や肉類などを、それらの孤児の籠に入れ、自分達は祈りに行ったり、他の用事をしたりするのであるが、その間に孤児達はそれぞれその品の主の家に買物をとどける。孤児達が託された品物を途中で盗ったりするようなことは決して起らない。そして、それぞれいくらかの小銭を報酬としてもらっている。

メッカの人々の衣裳は優美で清潔であり、大抵は白色で、輝しくまた端正である。香料やクフル（まぶたを黒く染めるもの）をふんだんに使い、（アラークという）灌木の楊枝（ようじ）をつかって歯をきよめる。女達はまばゆいほど美しく、優しく、慎しみぶかい。香水や香油を多量に用いるので、食物を買う金をそれに使ってしまい、空腹をかかえて辛い夜を過すほどである。毎週、木曜から金曜にかけての夜は、盛装してモスクに行くが、その香料の匂いは聖殿に満ち、婦女の一人が通りすぎたあとまで、芳香がそのあたりにただよっている。

メッカの市民は一日に一回、アスルの祈り（太陽が西に傾きかけたころ行なう）のあとで、食事をするだけである。それ以外のとき、何か食べたくなれば、何個かのなつめやしをとって満足している。この地の人々が健康で、ほとんど病気というものを知らないのはこのことのためである。

＊

わたくしがこの町に滞在していたとき、マグリブ（西北アフリカ）の生まれで「気狂いハサン」というものがいた。この人ももとは普通の人間で、イスファハーンのナジュムッ・ディーンという貴人の召使であったのだが、実に不思議な経歴を持っている。

ハサンは夜になると、よくカーバのまわりをめぐったが、そこでしばしば一人の托鉢僧を見かけた。その僧は夜間は熱心にタワーフを行なうが、昼は姿を見せたことがなかった。ある晩、くだんの僧がハサンを呼びとめて挨拶し「のう、ハサンや、お前がいつまでも帰らぬので母びとが泣いてござるよ。お前に会いたい会いたいと待ちこがれていられる。会いたいとは思わぬかえ」といった。「はい。でもかなわぬことでございます」と答えると、かの僧は「では明晩また会うとしようか、インシャーッラー（神の思召しがあらば）」というのであった。

つぎの日の晩は、ちょうど木曜から金曜へかけての夜であったが、ハサンが約束の場所に行って見ると、果たして例の僧も来ていた。二人はカーバのまわりを長い間まわった後、僧の導くままに、メッカの東北にあるアル・マアラーの城門の方に行った。そのあたりで僧はハサンに「目を閉じて、わたしの着物をつかんでいなされ」と命じたので、その通りにした。しばらくすると、「ふるさとの町を憶えているかえ」と訊ねるので「へい」と答えると「さあ、着いたぞ」といった。ハサンが目を開くと、そこは母親の家のすぐ近くであった。中にはいって行ったが、どうして来たかということは一言も母には話さなかった。そして半月ほど滞在したのであったが、わたくしの考えではそれは（モロッコの）アサフィーの町だと思う。そこでハサンは、町の墓地に行くと、おなじみの托鉢僧が待っていて「どうじゃな」とたずねた。「へい、ナジュムッ・ディーンの旦那様にお目にかかりたいのです。わたくしは、いつものように旦那様の御邸（おやしき）を出たきり、こんなに長い間留守をしてしまったんですもの。どうか、旦那のところへ、連れもどして頂けないでしょうか」「ああ、いいとも。では明晩、またここに来るがよい。」

翌晩、約束の場所に行って見ると、托鉢僧はメッカでしたのと同じことを命じた。つまり、目を閉じて、彼の着物のひだをつかまえていよというのである。ハサンがそのとおりにすると、身はいつのまにかメッカに来ていた。そのとき托鉢僧は「お前の御主人を始め、誰にも決してわけを話してはならぬぞ」といい聞かせた。ハサンが戻ると、その主人は「おおハサンや、こんなに長い間、一体どこに行って来たのだえ」と訊ねたが、ハサンは「それは申し上げられませんので」と断った。けれど、是非とも話せというので、とうとう、一切のことを打明けてしまった。ナジュムッ・ディーンは「わしをそのお方に会わしておくれ」といい、夜になってからハサンとともに出かけた。いつもその人が姿を現わす場所に行っていると、果してかの托鉢僧が通りかかったので、ハサンは「旦那様、それ、この方でございます」といった。これを聞いたかの人物は、手でハサンの口を打ちながら「だまれ。アッラーがお前を唖になさるように……」といったが、たちまちハサンの舌はこわばり、その智恵が飛び去ってしまった。それからは狂人として、このメッカに住み、身体を潔（きよ）めることも、祈りをすることもなく、夜となく昼となく街頭をさまよっているのである。町の人々は、彼をもって神の恩寵を受けたものとして、衣服をあたえている。空腹になれば、彼はサファーとマルワの間の市場に出かけ、すきな店にはいって、欲しいものをとって食べる。けれど誰一人、これを追いもしなければ、妨げもしない。それどころか、彼がきて何かを取るのを見るとみな大喜びをしている。何故ならば、その店はたちまちに客がふえて売行きも利益も目立って増して行くから。だからハサンが市場に姿を現わすと、商人達はみな頸を長くして、何か自分の店のものを食べてくれないかなあと心から望むのである。水売りあきんど達も同じように、ハサンに自分の水を飲んでもらいたがっている。

そうしている間に（西暦一三二八年）、エジプトからサイフッ・ディーン・ヤルマラク将軍が聖地巡礼に来て、ハサンをエジプトに連れ帰ってしまった。

＊

メッカの年中行事は次のごとくである。毎月の一日、新月が現われるときには、太守は白衣をつけ、ターバンを巻き、太刀を肩にかけ、威儀を正してカーバに詣で、黒石に接吻した後、七周を行なう。この間ムアッジン（唱拝ともいい、光塔の上から信者を祈りに呼び集める役）の長は、ザムザムの井戸の円屋根に立っていて、太守が初めの一周を終って黒石の所まで戻ったとき、高声で新しい月に入ったことを祝い、これを七回繰りかえすのである。

ラジャブの月（第七月）の新月が現われると、メッカの太守は、太鼓を打ち、ラッパを吹かせて、これを知らせ、朔日には、騎馬で出動する。住民達も、馬に乗るもの、徒歩のものと思い思いであるが、みな武装し、隊伍を整えて繰り出し、太守の面前で演武を行なう。騎士達は早駆け、輪乗りなどをし、徒歩のものは互いに打ち合ったり、槍を空中に投げ上げておいて素早く受けとめたりする。こうして、旗、鼓、鉦などを先頭におし立て、堂々と定めの場所まで行軍すると、また城内にひきかえす。太守はカーバに詣でた後、その居館に戻って行く。この日はメッカの市民にとっての祭礼で、みな最上の晴着をつけて、伊達を競い合うのである。

ラジャブの月の間、メッカの市民は神への奉仕に忙殺され夜も昼も着飾ってお詣りするのであるが、とくに一日、一五日、二七日が盛んである。わたくしは二七日の祭に居合わせたが、市内至るところの通りは、轎を乗せた駱駝で一杯になる。駱駝にも飾りをし、その頸には絹の紐をつけ、轎につけた絹幕は地にひきずるほど長い。これらが行列をつくって東北郊のタヌイーム山に向かうのであるが、沿道の両側には篝火がたかれ、行列も燈火をたて連ねている。アッラーをたたえる声は周囲の山々にこだまし、人々の心はなごんで、涙が流れてやまぬのである。町に戻ってくると、カーバのまわりをめぐり、次にサファーとマルワの丘の間を走るのであるが、そのころはすでに夜もふけている。しかも聖域は灯と人との海で、女達も轎に乗って両丘の間を行き来している。

バジーラ、ザハラーン、ガーミドなど近郷の諸部族も、この祭に参加しようと、穀物、バター、蜂蜜、オリーヴ油、乾葡萄、巴旦杏などを運んでやってくるので、市内の物価は下り、市民の生活は楽になる。これらの地方人が来なかったならばメッカでの暮らしははなはだ苦しいであろうが、地方の人々も、その産物をメッカに運ばないと、土地は不毛になり、家畜は疫病で斃れると信じている。たまに怠け者が、それを怠っていると、その妻達が集まって、追い立てる。この人々の住んでいるのは土地の肥えた高地で、その身体は強く、勇敢で、獣皮を身にまとっている。敬虔で純情な人々であるから、カーバのまわりをめぐり、手をさしのべて祈っているところを見ると、胸はせまり、かたくなで心の冷たい人々の眼にも涙が流れるほどである。

シャアバーンの月（第八月）の十五夜は、メッカの人々がとくに重く見るもので、カーバのまわりをめぐるとか、お祈り、聖所のお参りなどにいそしむ。月の明るさに加えて、燈火や篝火が連なって、天も地も光り輝く。

ラマダーン（第九月）の新月が望まれるやいなや、太守の居館では太鼓や鉦を鳴らし、聖なるモスクではござを新しいのと取替え、燈火の数を増す。イマーム（主教）たちはそれぞれ、自分の教派の人々を率いて、あちこちに陣取ってコーランを誦え始める。神殿はそれらの声で満ち、人々の心は感動し、眼には涙が溢れる。

夜明け前の食事の時間が来ると（ラマダーンの月の間ムスリム達は明るい間は飲食を断つのが常である）、ザムザムの井戸のところにいるムアッジン（唱拝）が聖殿の東角にある光塔に登り、そのことを声高らかに知らせる。すると、あちこちの光塔の上で待ちかまえていたムアッジンらが次々にこれに応じて歌うがごとく時を知らせる。どの光塔の頂きにも柱が立っていて、その頂上に横に竿を結んであるが、それに大きなガラス製の燈籠を二つ下げてある。いよいよ暁の光が見えそめると、食事をやめよと繰返して告げるとともに、この燈籠をとり下ろし、それから祈りに来ませと呼び始めるのである。メッカの家々には、みな平屋根があるから、ムアッジンの声が聞えぬほど遠方にいる人々も、この二つの燈籠は見ることができるのである。

シャッワール（第十月）の月から四カ月はハッジ（聖地巡礼）の期間であるからその朔日の夜は戸毎に燈火をつらね、光塔や、モスクの屋根も光に彩られる。ムアッジンらは終夜、アッラーの偉大さをたたえる言葉を唱え、市民達はカーバのまわりをめぐったり、神に祈りを捧げたりする。夜明けの祈りをすますと、祭の準備にかかり、晴着をつけ、聖なるモスクに出かける。まずシャイバ族の人々がカーバの門を開き、その長老が閾のところに坐って待つと、メッカの太守が来て、タワーフを行なう。式がすむと、人々は互いに手を握り合ったり、自分の落度について人々の許しを請うたりするのである。

ドゥルカーダ（第一一月）の二七日には、カーバを蔽っている幕を四面とも、二メートル半あまり巻き上げる。これは、それを盗みとろうとする者があるからで、このことを「カーバのイフラーマ（禁制化）」と呼んでいる。境内は大変な人出で、この日からアラファート山の祭が済むまでカーバの扉は開かれないことになっている。

＊

ドゥルヒッジャ（第一二月）の朔日には、朝も夕べも、祈りの時刻には太鼓や鉦をならして、巡礼の人々に知らすのである。このことはアラファート山の行事の日まで続く。月の七日目にハティーブ（説教師）は正午の祈りの直後に雄弁をふるって説教し、大衆にハッジの心得その他を教える。八日の早朝、一同はミナーの谷間に上り、エジプト、シリヤ、イラークなどの大官や学者達もその夜をそこで過ごすのであるが、燈明を上げることについて、エジプト、シリヤ、イラークの衆の間に自尊心からの衝突と名誉争いが起るのが常である。しかしシリヤの衆が結局優先するのが恒例となっている。

九日に暁の祈りをすますと、ミナーを出てアラファート山に向かう。その途中、ムハッシルの谷を通るが、そこがミナーとムズダリファの中間で、足を速めて通り過ぎる例になっている。ムズダリファは山と山に挟まれた広い平地で、貯水池にとりまかれている。

ミナーからアラファートまで五マイル、ミナーからメッカまでも同じくらいである。アラファートは別にジャムウ（集会処）またはアル・マシュアル・アルル・ハラーム（神聖な式場）などとよばれ、そのあたりは広々した高原で、多くの山々がこれを取巻き、高原のはてにジャバルル・ラハマ（慈悲山）がある。この山と、その麓のあたりが式の行なわれる所で、約一マイルの距離を距てて二本の標識が立っているが、そのあたりが自由地と禁断の地との境である。ラハマ山は独立した高地で、一つびとつ離れた石塊が集積したもの。山頂に礼拝堂がある。その周囲の広々した露台に立てば、アラファートの高原は一望の下に展開している。山麓に下り、カーバの方角に向けば、その左手のかたにアダムが建てたと言い伝えられる古い建物があり、その更に左手にある岩のあたりが、預言者が立ったという場所である。そこにイマーム（主教）が立って、正午の祈りと午後の祈りとの中間に、説教を行ない、祈りを指導するのである（この式をウクーフという）。

メッカに戻る時刻が来ると、イマームは手で合図し、台から下りる。すると群衆はにわかに雪崩のようにメッカに向かって走り下るので、大地も震い、山々も揺らぐかと思われる。

わたくしが、生まれて初めてこの大祭に参じたのはヒジュラ後七二六年（西暦一三二六年）のことで、エジプトの巡礼団を率いたのはアン・ナースィル王の重臣アルグーンであった。このアルグーンの子息アブー・バクルの妻である王女も一行中に加わっていた。またアン・ナースィル王の妃アル・フーンダもおったが、この方はサラー（南ロシヤのサラーイ）に都する（金帳汗国の）大王ウーズベグの娘であった。

ムズダリファに着いたのは日没後で、夜の祈りの時刻であった。わたくしたちは預言者の定めたところに従い、日没の祈りと夜の祈りとを同時に行なった。そして翌朝、暁の祈りを行ない、ウクーフ（立合いの式）をすますと、朝のうちにミナーに下って行った。その途中ムハッシルの谷では、そこを通り過ぎるまで速歩でいそいだ。たいていの人はムズダリファで小石を拾って行き、ミナーに着いたときジャムラ（三カ所にある石の堆積）に投げつけることになっている。

ミナーに着くとまずアカバ（峡道）のジャムラに七個の小石を投げ、駱駝や羊を屠って犠牲として捧げ、自分の頭を剃らせる。この時からは斎戒を解いてもよいのであるが、婦人に接することと香料だけは、全部の式が終るまで禁断である。

大部分の者は小石を投げ犠牲を捧げ、頭を剃ると、その日のうちにメッカに帰り去るが、なおミナーに残り、その次の日も、またその次の日も日の傾くころ（三つの）ジャムラに七つずつの小石を投げ（アカバのジャムラの外にウーラー《第一》のジャムラ、ウスター《真中》のジャムラがある）、三日目に都合四九個の石を投げ終ってメッカに戻るものもある。しかし、こうして残った人々のうちの大部分は、なお一日滞在し、都合七〇の石を投げてから（その月の一三日に）メッカに戻るのである。

＊

ミナーで犠牲を捧げる日（一〇日）にエジプトの巡礼団はカーバの幕（キスワ）を献納し、それから三日目にシャイバ族の人々がこれをカーバにかけるのであるが、純黒の絹に、麻布が重ねてあり、上部には白くコーランの一節がぬいとりしてある。

イラークやホラーサーン（イランの東部）の衆は、エジプトやシリヤの巡礼団が出発してから、なお四日間メッカに残り、神殿を離れぬ人々にたくさんの喜捨をする。そのあたりを夜間まわり歩いて、行き会う外来者やメッカの人々に銭や布などを与えているのをわたくしも目撃した。眠っているものがあると、その口に金貨や銀貨を入れて行くのである。あまり多量に振りまくものだから、メッカの金の相場が下落したほどである。

その月の二〇日に、わたくしはイラークの巡礼団を率いるモスル（マウスィル）の人バハラワーン・ムハンマド・アル・ハハウィーヒとともにメッカに別れを告げた。この人はわたくしをバグダードまで連れて行ってくれるため、籠の形をした駱駝轎の片方の賃金を支払ったうえ、その保護のもとに入れてくれた。わたくしたちはカーバのまわりをまわって別れを告げたのち、イラーク、ホラーサーン、ファールスなどの数えられぬほどの大衆とともに北に向って出発した。大波とどろく海原（うなばら）の如く大地は震え、一行は濃い雲のごとくに進んで行くのであった。あまりにも大部隊であったから、何かの必要でちょっとでも隊伍から離れようものなら、特別の標識でもない限り、もとの場所を見つけることはできぬほどであった。

シーラーズの緑園

貧しい巡礼者も安心して水が飲めるようにしてあるし、多数の駱駝に、食糧、薬品、シャーベット、砂糖などを積んであって、貧者に施したり、病人を助けたりするようになっていた。野営するときは銅の大鍋でものを煮、困っている人々にもわかち与えた。そのほかにも身軽の駱駝を準備していて歩けなくなった人々を乗せてやっていた。これらのはからいはすべて、イール汗国のスルターン、アブー・サイード（在位一三一六―一三三五年）の喜捨と仁愛の心とに負うものであった。

巡礼団は、途中で食糧、果物などを高価で買入れる。夜も行進することがあるが、その場合は炬火をともしつらねるので、あたり一面は昼のごとく明るくなる。

一行はバトヌ・マッルからウスファーン、フライスなどを通り、四日後にサムクの谷にキャンプした。それからさらに五日行程でバドルに着いた。次の泊りのサフラーで、まる一日の間休養した後、さらに三日の間旅を続けてメジナに入った。ここで再び預言者の墓に詣でることができたのである。メジナ滞在は六日間であったが、この間に三日行程に要するだけの水を準備しておいた。

メジナから強行し、三日目の晩にアル・アルースの谷に泊って、地下に貯蔵された水を掘って汲み出した。そこから途を東北にとってナジュドの地に入った。ただみる一帯の高原が、果しもなく続いているのである。かぐわしい微風を胸一杯に吸いながら、四日行程の後、アル・ウサイラという水場（みずば）に達し、次にアン・ナキラ（ナクラともいう）の水場に着いた。その次はアル・カルーラの水場だった

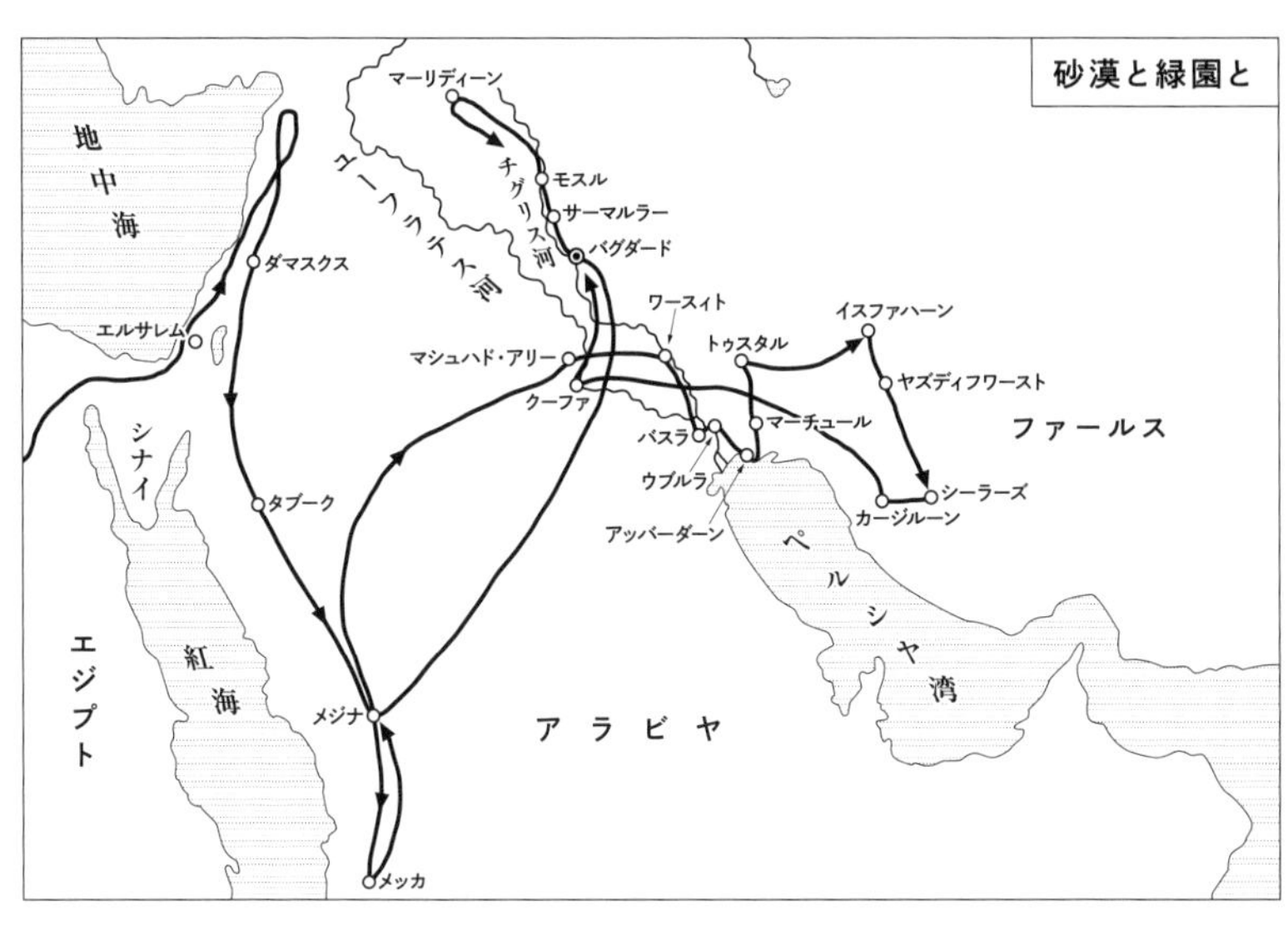

が、これら貯水設備は、みな雨水を貯えておいて、旅人の用にあてるもので、アッバース朝の王女であり、カリフ、ハールーン・アル・ラシードの妃ともなったズバイダの造らせたものである。

アル・カルーラはナジュドの中心で、地は広く、大気は澄み、健康的で、地味もよく、四季を通じて温暖である。アル・ハージルを経て、サミーラに泊った。高原中の窪地で、井戸からは多量の水が湧き出ているが、やや塩分を含んでいる。周辺のアラブ族が羊、バター、乳などを持って来て巡礼の人々に、粗い綿布と替えてくれという。その他のものではいやだというのである。

そこから風の吹きぬくトンネルのある山の頂に出て休んだ後、アル・クルーシュの谷に下り、夜をこめて旅を続けて、朝方にファイド城に着いた。大きな建物で、広々した台地の上にある。イラークから来た巡礼団はメッカに向う途中、食糧の一部をここにおき、帰路に取り上げるのが例で、メッカからバグダードまでのちょうど中間にあたっている。ここからイラークのクーファまでは一二日行程で、路は平坦、所在に水場がある。しかしこの辺のアラブ族は徒党を組んで巡礼団を襲うから、こちらも戦闘隊形をとり、武器をとって進むのである。

アジュフル、ザルードなどを経てサアラビーヤに至ると、クーファまでは三日行程しかない。その途中マルジューム（石にて打殺された者の義）の池のほとりにキャンプした。むかし、ここでメッカ巡礼に赴く途中、スンニー派（イスラム正統派）の人々のため石で打殺されたシーア教派のものがあった。今もその墓のほとりには石の堆積があり、その側を通るものは石を投げつけている。

ユーフラテス河の水飼い場までくると、クーファの町民が大勢で、巡礼団の人々を出迎えに出ていた。手に手に粉、パン、なつめやしの実その他の果物類を持っていた。また人々は互いに安着を祝しあうのであった。ウダイブという所に野営したが、そのあたりはすでに人家も多く、肥沃な田園が連なっている。カーディスィーヤはかつて（西暦六三六年）イスラム軍とペルシャ軍との間に大戦の行なわれた地で、拝火教徒どもはこの日を最後に再び立つ気力を失ってしまったのである。イスラム軍の大将はサード・ブヌ・アビー・ワッカースで、そのころのこの地は目覚しい大都会であった。けれども今は廃墟となり、ただ大きな村落とやし林を見るのみであった。

わたくし達はカーディスィーヤからマシュハド・アリー（アリーの殉教地の義）の町にはいって行った。ナジャフという土地の一部で、イラークでもとりわけ美しく、もっとも人口の多い町の一つでハドラ（緑）門というのから市中に入り、野菜屋街、料理屋街、パン屋街等を経、果物屋街、仕立屋街などを通ってカイサリーヤ（大市場）に入り、最後に薬屋街に出た。それからハドラ門のほとりのアリーの墓に詣でた（第四代のカリフ、アリーは西暦六六一年にクーファで暗殺され、この地に葬られた）。そのあたりの学校、僧院など、みな壮麗な建築で、その壁は、カーシャーニーと呼ぶタイル（カーシャーン製）で蔽われていた。これはわが西国でザリージュというものに似ているが、その色彩はもっと鮮か、その模様もさらに精巧である。

カリフ、アリーの廟に詣でるものは、門前に立って大声で案内を求め、銀製の敷居と二本の門柱に接吻する。本堂の床は、色とりどりの絹の敷物に蔽われており、丸天井の下には大小様々の金銀のランプが輝いている。中央部に木製の台があるが、透し彫り細工をほどこした黄金の板を銀の釘で打ちつけてあるので木肌は見えなくなっている。台の高さは尋常人の身長よりやや低く、その上に三つの墓があるが、一つはアダムの、もう一つはノア、そして最後のがアリーのものといわれている。墓と墓の間には金や銀の盤があって、薔薇水、麝香水、その他もろもろの香水が入れてあり、参詣者はそれに手をひたし、顔にも塗るのである。

この地の不思議の一つは、毎年ラジャブ（第七月）の二七日の夜の祭で「命の夜」とも呼ばれているものである。イラークや、ペルシャや、小アジヤなどから身体不随の人々が三、四〇人も運ばれて来てお墓の上に乗せられ、付添いの人々に囲まれて祈りをささげる。真夜中をすぎるころ、これらの不具者は、みな元気に立ちあがり、ひとり残らず快癒するという。この話は信用のおける人々から聞いたことで、わたくし自身がその式に立会ったわけではない。また遠方から来た三人の身体不随のものと会ったが、式に間にあわず、来年まで待つのだとのことであった。この祭の時は一〇日間も大市が開かれる。

この町では消費物資に対する課税はなく、住民の大部分は商人であるが、親切で安心のできる人々である。しかしひとたびアリーのこととなると狂信的となるのは惜しいことだ。この派の信者は病気になると全快次第アリーの廟にお参りするとの願をかける。また頭の病の場合、快癒すれば、金か銀で頭の模型をつくって奉納するし、手や足の場合も同じようにする。それで、廟の御庫にはこうした財宝が量り切れぬほどあるといわれている。

アリーの廟を訪れたのち、巡礼団はバグダードに向けて出発したが、わたくしは南のかたバスラに行こうとし、ハファージャ族のアラブ人の一隊と一緒になった。これはこのあたりの土着民で、勢力もあれば、勇猛をもって聞こえている。この地方を旅するには、彼等と一緒になるほかには良法がないのである。

＊

一頭の駱駝を雇い、マシュハド・アリーを出て、ハワルナックに行った。むかしマー・アッ・サマー族の王達（ラハム王朝として知られているアラブ族の王家）の住んだ所で、広漠たる平原のただ中に円蓋の残りがいまも見られる。

そしてイダールと呼ばれる地方を、ユーフラテス河について下って行った。そこは、沼沢にかこまれた蘆荻（ろてき）の原野で、残忍さをもって知られたアラブ族の住地である。これらはカリフ、アリーを崇拝する悪徒で、われわれ一行の殿（しんがり）にいた托鉢僧の一団を襲い、サンダルまで剝ぎとり、水を飲む椀までも奪い取った。彼等はこの水郷にたてこもり、追撃するものを拒むのである。またこのあたりには猛獣も多数棲んでいる。

このイダールという地方を三日間旅したのち、ワースィトに着いた。

まことに美しい町で、果樹園や樹林も多く、有名な人達も多数住んでいる。この地の住民はイラークでも優秀な方、いな最良の人々なのである。大多数のものはコーランを暗記していて、正確に誦えることができる。イラーク各地の民が、ここに留学するのであるが、わたくし達の一行中にも、コーランの勉強のためにワースィトの長老達のもとに来た人々が加わっていた。この町には立派なマドラサ（大学）があり、三〇〇の小室は遊学の人々でいつも塞がっている。これを創立したのは長老タキーッ・ディーン・ブヌ・アブドル・ムフシンというこの町に生まれた学者で、すべての学生達に毎年衣服一揃をあたえ、また毎日の費用をも支給し、その兄弟や友人達とともに自ら講座につくのである。この人は、わたくしをも歓待し、道中の準備としてなつめやしや、相当額のお金をくれた。

　わたくしの加わったキャラヴァンはこのワースィトの郊外に三日間滞在して取引きをしたので、その間にここから一日行程のウンム・ウバイダ村にある聖者アハマド・アル・リファーイー（西暦一一八三年に没。イスラム教神秘派の大物でリファーイー宗派を創めた）の墓に詣でようと思い立った。タキーッ・ディーン長老に案内人を世話してくれるよう頼むと、アサド族のアラブ人三名と馬をまわしてくれた。途中一泊し、翌日の正午ころ、目的地に着いたが、その地の僧院には数千人の修行僧がおり、祖師アル・リファーイーの孫にあたるアハマド・クージャク長老もちょうど小アジヤの住所から墓参に来あわせていた。午後の祈りが済むと、修行僧達は踊りはじめ、日没の祈りの時まで続けた。夕食は米のパン、魚、乳、なつめやしなどで、それが済んで後、夜の祈りをし、再び音楽に合わせて踊るのであった。そして薪束を運んで来て火をかけ、踊りながら、その真中にはいって行った。ある者は火中をころげまわり、ある者は火を口中に入れなどして、すっかり鎮火するまで続けていた。この僧団はこういう行事でとくに名を得ているのである。また中には大きな蛇を捕え、その頭に歯をあて、遂にこれを嚙み切るものもあった。

*

　ワースィトに帰って見ると、隊商はすでに出発した後だったので、その後から追いつき、アル・ハディーブという水場や、クラーアの谷、ムシャイリブなどという所で泊りを重ね、バスラの近郊に着き、翌日の朝にその市街に入ったのである。

はじめ市街から二マイルほどの所まで来たとき、前方に城のような高い建物を望んだ。あれはなんだろうと尋ねたところ、カリフ、アリーの礼拝堂だということであった。昔のバスラは今よりもはるかに広大で、この礼拝堂は市街の中心部に当っていたのだが今では二マイルもの町外れになってしまった。また昔の城壁は礼拝堂よりもさらに二マイルも外側にあったのである。往時の面影はないとはいえ、バスラはイラークの主要な都市の一つで、その名は広く聞えている。街も壮麗だし、樹園が多く、素晴しい果物の産地でもある。ここは塩水と淡水と二つの海の交わるところで、この地ほどなつめやしの多い所は世界中ほかに無いのである。したがってその価も驚くほど廉(やす)い。土地の法官フッジャット・ウッ・ディーンが男一人でやっと担げるほどの大籠に一杯のなつめやしをとどけてくれたので、他に売り払ったところ、その価は九ディルハム（一ディルハムは邦貨二〇円あまり）であった。ところが、これを市場まで持たしてやった人夫に駄賃を三ディルハムとられてしまった。バスラでは、なつめやしでサイラーンという蜜を造るが、その味はシロップのようで美味である。この町はフザィル区、バヌー・ハラーム区、ペルシャ人区の三つに別れ、それぞれに区長がいる。市民は親切で、外国人を厚遇するから、この地にいて退屈するようなことはない。

アリーの礼拝堂はまことに荘厳なもので、そこで行なわれた金曜日の礼拝に参列して見たところハティーブ（説教師）が立ち上って説教を始めた。ところがその趣旨には、はっきりした誤りがたくさんにあった。わたくしは驚いて、法官フッジャット・ウッ・ディーンに話したのであるが、「この町には文法の知識のあるものは、一人も残ってはいないのだ」とのことであった。すべてのものを変化させ、世のさまを移り行かせたもう神をたたえまつろう。まことにこのバスラの町こそ、アラビヤ文法学の発源し成長したところであり、またこの学をもって一世を風靡し、また何人もその権威を争わなかったこの学の巨匠（スィーバワイヒのこと）を生んだところだったのに……。今は文法通りに金曜の説教ができるただ一人の説教師さえも持たぬとは……！

＊

バスラからウブルラに行こうとしてスンブークと呼ばれている小船に乗った。両地の間は一〇マイルほどで、両岸には果樹園やなつめやしの茂みが続いている。これらの樹かげで商人達がパン、魚、なつめやし、乳、果実類などを売っている。

ウブルラは昔は大きな港町で、インドやファールス（パールス、イランの西南部）の商人達の集まる所であったが、今では寂しい村落である。しかしかつての栄華を示す宮殿などの廃墟が見られるのである。

そこからとあるウブルラの人の持船で夕刻の入海をペルシャ湾に出、翌日の朝アッバーダーン（アバダン）に着いた。大きな村落だが、そのあたりは土壌が塩分をふくんで荒地となっている。多くのモスク、祈禱所、僧院などがあるが、海岸から村までは三マイルである。穀物をよそから買入れなければならず、飲用水にも乏しい。ある詩人が、

アンダルス（スペイン）まで行きし君よ
われはこの地の果のアッバーダーンに来ぬ
かほどまで荒涼の地はまだ知らず
されどなお住民に故事を訊ねつ
人々の贈り合うもの、そは唯のパン

飲む水も高き買いもの……

と歌っているごとくである。わたくしはこのアッバーダーンに孤独の生活を送っている一人の聖者がいることを聞いた。その人は、月に一回だけ海岸に姿を現わし、一カ月間の食料とするだけの魚を釣ると、翌月までまた姿をかくしてしまうのであるが、そういう生活をすでに長い間続けているとのことである。是非ともその聖者に会いたいと思って探しあるいた。とある壊れかけた礼拝堂で、一心に祈りを捧げているその人を発見し、黙ってその側に坐っていると、やがて聖者は祈りを終えて、わたくしの手を執り、

「神がこの世とあの世におけるそなたの望みをかなえさせたもうように」といわれた。このとき、わたくしがこの世で望んでいたことは、この世界を遍く旅して見たいということであった。この願いはその後、わたくしの知る限りでは、他の何人も果し得なかったほど立派になしとげることができたのである。来世に対する願い、天国へのあこがれが実現されるかどうかについても、アッラーの大慈悲心を思うときわが心は希望にみたされるのである。

　同行の人々と一緒になったとき、わたくしは聖者とのめぐり会いについて語り、その居場所をも告げた。人々もまた会いに出かけたが見出すことができぬのみか、その消息さえもわからなかった。わたくし達は海岸に近い一僧院に宿っていたのであるが、そこに住む四人の僧のうちの一人が、その晩、夜の祈りがすむと、毎日のならいでそちこちのモスクに灯をともすためにアッバーダーンに出かけた。彼はそこでかの聖者に会ったところ、一尾の鮮魚を渡して「今日着いた旅人に渡してくださらぬか」といったとのことである。そこで僧は戻ってくると、わたくし達にたずねるには、

「あなたがたのうち、どなたが今日聖者に御会いなされたのか。」

考えが起ったが、広く世界を旅して歩こうという宿願は遂に動かず、結局思いとまってしまった。

「わたくしでございます」と名乗り出ると、

「聖者にはこれをあなたに差上げてくれと申されました」といった。

僧はわたくし達のために、その魚を煮てくれたので、一同で食べたが、これほどに美味なものをわたくしはまだ知らなかった。ふと、わが残りの生涯をこの聖者にささげ、これに仕えて暮らそうとの考えが起ったが、広く世界を旅して歩こうという宿願は遂に動かず、結局思いとまってしまった。

＊

夜が白むと、わたくし達は船に乗りマーチュールの町を志した。わたくしは旅にあるとき、できる限り、一度通った途をもとには戻らぬという方針であった。ところで今度はバグダードに行くつもりだったが、バスラの某の勧告に従い、ルール地方からイランの高原に出、そこから目的地に入ることにした。

四日目にマーチュール（今のバンダル・マシュール）に着いた。ペルシャ湾にのぞむつまらぬ港町で、あたりには草も木もなかった。僅かに一日滞在したのみで砂漠に入り、三日の間その中を渡って行った。そのあたりには毛織のテントに住むクルド族が住んでいた。

ラーミズ（ラーム・フルムズ）に着いた。立派な都市で、水流が多く果実類が豊富である。その地の法官の家に一宿したのち、三日間平野を進むと、ところどころにクルド族の部落を見た。どの駅にも僧院があって、旅人にパン、肉、甘味などを支給してくれる。甘味は葡萄汁を煮つめたものに小麦粉やバターを練り合わせたものであった。

トゥスタル（シュスタル）の町は平野のはずれにあり、これより先は山地となる。繁華で、商品の優秀なことと、市場の活気に満ちたことが特徴であるが、古代に建てられた町で、イスラム教の起こったころ、勇将ハーリド・ブヌル・ワリードが征服したことで名高い。この町をめぐって流れているのはいわゆる青い（アズラク）河で、水はあくまでも澄み、暑熱の季節にも手が切れそうに冷たいのである（今のカールーン河）。この河は深く、両岸には果樹園や水車がならび、舟橋がかかっている。

　トゥスタルの町にシヤラフッ・ディーン・ムーサーという高徳の学者が学校を開き、また僧院をも持っていた。わたくしはこの長老のもとで七日間厄介になったが、これ以上はないほどの御馳走になった。料理はバターで煮て胡椒（こしょう）をかけた米、鶏（にわとり）のフライ、パン、肉、糖菓類などで、客一人に対し四人分はあろうという豊富さであった。

　長老は類（たぐい）なく美しい容姿の人で、金曜日の祈りの後には大礼拝堂（ジャーミウ）で説教をするのが例である。わたくしも聴聞したが、この人の説教を聞いた後では、アラビヤ、シリヤ、エジプトなどで聞いて来たものは実につまらないものだったと思われた。

　またある日、川辺にちかい、その人の樹園に一緒に行ったことがある。町の学者や有力者達も来ていたし、托鉢僧達もそちこちから集まって来ていた。長老は皆に食事を出した後、正午の祈りを行ない、一場の説教を行なった。それは聴く者の魂をゆさぶり、涙を流させるほどのものであった。それがすむと、人々は四方八方から長老に紙片を投げつける。これはペルシャ人の風習で、質問を紙に書いて主教に投げると、それに解答を書いてかえすのである。長老は紙片を拾い集め、美しい筆蹟で次々に答えを書きつけていた。

　この町に着いたとき、わたくしは熱病にかかってしまった。ここやダマスクスのように水や果物の豊富な地に暑熱の候に来たものがみな苦しむ病気なのである。同行の人々もこれに襲われ、ホラーサーン出身のヤフヤーという人は死んでしまった。ムーサー長老はその埋葬万端のことを世話してくれた。また出発のときホタンの人バハーッ・ディーンアル・ハタニーという人をトゥスタルに残して来たが、これまたあとで死んだとのことである。この病気中、わたくしは食事がすすまず、長老の学校にいる学生の一人に銭を渡し、市場から好みのものを買って来てもらって食べた。このことを聞いた長老は、「どうして市場のものなどを召上るのか。何でも御好みのものを召使どもに御命じになるとよいのに……」といい、家人一同を呼び集めて「客人のお好みのものを何によらず調(ととの)えて、仰せられるとおりに料理して差上げよ」との注意をあたえていた。

*

トゥスタルから山中を三日間進んでイーダジュ、別の名はマールル・アミール（将軍の財産の義）に着いた。ここはルーリスターンのアターベグ（父侯）として知られたハザーラスプ王家の本拠地で、アターベグとは歴代の王の称号であり、またこの地方のことはルール（ルーリスターン）というのである。イーダジュから一〇日の間、高い山々の間を旅したが、すべてアターベグの領土で、毎晩、学校に泊めてもらい、食物も支給を受けた。これらの学校は開拓された地にあるものもあれば、不毛地のただ中にあるものもあったが、必要な品はすべて備えてあった。一〇日目にとまったキリーワール・ルフという学校がアターベグ領の最後のものであった。

そこから先はイスファハーン政府の下にある充分に灌漑された平原を行くのであるが、その中のウシュトゥルカーンの町に着いた。その次に訪れたフィールーザーンは流れや樹園の多い小都会であった。わたくし達が着いたのは午後の祈りのあとだった。ちょうど町の人々は一つの柩(ひつぎ)のあとについて墓地に行くところであった。柩の前後に炬火を立て、手に手に笛を持ち、唱歌隊はさまざまな歌を、それも人の心を浮立たせるようなものを歌っているのである。このやり方には驚かざるを得なかった。この町で一夜を過ごし、翌日は果樹園や水流、美しい村落などの間を辿って行ったが、村里には鳩を飼う塔が多数見受けられた。

イスファハーン（イスパハーン）に着いたのは午後の祈りの後であった。大規模で立派な都会であるが、今ではその相当に広い部分がスンニー、シーヤ二宗派の争いのため荒廃に帰している。しかも不和は今も続き、両宗派のものは争闘をやめないのである。

イスファハーンは果実の豊富な所であり、とりわけて杏子（あんず）はその比類がなく「カマルッ・ディーン」（教月）という異称で呼ばれている。土地の人はこれを乾して保存するが、その核を割ると内部に甘いしんがある。まるめろ、葡萄、西瓜などもすぐれている。西瓜に至ってはブハーラーやフワーリズムのものを除けば天下にその比があるまい。表皮は緑で、肉は赤く、実に甘美である。西国の乾しいちじくのようにして保存する。

イスファハーンの人々は容姿が美しく、色白く、紅味を帯びて色つやがよい。その第一の特徴は勇敢なことであるが、気前もよく、互いに宴会に招いては豪華を競っている。知人を招くときは「ナーン（パン）とマース（凝乳）でも食べにきて下さい」という。ところが実際に行って見ると、あらゆる珍味がととのえてあるという工合である。それぞれの職業の団体が、その長を互選し、これを「キルー」（クルー）と呼んでいる。町の有力者達も同様で、例えば未婚の青年達の団体が作られたりしている。こういう団体員は互いに他を凌ごうとする。ある組合の人々がほかの組の会員を招いたとき蠟燭の火で料理をさせたところ、招かれた人々は、今度は返礼に相手を招待し、絹を燃やして調理させたという話である。

わたくしはとある僧院に泊ったが、素晴しい風呂場があった。大理石を敷きつめ、壁にはカーシャーン製のタイルが張ってあった。この僧院は慈善の目的で建てられたもので、旅人は食事を支給され、少しの費用をも払う必要がない。ここの長老から特別の厚遇を受けつつ、一四日間滞在した。

＊

シーラーズに住むマジュドッ・ディーン長老を訪れようとしてイスファハーンを出発した。この二都市の間は十日行程である。その途中カリール、スルマーなどの町々の僧院にとめてもらった。いずれもホージャ・カーフィーという有力者が私費を投じて設けたもので、旅人に食事まで給してくれる。ヤズドゥハース（ヤズディフワースト）の町の郊外にはキャラヴァン宿があり、鉄の門を持ち、城郭のように堅固な構えであった。内部にはいくつかの売店があって、旅客に必要なものは何でも売っていた。この町の特産はチーズで、ヤズドゥハースィーと呼ばれている。

ダシュトゥル・ルーム（ローマ人の原）というトルコ族の住む平野を抜けてマーイーンに向かった。小さな町で、水流や果樹園が多く、ことに胡桃（くるみ）の樹が多かった。そこからシーラーズに行った。ペルシャで一二を争う名邑（めいゆう）である。水流は遠くひろがり、街路はすこぶる雅致があって見事な均斉を示している。市民の数も多く、商売ごとに、それぞれの市場を持っているから、その職業により、みな別の区域に住むわけである。シーラーズの人々は容姿端麗で、衣服も清潔である。自然と住民と市街との美しさを兼備した点で、東国においてダマスクスと肩をならべるものはまずこのシーラーズであろう。市街は平原のただ中にあり、周囲はすべて果樹園、五筋の川が市街を貫いている。その一つであるルクヌ・アーバードの水は飲むに快く、夏は冷たく、冬は温かい。

大礼拝堂を「古きモスク」と呼び、きわめて壮麗なもので、本堂の床は大理石で敷きつめてあり、暑熱の季節には毎晩、水で洗い流している。町の主だった人々は、夜ごとにここに集まって、日没の祈りや夜の祈りをするのである。

シーラーズの民は心正しく、信仰心が篤いが、とくに婦人達がそうである。女達は深靴をはき、マントやヴェイルにくるまって外出するから、身体のどこをも外に現わさない。しかも施しその他の善行には熱心で、毎週月木金の日に大礼拝堂に集り説教師の話を聞いているとは奇特なことである。時には一〇〇〇人から二〇〇〇人くらいまで集り、暑いので手に手に団扇(だんせん)をつかっている。こんなに多数の女性が礼拝堂に集まる町は他にはないのである。

＊

わたくしはシーラーズに着いて、何をおいても聖者マジュドッ・ディーン・イスマーイール長老にお目にかかろうと思い、そのことばかりを考えていた。マジュディーヤ学院はこの人が創立したもので、そこに長老の邸宅もあった。三人の友と一緒に訪れたところ、すでに法学者達や町の有力者達が面会を待っていた。午後の祈りの時刻に長老は出てこられたが、非常な高齢で視力も弱っていた。挨拶すると、長老はわたくしを抱き、手をとって、祈禱用の敷物のところまで連れて行き、一緒に祈りをせよというふうな合図をした。

祈りがすむと長老は、わたくしが訪ねてきた動機だとか、西の国々のことなどをいろいろと尋ねた。それから召使達を呼んで指図し、わたくしを学院中の小さな寝室に休ませてくれた。翌日、アブー・サイード王（モンゴル系のイール汗国第九代の君主）の使節として某大将軍が到着した。この人は長老の前まで来ると球帽を脱ぎ、長老の足に接吻したのち、手で自分の耳をつまんで、その場に坐った。これはタタール族の将軍達が、君主の前に出たときの作法なのである。

この将軍は騎士、奴隷、幕僚など五百人ほどを率いて来たのであるが、これらは郊外にとどめ、五人だけをつれて、長老を訪ね、その室に入るときは敬意を表して自分一人になったのである。

現王の父君のフダーバンダ（ウルジャーイトゥー汗）は、まだ異教を奉じていたころからムタッハルの子ジャマールッ・ディーンというシーヤ派のイスラム教を奉ずる法学者を信任していた。やがて王はイスラムに改宗し、その下のタタール人達もこれに倣ったのであるが、ジャマールッ・ディーンの影響でシーヤ派を尊重した。この派の説くところによれば預言者の死後、あいついでカリフとなったアブー・バクルやウマルは実は預言者の執事みたようなもので、預言者の従兄弟であり女婿となったアリーこそ正統なカリフである。そのことは蒙古において近親者に国を譲るのと同じであるというのであった。王はこの意見を用い、各地に使節を送ってシーヤ派の教えを奉ぜよと命じた。そして真先にこの使節を送られたのがバグダード、シーラーズ、イスファハーンの三大都市であった。バグダードの衆はスンニー（正統）派、それも厳正なイブン・ハンバルの学説を奉ずるものが多かったから、「そんなことを聞く耳は持たぬ。従うものか」と、手に手に武器を執って使節のいた大礼拝堂に押しかけた。その数は一万二〇〇〇に近く、しかも有力な市民が多くこれに参加していたので、遂にそのことは沙汰やみとなった。

シーラーズとイスファハーンでも同じようなことが起ったので、王はこの三市の法官を引き立てよと命じた。そして真先に召喚されたのがシーラーズのカージー（法官）の地位にあったマジュドッ・ディーン長老であった。そのとき、王は毎年夏を過すならわしのカラーバーグにいたが、「シーラーズの法官を宮廷の犬どもに食わせよ」と命じた。これは人肉を貪り食うように仕込まれた巨犬で、頸には鎖がつけてあった。誰かを犬に食わす際は、その人のいましめを解いて広場に入れ、それから犬をけしかける。哀れな男は逃げまわるけれども、結局、犬どもに引き裂かれ、その肉を争い食われてしまうのである。マジュドッ・ディーンに犬をけしかけたところ、犬どもはそばにすりより、尾を振るだけで何等の危害も加えなかった。

これを聞いた王は、裸足のまま走り出で、法官の前に跪き、その手をとり、自分の衣裳を脱いで着せかけた。これは王たるものが、臣下に対して最上の名誉を与える場合のやり方であった。こうすれば、その相手のみならず、その人の子にも孫たちにも、この衣裳がたとえ一片でも伝わるかぎり、末永く特別の待遇をあたえることを約したことを意味するのである。この場合、一番重く見られるのはずぼんであった。

この事件から後、王はシーヤ宗派を棄て、各地に布告を出して正統派を公認し、マジュドッ・ディーンは面目をほどこして故郷に送りかえされたのみでなく、ジャマカーン地方の一〇〇カ村を与えられた。ジャマカーンは二つの山脈に挟まれた細長い谷間で、大きな河がその間を流れ、両岸に村里がならんでいる。シーラーズ地方でも一番よい土地であるが、不思議なことには、シーラーズ寄りの半分は大変に寒くて、雪が降り、樹木の大部分は胡桃の木であるのに、他の半分はフルムズに向かう方向にあたり、これはまた大層に暑く、やしの樹が生えている。

わたくしが再度、この人にお目にかかったのはインドからの帰途で（西暦一三四七年）、ペルシャ湾岸のフルムズ港から途中三五日の旅をしてわざわざ出向いたのである。そのときは、すでに長老は歩行もかなわなかった。わたくしが敬礼すると、誰であるかを思い出して、立ち上り、近よるわたくしを抱いてくれたが、そのときわたくしの手がその人の肘にふれた。その皮膚の下はすぐに骨で、少しも肉らしいものがないことが感じられた。

シーラーズの人々はマジュドッ・ディーンのことを「法官さま」とは呼ばず「マウラーナー・アアザム」（大師さま）といっている。神よ、この人の高徳がわたくしにも反映し、その清福にこの身をもあやからせたまわんことを！

＊

シーラーズの市内には多くの霊廟や墓所などがある。たとえば、ある人の子や妻などが死ぬと、その居宅の一室内に墳墓をつくり、そこに葬る。その部屋の床には蓆や絨緞をしき、故人の頭と脚にあたる所に多くの蠟燭を立て、その部屋の街路に面した方には扉や鉄格子をとりつける。コーランの読誦者はそこから室中に入ってよい声で経を読む。シーラーズの市民ほど、コーランを巧みに読むものは、この世にはいないのである、遺族の人々は、このおたまやに奉仕し、死せる人があたかも、そこにいるかのごとくである。聞くところによれば毎日、死者の分として食事も準備するし、その志だといって喜捨をしたりするそうである。

シーラーズの市場に近く綺麗なモスクがあった。その北側に一僧院があり、格子窓が市場の方に開けてあった。美しい容貌をし、立派な衣裳をつけた人物が、そこに坐ってコーランを読んでいた。わたくしが挨拶して、その傍に坐ると、どこから来たかなどと訊ねた。わたくしの方でもいろいろきいてみると、このモスクはその人が私財を投じて建てたものであり、また僧院の方は、自分の墓地にするつもりであるとのことであった。そして足下の絨緞をはぐって見せたが、そこには墓穴が掘ってあって、上に床が張ってあった。また向こう側の櫃をさして、

「あの中にわたしの経帷子や、死骸に塗る香料、それからわたしを埋めてくれる人に払う謝礼の金などがはいっている。あまった金は施しにまわす約束もしてある」と話してくれた。

シーラーズの郊外にも多くの霊廟があるが、サアディーの名で知られた高徳の長老の墓所がとくに名高い。ペルシャ語の詩にかけては当時の第一人者だった人で、アラビヤ語の文章でも高い才能を示したのである。墓地の近くにサアディーが建てた立派な僧院があり、その構内には見事な庭園がある。僧院はルクヌ・アーバードという大きな河の水源の近くにあるが、サアディーは、そのほとりに衣類を洗う小さな大理石の水盤をつくった。霊廟を訪れるシーラーズの市民達は、僧院で食事をし、この

河で衣類を洗って家路につくのが常である。わたくしもまたそのとおりにしたのであった。

＊

シーラーズの西方、二日行程にあるカージルーンの町に、聖者アブー・イスハーク・アル・カージルーニーの墓に詣でようとして出立した。最初の日はシュール族の地にとまった。砂漠に住むペルシャ人で、よく敬虔な人々を出す部族である。シーラーズにいたとき、ある日、わたくしはとあるモスクに行き、正午の祈りのあとでコーランを読誦しようと思ったが、生憎（あいにく）これを持ち合せていなかった。コーランがあればよいがと思っていると、一人の若者がはいって来てわたくしに向い力強い声で「おとりなさい」といった。そしてわたくしの膝の上に一冊のコーランを置くと立ち去った。その日、わたくしはその書を初めから終りまで読み、さてかの若者に返そうと思って待っていたが、二度と姿を現わさなかった。人に訊ねたところ、あれはシュール族のブフルールという人だということであったが、それ以来、二度とその人の姿を見ないのである。

二日目の夕刻カージルーンに着き、すぐにアブー・イスハーク聖者の僧院に行って、その夜を過した。この僧院の人々は、旅人が来ると必ず小麦とバターをまぜた肉料理でハリーサと呼ぶものを出すが、これをビスケットとともに食べるのである。訪ねて来た人々がそこに三日間厄介になり、自分が何を願っているかを僧院の長老にいうまでは、決して出発させない。その旅人が、これこれの所願があるというと、長老は院中の僧達にそのことを伝える。院中の僧の数は一〇〇を越え、妻帯者もあれば独身のものもある。長老の話を聞いたこれらの僧は、アブー・イスハーク聖者の墓前で、コーランの全巻を読み、その旅人の福を祈願してくれる。そうすれば、神の恩寵により、その人の願いごとがかなうとされている。

アブー・イスハーク聖者は、インドやシナの人々からも崇拝されている。シナの海を航海する者は、逆風にあったり、海賊の害を恐れたりするときは、アブー・イスハークに願(がん)をかける。もし願いごとがかなった暁には、これこれのものを献納すると書きつけをつくるのである。安全の場所に着いたとき、この僧院の使用人がその船に行き、所願の書面を出させて、約束の品なり金子(きんす)なりを受取る。およそシナやインドから来た船で数千ディーナールの金を納めぬものはないのである。

托鉢僧などで、僧院の長老のところに布施(ふせ)を仰ぎにくるものがあると、これこれの額をあたえるという書きつけをつくり、長老の朱印を捺して渡す。書面の文句は「アブー・イスハーク聖者に願をかけたものは、これこれの金額を、何某に渡すよう」としてある。その金額は、これを受ける托鉢僧の人物のいかんによって一定はしていないが、その人が、聖者に願をかけた者に会ったときは、この書面を出して、指定の金額をもらい、書面の裏に受取りを書いて渡すのである。かつてインドの王が所願のむきがあってアブー・イスハーク聖者に一万ディーナールを献納すると約束した。このしらせが院にとどいたので、役僧の一人がわざわざインドまで出向き、その金額を受取って無事に戻ってきた。

カージルーンから西方に進んでザイダーニー、フワイザー（ハウィーザ）などの町々を訪れた。フワイザーはペルシャ人の住む小さな町で、バスラまで四日、クーファまで五日の行程である。フワイザーからクーファに向う途は砂漠で、アッ・タルファーウィーという三日目に着いた場所の外には、どこにも水がなかった。

バグダードは荒れたり

クーファはイラークの主邑の一つで、とりわけて深い由緒を持つ。カリフ、アリーの最期の地でもあればマホメットの教友たち、ひたぶるに神に奉仕した人々の住んだところでもあるが、今では市街の大部分が荒廃に帰している。それは公平なるものの御手が、この地の上にも差しのばされたがためである。

とくにその周辺に住むハファージャ族のアラブ人が、途上に出没して掠奪を行なうため、周辺地区は無秩序状態となっているのである。

クーファには城壁がめぐらしてないが、市内の建物は煉瓦づくりで、市場は活気があり、主になつめやしや魚類などを売っている。

大礼拝堂の正面に近くチーク材でかこった祭壇がある。そここそ兇漢イブン・ムルジャムがカリフ、アリーを刺殺したところである（西暦六六一年）。またここはノアの遺跡として知られ、その住居のあとというのが、礼拝堂の後にあるし、方舟（はこぶね）を造ったという広場は、その南壁にそっている。アリーの屋敷のあともそのあたりである。

はじめてクーファの町を建設したのはマホメットの教友サード・ブヌ・アビー・ワッカースであるが、その人の居館は今では礎石だけしか残っていない。町の東方、一マイル半のところをユーフラテス河が流れ、岸辺にはなつめやしがこんもりと茂っている。クーファの墓地の西側に土の真黒になったところがあって、白い平地の中で目立っている。そこが兇漢イブン・ムルジャムの墓地で、毎年、町の人々が七日の間、その墓の上で火を焚き続けるのだそうである。

クーファを出てビール・マルラーハ（塩井の義）まで行った。立派な町らしかったが、住民が異端の教えを奉じているので、中にははいらなかった。そして翌朝出発してヒルラに赴いた。ユーフラテス河の西岸にある大きな町で、見事な商品をあつめた市場がある。市民の数も多く、なつめやしの樹園がその内外にあり、人家はそれらの樹林の間に散見するような工合になっている。舟を並べ、鎖で繋いだ大きな橋が対岸に走っている。両岸に頑丈な柱を建て、二条の鉄鎖を張り渡し、その間に舟を並べてある。

ヒルラの市民はクルド族とヒルラっことの二つにわかれて、相対立しており、争闘がやんだことはない。しかし彼等はすべてシーヤ教派で、一二イマームの信奉者である（カリフ、アリーとその子孫一一人と、前後一二人を真の教主、すなわちイマームとして奉じ、実際に君臨したウマイヤ朝やアッバース朝のカリフ達を教主と認めない派）。中央市場の近くにあるモスクは、入口に絹の幕が垂れてあり、「この世の主のかくれ宮」と呼ばれている。これが第一二代のイマーム、ムハンマド・アル・ムンタザル（西暦八七八年没）すなわちアル・マハディー（救世主）が、身をかくしている所で、いつの日か、ここから出てきて世を救うとこの人々は信じているのである。毎日、午後の祈りのあと、ヒルラの市民のうち一〇〇人が、武装し、抜身の剣を手にして、市長の邸に行き、装具をつけた馬か騾馬を受取る。五〇人ずつ二隊に別れ、その中間に馬や騾馬をはさみ、太鼓、ラッパ、鉦などを鳴らして、かのモスクに行き、門前に立って「この世の主よ、出でさせたまえ。世はすたれ、不義がはびこってござる。お出ましのときが参りましたぞ。あなたさまの御口添えによりアッラーが真と偽とをふり別けたもうために」と叫び、太鼓や鉦をならしつつ、日没の祈りのときまで続けるのである。

＊

ヒルラからカルバラーに向かった。カリフ、アリーの子フサインが（西暦六八〇年一〇月）ウマイヤ朝の兵に囲まれ悲壮な最期をとげたところで、その廟がある。廟の門前には役人と守衛の一群がいて、その許しを得ないと内部にははいれない。許可されたものは銀の敷居に接吻するのである。

この町の住民はラヒーク族とファーイズ族とに分かれ、絶えず闘争を繰りかえしている。もとは共通の祖先から分かれ、同じシーヤ教派を奉じながら、この有様なので、市街は荒れ果ててしまった。

次にバグダードに着いた。アッバース朝第二代のカリフ、アル・マンスールがここに都を定めて以来、サラーム（平安）の都と呼ばれ、イスラム世界の中心として、文化の華の咲き乱れたところである。しかしイブン・ジュバイルは「世は移り、残るはただその名のみ。いにしえの繁栄も、一たび災厄の目がその上に注がれてこのかたは、かき消えた足跡、うすれ去った幻にも等しいものとなった。眼を惹き、足をとどめしめるほどの美しさは、何一つ無くなった。ただチグリスの流れのみは、東西両市を連ねて、鏡のごとく光り、また美女の乳房の間にかけられた真珠の頸飾りにも似て輝いている。かの女（バグダード）はその水に唇をうるおして渇くことなく、またこの鏡に姿映して曇りを知らぬ。その大気と水とから匂やかに咲きいでたのは美女のあでやかさである」といっている。

アブー・ムハンマドという詩人は、この都市に対する怒りに燃えて、

バグダードは富者にのみ広し
貧者には狭く住むにも苦し
われはただ巷より巷を迷う

異教徒の家にあるコーランのごとく

と歌った。

このバグダードにもヒルラで見たような舟橋が二つかかって、東市と西市とをつないでいる。民衆は、男女となく、昼夜を問わず、これを往復しては、そのためにつきせぬ楽しみを味わっているのである。

市内に大礼拝堂（金曜の集団礼拝をするもの）が一一あって、八つは河の西岸、三つは東岸にある。小礼拝堂はきわめて多数であるし、学校ももとは多くあったが、今では荒れ果ててしまった。浴場はおびただしくあって、外側にチャンを塗ったものが多いから、一見すると黒大理石でつくったのかと思われる。このチャンはクーファとバスラの間の油井から採集するので、そこでは絶えず瀝青が流れ出ている。

どの浴場も多くの小部屋にわかれ、床には瀝青がしいてある。壁も下の半分はそうであるが、上の半分は漆喰塗りで真白である。白と黒と相映じて、美しく、また各室にある浴槽は大理石づくりで、二個のからんがついている。その一つをひねると温湯が、もう一つからは冷水が出てくる。一室に一人というきめで、とくに希望のない限り、二人以上入れることはない。

これらの浴室の一隅に、もう一つ湯ぶねがあって、これにも湯と水を出すからんがついているが、ここで身体を洗うのである。浴客には三枚のタオルが渡される。一枚は、はいるとき陰部を蔽うため、もう一枚は同じく出るときにそこをかくし、三番目のは身体を拭うためのものである。こういう設備はバグダードのほかでは見たことがなかった。

チグリス河の西岸にある市街は最初に建設されたものであるが、今は大部分が荒廃に帰してしまった。しかし、まだ一三の市区が残り、ひとつびとつ独立した市街のような観を呈し、そのうちの八つに大礼拝堂がある。

東岸の部分には、賑かな市場が多く、町並も立派である。一番大きな市場は「火曜市」とよばれ、商売ごとに一区域を占めている。中央部にあるニザーミーヤ学院は、その壮麗さがものの譬えにされているほどである。市場の外れにあるアル・ムスタンスィリーヤ学院はカリフ、アル・ムスタンスィルの創立したもので、イスラム教正統派の四大法学を教え、学派ごとにそれぞれ別の建物で授業している。教授は小さな木の円天井の下で絨緞を敷いた椅子に坐って講義する。その態度は静かで厳粛、黒衣をまとい、ターバンを巻いている。その左右に一人ずつ復誦員が控えていて、教授の説く所を一々繰りかえしていう。また校内には学生のための浴室や、祈りの前のきよめを行なう所などがある。また昔のカリフの宮殿に隣接している大礼拝堂で、シラージュッ・ディーン・アブー・ハフスという碩学（せきがく）に会い、アブー・ムハンマド・アブドルラーアッ・ダーリミーの著わした「ムスナッド」（マホメットの言行録）全巻の講義を聴いた。ときにヒジュラ後七二七年のラジャブの月（西暦一三二七年六月）のことであった。

＊

アッバース朝歴代のカリフの墓は、東岸のルサーファ区にある。そのうち第三七代のアル・ムスタアスィムが最後のカリフである。この人のとき、フラグ汗の率いる蒙古軍は白刃をぬきつれてバグダード市中に乱入し、数日間にわたって虐殺を行ない、カリフもまたその犠牲の一人となった。このときからバグダードにアッバース朝のカリフは君臨しなくなった。それはヒジュラ後六五六年（西暦一二五八年）のことであった。

わたくしがバグダードを訪れたとき、丁度イラークの王（イール汗国主）アブー・サイード・バハードル・ハーンも来ていた。この王はフダーバンダ王（ウルジャーイトゥー汗）の子である。フダーバンダとはペルシャ語で「神のしもべ」という意味であるが、本来は「ハルバンダ」すなわち「驢馬がかりの下僕」といったのである。タタール族は赤ん坊が生まれたとき、最初にその家にはいった人の名をその子につけるのだそうだ。この王の誕生のとき、最初にきたのは驢馬曳きだった。驢馬曳きのことをハルバンダと呼ぶので、王子の名もそういうことになった。またその弟のカーズガーンは、生まれたとき若い奴隷が大鍋（カーズガーン）を持ってはいってきたので、そういう名になったとのことである。

さて父のフダーバンダ王が死んだとき（西暦一三一六年）、アブー・サイードがまだ幼少ながらその後をつぎ、やがて寛仁な明君となった。わたくしがバグダードで見かけた際は、水のたれるような美しい若者で、頬はすべすべとして少しの髯もなかった。当時のワジール（大臣）はギヤースッ・ディーン・ムハンマドという人でホージャ・ラシード（有名な集史の著者ラシードッ・ディーンのこと）の子であった。父のラシードはユダヤ系の移民であったのを、父王フダーバンダが大臣に登用したのである（実際はペルシャ系のムスリムで、侍医の一人であった）。ある日のこと、わたくしは、アブー・サイード王とその大臣とが、チグリス河に船を浮かべているのを見た。王の権臣ジューバーンの子ディマシュク・ホージャもその前に坐っており、御座船の左右には、それぞれ一隻の船があって、音楽師や歌手達が多数乗っていた。その日、この王の情深い人である実例を見た。それは、大勢の盲人が御前に出て、あわれみを乞うたとき、王はそのひとりびとりに衣服一領、案内役の奴隷一名、さらに世過ぎのための金子若干を添えて与えたことである。

*

アブー・サイード王の供まわりに加わって、わたくしはバグダードを出発した。イラーク王が旅するときは、どんなふうに進み、宿営するかを見たいと思ったからである。

蒙古人の慣習として、行動を起すのは早朝で、太陽が南中する時よりやや以前に宿営にかかる。まず将軍連中が部下を率い、鐘鼓・旗幟をならべて、右翼なり左翼なり、所定の位置に到着する。隊伍が整うと、王は乗馬し、太鼓、ラッパなどが鳴りわたる。将軍達は進み出て、王に敬礼してからもとの位置にかえる。王のあとからは侍従、文官、一〇〇名ほどの楽師などが続くが、楽師達は美衣をまとい騎馬している。音楽隊の先頭は鐘鼓を頸にかけた一〇名の騎士、次がスルナーイという笛を持った五名の騎士で、これらが楽器を奏すると、あとに続く楽師一〇名が一曲を歌う。歌が終ると、また鐘鼓や笛が一しきり鳴って、他の一〇名の楽師が合唱する。こうして一〇曲を歌い終れば、その日の行軍をやめて宿営するのである。

行軍の間、主だった将軍たち約五〇名は、王の左右に従い、旗手・鼓手・ラッパ手などがその供をするのである。

ジャンダル（警備兵）の長は、その部下を率いて、各部隊の配置を監視し、隊列から遅れるものがあれば、罰として靴をぬがせ、中に砂をつめて、その頸にさげさせる。こうして罰せられたものは、宿営地まで歩いて行かねばならぬ。それのみか、そこに着くや将軍の面前にひき出されて、腹ばいにされた上、背中を笞で二五回たたかれる。この刑罰は身分の軽重を問わず励行されている。

宿営地では、王とそのマムルーク（奴隷兵）らは離れた一画にとまり、妃（ハートゥーン、可敦）たちはそれぞれ別の場所に宿るが、これらには皆、イマーム、ムアッジン、コーラン読誦師などがつき、とくにその区画にだけ支給するための市場が設けられる。大臣、秘書役、その他の役人達は一緒に宿営し、将軍達はそれぞれ自分の営所を設ける。人々は午後の祈りのあとで、うちつれて王のもとに伺候し、夜の祈りがすむと、灯を先導に営所にひきとるのである。

わたくしは一〇日の間、王の一行とともに旅を続けたのち、主だった将軍の一人、アラーッ・ディーン・ムハンマドの行列に加わり、さらに一〇日を費やしてタブリーズに赴いた。

郊外のシャームという地にはガーザーン汗（アブー・サイードの先々代）の墓があり、その傍にある僧院は、旅人にパン、肉、バターで煮た米、菓子などを施している。将軍の世話で、わたくしもそこに一宿し、翌日、市内に入った。

そこにはガーザーンのスークという大市場がある。これほど美麗な市は他に見たことがないほどで、商売ごとに一区画をなしている。宝石商達の市場を通って見た。あらゆる種類の珠玉で目も眩むばかり、それを容姿の美しい奴隷達が、あでやかな衣服をつけ、絹布を帯のように腰に巻いて売っている。トルコ族の女達が盛んに買っていて、互いに競い合うが如くであった。

次には龍涎香や麝香の市場にもはいったが、ここも大雑沓であった。

タブリーズで一夜だけすごしたところ、アブー・サイード王からアラーッ・ディーン将軍のところへお召しがきたので、わたくしも同行した。王の野営地まで行くと、将軍はわたくしを連れて王の御前に出て引きあわせてくれた。王はわたくしに故国のことを訊ね、衣服と馬をたまわった。将軍が、わたくしがメッカに行こうとしている由を告げると、王はさらに必需品、駱駝、轎などをくれ、バグダードの太守にあて書面まで出してくれた。

＊

わたくしはバグダードにひきかえしたが、巡礼団の出発までに二カ月以上もあるので、モスルとディヤール・バクルを見てこようと思い立った。

チグリスの分流ドゥジャイルの岸にでてから二日目にハルバ、次にアル・マアシューク城についた。この城の東方にスルラ・マン・ラー（見る人の喜びの義）の町がある。サーマッラーともサーム・ラーハとも呼ばれる。サームとは古代ペルシャの英雄の名、ラーハとはペルシャ語で「路」を意味する。アッバース朝のカリフ達がある期間だけ都を移したところであるが、荒廃がこの町を蔽い、残っているのはほんの僅かの部分だけである。けれど荒涼たる破壊の世界を、のどかな気候と美しい自然がつつんでいる。

タクリートは、そこから一日行程の繁華な大都会であり、市民の人気はきわめてよい。町の北方をチグリスが流れ、その岸辺に城が立っている。

さらに二日してアル・アクルという村まで行くと、そこからモスルまでは村里や田園がうち続いている。

カイヤーラという地には、土壌の黒くなっている場所があり、瀝青を汲む井戸がいくつかあった。溜めをつくってそこに集めるが、地表にある粘土のようなものは真黒で、光沢があり、軟かで、よい香がする。井戸のまわりには広い池があり、軽い泡のようなものが浮いている。これを岸辺に集めると、やはり瀝青になる。そこから遠くないところに、大きな湧出口がある。ここで瀝青をとる場合は、その上で火を燃やすと、それが水分を去るので、瀝青が固まるから、適当の塊に切って運び出すのである。

井戸から二日行程でモスル（マウスィル）に到った。ハドバー（せむし）と呼ばれる城塞があるが、その難攻不落なことで有名である。また市街を二重の城壁がとりまき、そちこちに櫓（やぐら）が立っている。

古くもありまた繁華な町である。

近郊にヨナスの丘があり、その近くに大きな廃墟があるが、古代のアッシリヤの都ニーナワイ（ニネヴェ）のあとといわれている。城壁や城門の名残りが歴々と望まれる。

わたくしが訪れた時のモスルの太守はハイダル（獅子）と呼ばれたアラーッ・ディーン・アリーで、心の寛（ひろ）い立派な人物であった。わたくしをその館（やかた）に泊めたうえに、一切の費用を払ってくれた。アブー・サイード王の信任も篤く、住民からも尊敬されていた。

＊

モスルからアイヌル・ラサドという村を経てジャジーラ・イブン・ウマルまでチグリス河をさかのぼって行った。ジャジーラ（島）と呼ばれるのは、チグリスの流れにとりまかれているからである。この町の大部分は荒廃しているが、立派な市場や、石造の古いモスクがあり、城壁も石で畳んである。住民は気質がよく、異国の人に親切である。この町に着いた日に、コーラン（第一一章四六節）に、ノアの方舟（はこぶね）がとまったとあるジューディーの山を見た。長く裾を曳いた高い山であった。

さらに二日間歩いてナスィービーン（ニシビン）の町に着いた。中ぐらいの大きさであるが、大部分が荒廃していた。広い平野のただ中にあって、水流が多く、こんもりした樹園が多い。ここは薔薇水の産地で、品質はきわめてすぐれている。

囲いのうちのばらの花
病む人の頬のごと白し

と詩人が歌っているが、ナスィービーンの薔薇は白いのだけである。

次にスィンジャールの町に行った。山麓にあって、水流や樹園にめぐまれたところはダマスクスに似ている。この地の住民はクルド族で、勇敢で心の寛い人々である。

ダーラーの町を経てマーリディーン（マールディーン）に行った。イスラム世界でもっとも美しい町の一つで、市場も見事である。マルイッズという種類の羊毛で織った布を産するが、これに町の名をつけている。

バグダードに戻ろうと思って、もう一度モスルに行った。その城壁の外側に、バグダードを経てメッカに行く巡礼団が集っていた。その中に「信心夫人」とまでよばれている敬神家の婦人がいた。カリフ達の子孫にあたり、何度もメッカに参拝したし、根気よく斎戒（昼間断食）を続けるのがその日常であった。わたくしは、この人に挨拶し、その保護の下に入れてもらったが、托鉢僧の一団もやはりその下にいた。途中、ザルードという所で、婦人は死に、そこに埋葬された。

*

バグダードに帰って見ると、巡礼達は、出発の準備にせわしがっていた。わたくしは、総督マアルーフ・ホージャを訪れ、アブー・サイード王がわたくしのために指図してくれたとおりにしてくれと申しこんだ。総督は、わたくしのために駱駝轎の片方を予約し、道中の食糧、四人分の飲用水などを割当ててくれた。それらの命令書をつくり、巡礼団長バハラワーン・ムハンマド・アル・ハウイーヒを呼び、わたくしのことを頼んでくれた。この人は前からの知り合いだが、これから後、一層親密になって、心からよくもてなしてくれた。

クーファを出発するころから、わたくしは下痢を患い、毎日何回も何回も轎からおろしてもらわねばならなかった。この病は、とうとうメッカに着くまで続き、到着の際に行なうことになっているカーバの七周も、サファーとマルワ二丘の間の往復も団長の馬に乗ってすまし、祈りのときも坐ったきりであった。それほどに疲労し、気力を失っていたのである。しかもアラファート山に登り、ミナーの谷に下りたときは、神気爽快を覚え、やがて病は拭い去ったごとくに癒えた。

大祭のあとも、当分メッカに滞在することにした。まる一年の間、ムザッファリーヤ学院に住み、まことに楽しい生活をした。カーバのまわりをめぐったり、聖所を巡拝したりして、その日その日を送ったのである。

そして次の年（ヒジュラ後七二八年、西暦一三二八年）の大祭にも参加した。

さらにまた一年が流れ去ってヒジュラ後七二九年（西暦一三二八―二九年）の大祭にも参加した。

その後もなおこの聖地を去らず、七三〇年（西暦一三二九―三〇年）の大祭を迎えた。その最中にメッカの総督ウタイファと、エジプトのアン・ナースィル王の護衛隊長アーイドムールとの間にごたごたが起った。原因はヤマン（イェメン）の商人達が盗難にあい、アーイドムールに訴えて出たことであった。アーイドムールは、ウタイファの子ムバーラクに「盗賊どもをひきたてて来られよ」というと「誰が盗んだかわからぬものを、どうして連れてこられますか。ことに、ヤマンの住民はわれらの管轄の下にある。貴下には口出しする権限はない。エジプトかシリヤの者が盗難にあったときに、そういう口をきくがよかろう」といいかえした。アーイドムールは「このぜげんめが。そんな口の利き方があるか」と罵り、ムバーラクの胸を突いたので、そこにひっくりかえり、ターバンがとれてしまった。ムバーラクもその従者達も怒り出し、馬で立ち去ろうとしたアーイドムールに襲いかかり、その子もろとも殺してしまった。メッカ市内は戦争さわぎとなったが、折からナースィル王の叔父アハマドも居合わしたので、トルコ人達（エジプトのマムルーク朝の人々）は、矢を乱射し、遂に一人の女まで殺した。その女がメッカ市民を闘えと鼓舞していたためだという。巡礼団に加わっていたトルコ人達は、みな馬に乗り、その隊長が陣頭に立って気負いたった。法官、主教、巡礼の人々などが頭上にコーランをかざして、これをさえぎり、平和を求めたので、一同は荷物をまとめてエジプトに向って出発した。

ナースィル王はこの報を得て、メッカに一軍を派遣してきた。総督ウタイファとその子ムバーラクは逃亡し、ウタイファの弟ルマイサは恭順の意を示すため手に経帷子（きょうかたびら）をとって降り、兄に代って総督を命じられた。

＊

この騒ぎのころ、わたくしはメッカを去り、南のかたヤマン（イェメン）を志した。

まず、紅海岸のジュッダに着いた。古い港町で、ペルシャ人が建てたものといわれている。市内には堅い岩をくり抜いた井戸が数え切れぬほどある。その年は水がかれて、一日行程をへだてたところから運んでいた。巡礼の人々は、民家を水乞いして歩いていた。

ジュッダから、わたくし達はジャルバと呼ぶ（板と板をやし索（なわ）で縫い合わした）船に乗りこんだ。船長はヤマンのラシードッ・ディーン・アル・アルフィーという人であった。そのときメッカの総督ルマイサの兄弟でマンスールという人物が、別の船に乗りこみ、わたくしにも一緒に来いと誘ったけれど断った。その船には駱駝をのせていたし、わたくしにはまだ船旅の経験がないため、それがこわかったからである。

このとき一群のヤマン人が、食糧その他の必需品を船に積みこんで、船出を待っていた。マンスールは奴隷の一人をやって、どの船からも粉を一袋とバターを一壺ずつ出せと命じた。みなその命に従ったのであるが、そのうちに商人達が泣きながら、わたくしの所に来て、「ただいまの粉の中に一万ディルハムの銀貨を入れたまま納めてしまいました。マンスールさまから取りかえして頂けないものでございましょうか」というのである。マンスールの船に行き、「粉袋の中に、商人達が何か入れ忘れていたと申すのですが、別の袋と取替えてやっては頂けますまいか」というと、「その品が、サカル（酒）なら返さぬぞ。だが、他の品なら取替えてとらそう」と答えた。開いて見たら銀貨がザクザクとでてきた。マンスールは約束どおり商人達にかえしてやった。

二日間は順風に乗っていたが、やがて風向きが変わり、あらぬかたに流され始めた。大波は船中にもうちこみ、乗客達はさわぎ立った。色を失っているまに、ラアス・ダワーイル（旋風の岬）という港に着いた。そこはアイダーブとサワーキンの中間にあたるところであった。

岸に上って見ると、葦でつくった小屋があって、モスクのような形をしていた。内部に駝鳥の卵のからが沢山にあり、その中に水がたまっていたので、飲んだり、炊事の用につかったりした。

そこで驚くべきものを見た。それは河のような入海なのであるが、同行の人々が、着物のはしを持って水に入れて引きあげると一ぱいに魚がはいってくるのである。どれも半メートルくらいの長さがあり、ブーリー（ぼら）とよぶ種類であった。これらをたくさんに煮て食べ、残りはあぶっておいた。

そのあたりの土人ブジャー族の一団がやって来た。色は黒く、黄色の衣類をつけ、頭には赤い鉢巻をしている。強健で勇敢な人々で、槍と剣が武器であり、駱駝をつかい、これをスフブ（赤）と呼んでいる。わたくし達は、その駱駝を雇い、彼らとともに平原を越えて行ったが、そのあたりにはかもしかがおびただしくいた。ブジャー族はかもしかの肉を食べぬので、人によく馴れ、近づいても逃げない。二日後、カーヒル族と呼ばれるアラブ族の野営地に着いた。ブジャー族との混血で、その言葉も知っている。その日のうちにサワーキンの島に着いた。

この島は陸地から六マイルほど離れ、飲用水も、樹木もなく、水は舟で運んできたり、雨水を貯えたりするのである。広い島で、駝鳥、かもしか、驢馬の肉などを食べ、羊、乳、バターなどが多く、一部をメッカに輸出している。穀類としては、ジュルジュールという大粒の粟の一種しかとれぬが、これまたメッカに送り出している。

この島の王は、メッカの総督だったウタイファや、その後継者となったルマイサ等と兄弟にあたるザイドという人で預言者の血統をひいている。

*

サワーキン島からヤマンに向って船出した。暗礁が多いので日の出から日没まで航行し、夜間は碇を下ろして上陸するのであった。ルッバーン（船長）はいつも舳に立って、ナバート（舵手）に暗礁を教えていた。そして六日後にハリーの町に到着した。

ここにはハラームとキナーナという二部族のアラビヤ人が住んでいる。この町のスルターンはドゥワイブの子アーミルというキナーナ族の人で、学識があり、詩人でもある。わたくしは、メッカからジュッダまで、この人と一緒に旅をしたことがあったが、この度は手厚いもてなしをしてくれた。それで、何日もその館の客となったのち、その持船に乗せてもらいサルジャに赴いた。小さな町であるが、住民はまことに親切で旅人をいたわり、巡礼の人々を、自分等の船にのせ、費用まで出して送りとどけている。

遂にザビードに着いた。古都サヌアー（サナー）まで約一二〇マイルを距て、ヤマン第二の大都会である。バナナその他の果物の産が多く、市民は愛想よく、容姿は優美、ことに婦女子は目ざめるば

かりに美しい。市街はアル・フサイブと呼ぶ谷間にある。かつて預言者（マホメット）がムアードという者に向い、

「おお、ムアードよ、フサイブの谷に着いたなら、歩をはやめて行け」といったという伝承があるが、それは美しい女達に迷わぬようとの心やりからであった。ただ申し分なく美しいだけでなく、心ねの優しい女達である。異国の人々を重んじ、わがふるさとの女達のごとく、よそのものとの結婚をいやがるようなことはない。その人が再び旅に出ようとすると、妻は見送って、御機嫌よろしゅうという。子供が生まれると、それを大切に育てながら、夫の帰りを待っている。そして夫に対しては、その留守中、日々の暮らしの費用から、衣料費その他何一つ要求はしない。夫が一緒にいる時も、食事も着物もできるだけつつましくしている。しかし、この国の女達は、決して故郷を離れようとしない。どんな貴重なものを示して、これをあげるからといっても、その国を離れ去ることは肯んじないであろう。

この町の人々はなつめやしの祭をすることで名高い。やしの実のみのり始めてから、熟しおわるまでの毎土曜日、うちつれてその樹園に出かける。市内には、誰ひとり残らなくなる。音楽師も行けば、商人達も出かけて果物や菓子などを売る。女達は駱駝に乗って行くのである。

かつてこの地にアハマド・ブヌル・ウジャイルという高徳の苦行者がいて、あまたの奇蹟を行なったということである。聞くところによれば、ある日、ザイド派（イスラム教シーヤ派の一、ヤマン地方に多い）の学者、有力者などが訪れた。そのとき長老は僧院の庭に坐っていられた。門弟達は、客を迎えに出たが、長老のみは坐ったままであった。ザイド派の人々が挨拶すると長老は手をのべてその人々に触れ「よくこそ、わたらせられた」といった。やがて話はカダル（宿命）の問題に及んだ。客達は「宿命などというものはない。行為はすべてその本人の創造するところである」と論じた。長老のい

われるには、

「どこまでも御説のとおりだといわれるならば、よろしい。その席から立ち上って御覧なされ。」

一同は立ち上ろうとしたが、駄目だった。長老は、僧院にはいってしまった。客達はそのまま坐っていたが、やがて暑さに耐え難くなって、うめき出した。そこで長老の親近者が奥に行って、「あの人々も悔いあらため、異端の教義を棄てると申しておりますが」ととりなした。長老は再び庭に出て来て、その人々の手をとり、正しい教えに帰ることを誓わしたとのことである。

この聖者の墓は、郊外のガッサーナ村にあるので、そこを訪れたところ、子息アブル・ワリード・イスマーイールのもてなしを受け、三日間その家に厄介になった。またその案内でジャブラという小綺麗な町にアブール・ハサン・アッ・ザイライーという敬虔な法学者を訪ねた。その地方での名望家であるが、手厚いもてなしをしてくれたので、三日間滞在した。

アブール・ハサンがつけてくれた僧を案内にタイッズに向った。ここはヤマン王の都するところで、壮麗な町ではあるが、王城の地によくあるように市民は傲慢で頑固である。市街は三つの区に別れ、第一区には王やその一族、奴隷及び大官連中が住み、第二区には将軍連とその軍隊が、最後の区に一般人が住んでいる。

ヤマンの現王はラスール朝（第五代）のムジャーヒド・ヌールッ・ディーン・アリー（在位一三二一―六三年）で、その祖先がアッバース朝のカリフのラスール（使者・代官）としてこの地に派遣されたことから、王朝の名が起っている。わたくしは案内の僧とともに、この地の大法官サフィーッ・ディーン・アッ・タバリーの家に迎えられ、四日目にその案内で王宮に赴いた。ちょうど木曜で一般の面謁が許される日であった。

王に対する敬礼法は、まず人さし指を床にふれ、次にこれを頭上にあてて、

「アッラーが国王様のみいずを永からしめたまいますよう」というのである。大法官が王の右側に坐るや、王はわたくしに自分のすぐ前に坐れと命じ、故郷のこと、いままでに旅して来た国々のことなど、いろいろと訊ねられ、居合せたワジール〔大臣〕に向い、「この人を手厚くもてなしてやれ」と命じた。

それから何日も、王の賓客として款待を受けたのち、サヌアーに出発した。

＊

サヌアーはヤマンの旧都で、大きな町である。家屋は煉瓦や漆喰でつくられ、堂々としている。気候は温和で、よい水にめぐまれ、果樹や穀物も豊かである。不思議に思ったことはこのヤマンでは大暑の候にしか雨が降らず、その季節となると毎日午後になると降雨があることで、それはインドやアビシニヤでも同じである。そのころは、旅人は雨にあわぬよう宿駅にいそぎ、市民はその家に引きこもっている。何故なら、この地方の雨は滝のようなどしゃ降りであるから。サヌアーの街路は全部舗装してあり、雨が降ると、綺麗に洗い浄められる。

アダン〔アデン〕に向った。そこはヤマン地方の門であり、大海にのぞみ、後方は山に囲まれていて、ただ一方の口からしか入ることができない。大きな町だけれども、穀物も産しなければ、樹木も淡水もなく、貯水池をつくって雨水を貯えるほかはない。飲用水のあるのは、町から遠く離れたところで、しばしば遊牧民がその途中を阻んで水を汲ませまいとする。結局、銭や布などを与えて和解することになるのである。

アデンの暑熱はきびしいが、インドの人々の船着場として名高く、キンバーヤ〔カンベイ〕、ターナ、カウラム、カーリクート〔カリカット〕、ファンダラーイナ、シャーリヤート、マンガロール、ファーカナル、ヒナウル、スィンダーブール（ゴア）などから大船が集まってくる。市内にはインドの商人達も住んでいれば、エジプトの商人もいる。アデンの市民は、商人と担夫（たんぷ）、漁夫の三つにわかれている。商人中には大富豪もおり、しばしば一人だけで、大船とその中の設備一式を所有し、共同出資者を持たぬというようなのもある。

　こういう人々の豪奢や自負心はなかなかのものである。ある大商人が、羊を買いにその奴隷を使に出した。たまたま、もう一人の豪商も同じ目的で奴隷をやった。折悪しく、その日は市場にはたった一頭しか羊がなかった。二人の奴隷は、これを買おうとしてはげしくせり合ったので、その羊の値が金四〇〇ディーナールという驚くべき高さにつり上げられた。それでも一方の奴隷はその値で買い、もし主人が、そんな高価なものは買わぬとでもいったなら、自腹を切ってもいいと覚悟を決めて帰ると、主人は事情を聞き「出かした、出かした」と大喜びで、その奴隷を自由の身分にしてやったうえに一〇〇〇ディーナールの褒美をあたえた。他の奴隷は、手をむなしくして戻ったので、その主人はこれに笞刑（ちけい）を加え、持金全部をとりあげたうえ、放逐してしまったという。

　わたくしもナースィルッ・ディーンという商人の家に泊ったが、その家では毎晩、二〇人ほどの商人達を食事に招いていたうえに、奴隷や召使の数は、客人の数よりも多かった。

真珠わくペルシャの海

アデンから船路四日でザイラアの町に着いた。ベルベラ（アフリカ東岸ソマリーランド）の首府で、住民は黒人種、大部分は異教徒である。ここから海岸沿いに二カ月行程のマクダシャウ（モガディシュ）まで、一帯の荒野が続いている。

ザイラアは大きな町だが、ここくらい穢なく陰気で、悪臭のある場所はまたとはあるまい。悪臭の原因は、大量の魚類が運びこまれることと、街頭で屠る駱駝の血のりのためである。わたくしはこの地に滞在中、あまりに市内が不潔なので、大時化ではあったけれど、夜間は船中ですごすことにした。

ザイラアから海路一五日で、マクダシャウについた。ここは恐ろしく広い町である。住民は多数の駱駝を持っていて、毎日数百頭を屠っている。羊も多く、町と同じ名の精巧な織物を産する。

この地の慣習として、船が入港すると、多くのスンブーク、すなわち小舟を漕ぎ寄せてくる。これらの小舟には町の青年達が、手に手に食物を盛った大皿を持って乗っている。これを船の中の商人に差し出して「この人がわしのお客だ」と叫ぶ。すると、商人は上陸してから、深い馴染みの家がある者は別として、自分に皿をさし出した者の家に行くことになっている。すると、その家の主人は、商人のために、その持参した商品を売りさばいたり、仕入れをしたりしてやる。もし誰かが相場より安くその商人から物を買うとか、その家の主人のいない間に、商人に物を売りつけたりすると、町の人々から非難をあびせられるのである。

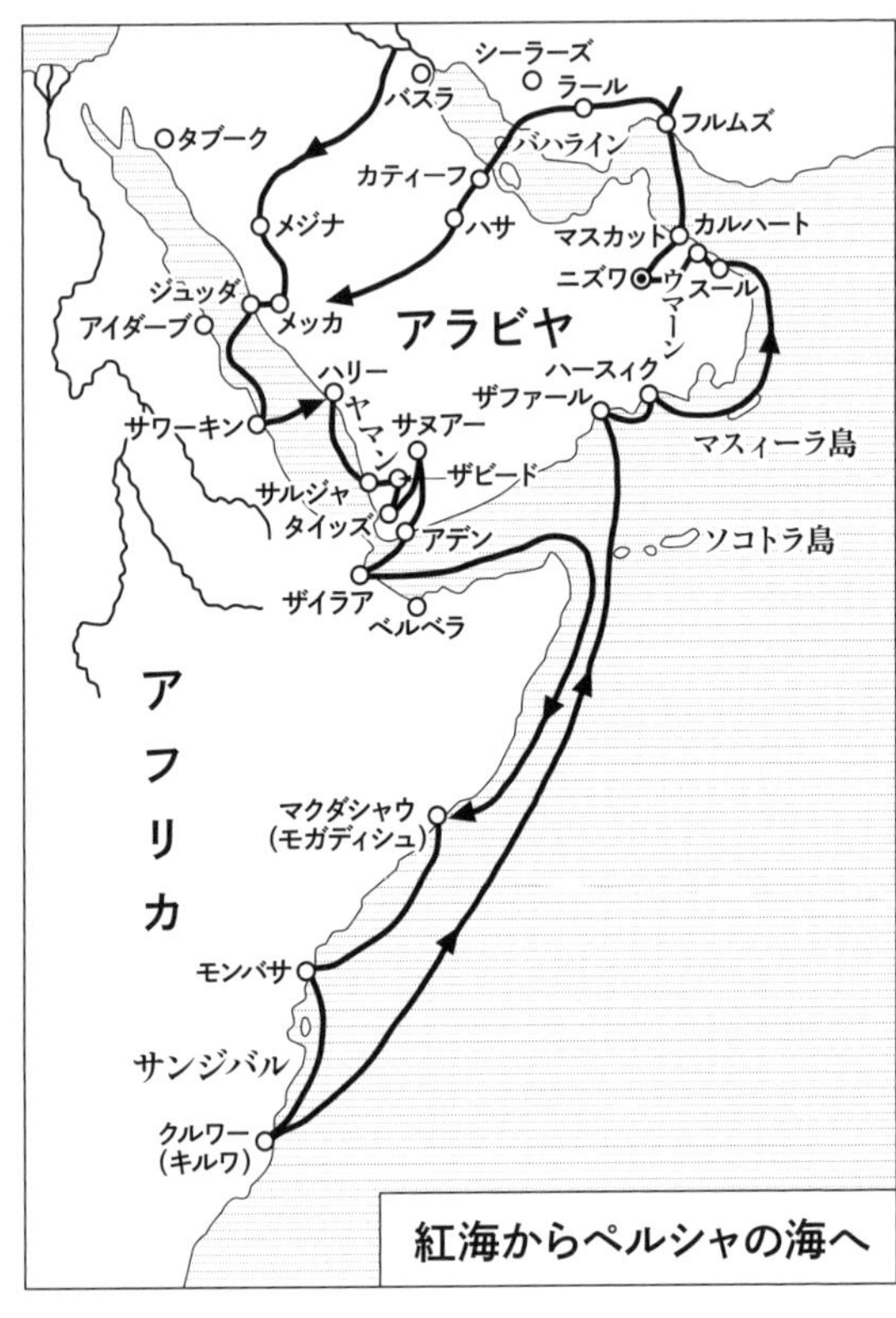

紅海からペルシャの海へ

わたくしの乗っていた船にも、若者たちが来たが、その一人がわたくしの所に近寄って来た。すると同行の人々が「この方は商人ではない。法律家だよ」といった。若者は仲間を呼び「このひとは法官さまの客人だ」と教えた。彼等のうちに土地の法官の召使が加わっていて、主人に知らせた。法官は門弟達をひきつれて海岸に現われ、わたくしに迎えをよこした。皆と一緒に上陸して、法官やその一行に挨拶すると、

「ではシャイフ（酋長）に、御挨拶に参りましょう」といった。「シャイフとはどなたのことですか」ときくと「スルターン（王）のことです」と答えた。この地ではスルターンのことを、そう呼ぶのである。

「宿を定めてから参るつもりです。」

「法律家、シャリーフ（マホメットの後裔）、篤信家などが来られたときは、まずシャイフに会うまでは休息しないのが慣例なのですが……」というので、わたくしもいわれるとおりにした。

　この地の王アブー・バクルはベルベラの生れで、マクダシャウ語を話しているが、アラビヤ語をも知っている。

　法官の案内でシャイフの御殿に行くと、一人の宦官（かんがん）が取次ぎ、あらためて盤の上に、きんま（蒟醤）の葉と檳榔（びんろう）の実を盛ったのを捧げて来て、わたくしにきんまの葉一〇枚と、檳榔のいくつかをわたし、法官にも同じだけを与えた。次にわたくしの同行者達と、法官の門弟達にも残りを頒（わ）けてやった。次にダマスクスの薔薇水を入れた瓶を持って来て、わたくしと法官とにかけてくれながら、「わが君は、この異国のお方を学生館におとめせよと申しておられます」といった。学生館とは、法律修業のターリブ（学生）を寄宿させるところである。法官はわたくしの手をとって、そこに案内してくれたが、王宮の傍にあり、立派な設備であった。やがて、かの宦官が、賓客接待係の大臣とともに料理を持って来た。「わが君にはあなたさまの平安を祈られ、よくぞいらせられたとのことづてでございます」と大臣がいい、料理をすすめた。それはバター煮の米を木製の大皿に盛り、その上にクーシャーン、すなわち雞（とり）、獣肉、魚、野菜などのシチウ料理の皿がそえてあった。また未熟のバナナを新鮮な乳で煮たものや、凝乳を皿に入れ、その上にレモンの漬けもの、酢や塩水に漬けた胡椒、なまの生姜（しょうが）やアンバー（マンゴー）などをのせたものもあった。マンゴーは林檎に似ているが、中に核がある。よく熟すとまことに甘いが、未熟のものはレモンのように酸（す）く、酢漬けにして用いる。この地の人々は、米飯を一口食べると、塩漬け、酢漬けのものを貪り食し、ひとりで、われわれの数人分ほどを摂るのである。こういう習性のため、みないちじるしく肥満している。

再び船に乗って南のかたサワーヒル（スワヒル）地方や、ザンジの国のクルワー（今のキルワ）の町に行こうとした。まず着いたのがマンバサ（今のケニヤのモンバサ）の島であった。バナナ、レモン、シトロンなどのほかジャッムーン（ジャンブ）という果物を産する。オリーヴに似ていて、それと同じような核があるが、大変に甘い。住民はバナナと魚類を主食とし、イスラム教を奉じ、みなはだしで歩いている。

＊

この島で一夜をすごした後、キルワまで海路を南下した。大きな町で、住民の大多数はザンジュ（黒人）で、色はあくまでも黒い。建物は木造で、なかなか立派である。異教を奉ずるザンジュ（黒人）と境を接しているため住民はジハード（聖戦）をこととしている。

ある商人の話によるとキルワからスファーラまでは半月行程、スファーラからリーミース地方のユーフィー（ヌーフィー）まで一カ月を要し、そこからスファーラに砂金を運んでくるとのことである。

わたくしが訪れたときのキルワのスルターンはアブル・ムザッファル・ハサンという人で、しきりに黒人の国々に攻め入り、その財宝をとりあげては、コーランのおきての如く、その五分の一を自分のものとしていた。敬虔な、また慎しみ深い人柄で、托鉢僧達と卓を同じくして食事し、神に仕える人々を尊重する。たくさんの供物をするから、アブル・マワーヒブ（ほどこしのひと）という異名でよばれていたほどである。

ある金曜日のこと、祈りを終って王と一緒に帰ろうとしていると、ヤマンの托鉢僧が一人現われて王に向い、

「アブル・マワーヒブよ」と言葉をかけた。

「おおファキール（僧）よ、何の御用か」「いま着ておられるその衣服をくださらぬか」「よろしい、進ぜましょう」「すぐにほしいのだが」「いいとも、すぐさま進ぜよう」というや、スルターンはモスクにひきかえし、衣服を脱いで、別のと換え、かの僧に「さあ、取るがよかろう」といった。僧はそれを布片に包み、頭上にのせて立ち去った。

王子が、奴隷一〇名をかの僧に与えて、その衣服をとり戻したが、スルターンの心の寛さを褒めたたえぬものはなかった。これを聞いたスルターンは、かの僧に、さらに一〇人の奴隷と二駄の象牙を与えた。この国では贈与にはおもに象牙を用い、黄金はほとんどつかわない。

＊

キルワから船でアラビヤの南岸ザファールに渡った。インド洋にのぞみ、良馬をインドに積み出している。ここから、インドのカーリクート（カリカット）までは海路一月であるが、順風ならば二八日くらいで行けることもある。ザファールからアデンまでは砂漠路を一月行かなければならぬ。またハドラマウトまでは一六日、ウマーンまでは二〇日で行ける。

ザファールの町は砂漠の真中に孤立し、町外れの市場は言語道断の穢なさで、悪臭と蠅（はえ）で充満している。それは多量の果実や魚類が売られるためである。魚は主として鰯（いわし）で、あつく肉がのっている。

大層深い井戸から水を汲みあげ、それをかけて粟や、アラスという麦をつくる。米は主食だが、インドから輸入している。貿易が一番の生業で、異国の船が寄航すると、船主、船長、事務長などには衣類を贈り、馬でスルターンの館に迎え、船中のもの一同に三日間御馳走する。住民は慎しみ深く、外国人を大切にする。彼等の衣料はインドから買入れた綿布で、ズボンは用いず、腰巻である。暑熱がきびしいから、大抵は一枚の布を腰に巻き、もう一枚を背にかけているだけで、一日に何度も身体を洗う。市内に多数あるモスクにも沐浴の小室がどっさりある。絹、木棉、麻などのきわめて美しい織物を産する。男女とも一番多い病気は象皮病で、両脚が脹れ上るのである。

町からさして遠くないところに僧院があるが、土地の人々はこれを尊敬し、朝に夕にお詣りをしている。誰かがそこに逃げこむと、たとえスルターンでもどうすることもできない。わたくしは、そこに永年の間かくまわれているという人を見た。わたくしもこの僧院で一晩泊めてもらい、長老アブー・ムハンマドの二人の子息から大層御世話になった。食事がすんで、わたくし達が手を洗うと、その子息の一人は、洗ったあとの水をとりあげて飲み、さらに残った分を召使に命じて自分の妻子達のもとに持たせてやって飲ましていた。大切な客が来たときは、右のようにするのがこの地の慣習である。

ザファールから半日行程のところにある砂丘は、古代のアード族の住んだ遺跡で、海べに僧院とモスクがあり、漁村がこれを囲んでいる。僧院の境内に「アービルの子フードの墓」と刻した碑が立っている。預言者フードの墓はダマスクスでも見たが、こちらこそ本当にその人のいた所である。

*

ザファールから海路をウマーン（オマン）に向った。マスィーラ島出身のアリーという人の持つ小さな船に乗った。二日目にハースィクの港に着いたが、そこにはアラブ族がすみ、漁業で生きていた。この辺にはクンドル（乳香）の木が多い。葉はうすいが、それに傷をつけておくと、乳のような液を出し、かたまってゴムのようになるが、これが香料である。土人がとらえる魚はルハムとよぶ小鮫に似たものだけで、これを平たく切ったり、紐のようにそいだりして、天日に乾かし、塩づけにして置いて食べている。この人々の住家は魚骨を柱とし、駱駝の皮で屋根が葺いてある。

さらに海路四日でルムアーン山に着いた。大海中に孤立し、頂上に石造の僧院があるが、その屋根は魚骨であった。山の下に錨をおろして、僧院に登って見ると、一人の長老が眠っていた。挨拶の言葉を述べると、そのひとは目を覚まし、身振りで答礼した。わたくし達はいろいろ話しかけたが、老人は一言も発せず、ただ頭を振るだけであった。船の人達は食物を差出したが、受取ろうとはしなかった。「お祈禱をお願い申します」というと、唇を動かしたが、その言葉は聞きとれなかった。破れた衣をつけ、フェルトの頭巾を頂いているのみで、水瓶も巡礼杖も、履物も持っていなかった。船の人達は、この山には時々来るけれども、このようなひとを見たことはなかったといった。わたくし達はそこに夜になるまでいて、長老とともに午後の祈りも、日没の祈りも行なった。またしても食物を差出したが、やはり受けようとはせず、夜ふけるまで祈り続けていた。夜の祈りの時が来ると、その人はわたくし達をも促(うな)がして、一緒に祈りを行なった。その声は美しく、読経もまことに巧みであった。祈りが終ると、もう帰れというふうな合図をしたので、別れをつげて辞し去ったが、そのやりかたには驚くほかなかった。外へ出ては見たが、わたくしだけもう一度その人のもとに戻ろうと思った。けれど、僧院に近づいたとき、畏敬の念が足をにぶらし、恐怖心に襲われてしまった。そこへ同行の人々も心配して引きかえしてきたので、わたくしはそのまま一緒に船に帰って行ったのである。

＊

さらに二日して「鳥の島」という無人島について投錨した。島いっぱいに、雀に似ているが、もっと大きな鳥がいた。船頭達は、その卵を集めてゆでて食べ、次には親鳥をたくさんに捕え、喉を切って殺さずに、煮て食べ始めた。わたくしのそばにマスィーラ島の商人でムスリムという者がいて、水夫らとともに、その小鳥を食べているので、それはイスラム教徒にとって違法だとたしなめてやった。

彼は恥じて「喉を切って殺したものとばかり思っておりましたので……」と言い訳をしたが、それからはわたくしを敬遠し、呼ばなければ来なくなってしまった。

船中の食べものは、なつめやしと魚類とで、船頭達は朝に夕に釣をしていた。とれるのはペルシャ語で「シール・マーヒー」（獅子魚）という魚で、これを小片に切り、火にあぶって食べる。船中のものには、すべて公平に一度に一片しかくれず、船長にでもそうである。わたくしはザファールでパンとビスケットを準備していたが、やがてそれも尽きたので、皆と同じにこの魚で命を継ぐことになった。

犠牲祭（ドゥル・ヒッジャの月の一〇日、すなわちメッカ近郊のミナーで犠牲を捧げる日にあたる）の日の明け方に暴風が起り、翌日の日の出ころまで続いた。あやうく難破するところであった。わたくし達の船の前方を走っていたある商人の持船は沈んでしまい、ただひとりを残して他は全部遭難した。その人は非常な苦しみをして泳ぎぬいたのである。

＊

マスィーラ島に着いた。大きな島であるが、住民には魚のほか食べるものがない。沖合に停泊したし、小鳥の喉を切らず、そのまま食べるような人々が怖かったので、わたくしは上陸しなかったが、船主はこの地の人であるから、自宅に寄るため陸に上った。

そこから一昼夜でスールの港についたが、かなたの山麓にカルハートの町を望むことができた。ちょうどおひる少し前だったので、わたくしは、そこまで歩いて行って夜を過そうと思った。それは水夫達と一緒にいるのが、つくづく厭になったためである。あの町までどのくらいの距離があるかと聞くと、三、四時間で行けるとのことだったので、水夫の一人を道案内に雇った。同船のインド人ヒドルもついて来た。このひとはメッカ巡礼にきたのであるが、よくコーランを諳んじ、文章も達者なので、人々から「マウラーナー」（先生）と呼ばれていた。

同行の人々は船に残り、次の日にわたくしのところに来ることになっていた。それで他の荷物は残し、衣類だけを包みにして、案内人に持たせ、自分は槍を持って出かけた。

案内人は悪心を抱いていたと見えて、われわれ二人を入江の岸につれて行き、わたくしの衣類を持って渡ろうといい出した。わたくしが「お前ひとりで、まず渡ってごらん。衣類はここへ置いておくのだ。浅いようなら、わし達も渡ろう。でなければ、もっと上に行って浅瀬を探すからいい」というと、彼はすぐ渡ることをやめてひきかえして来た。まもなく他の人々が来て入江を越したが、みな、泳いで渡った。そこで案内の男の腹は、わたくし達二人を溺れさせておいて、自分は衣類をとって逃げるつもりだったことがわかった。

それからは、この男に警戒し、帯をしめなおし、槍をふるって威してやった。上の方に行くと果して渡し場があったので、そこを越すと砂漠にはいった。渇きに苦しんでいると多くの供をつれた騎士が現われて、水を分けてくれた。

町はすぐそこと思われるのに、行けども行けども着くことができず、日が暮れかかってきた。案内人はわたくしたちを道もなく岩だらけの海岸につれて行こうとした。迷わしておいて、荷物をまき上げようとする魂胆らしかった。それで「おい、そんな方へは行かぬぞ」と断った。日はとっぷりと暮れ果てた。案内の男は「もう町は近いだ。いそいだがいい。町の外で夜明けを待つことにすべえ」という。本当は、どのくらいの距離があるかわからぬし、途中で何者かに襲われてはならぬので「途から外れたところで眠ろう。朝になってから町に行けばいい」といった。

本当に、かなたの山麓に一団の人影が見え、強盗ではないかと不安だったので「身をかくすのが万全の策だ」と心中に考えたわけである。同行のインド人は渇きに苦しんで中々賛成しなかったが、とに角、途から外に出てアカシヤの林の方に進んで行った。わたくしも疲れ果ててはいたが、物騒な案内人の手前、虚勢を張っていた。同行者に至っては病人のようにぐったりしていた。

林の中で、案内人を二人の間にねかせ、わたくしは荷物を肌身につけ、槍を握ったままでいた。やがて、友も案内人も眠ってしまったが、わたくしは目を覚ましていて、案内人が身動きする度に起きていることを知らすため、言葉をかけた。こうして朝を迎え、もとの途にひきかえし、綿のように疲れはててカルハートの町に着いた。履物が足をせめて爪の下から血が流れ出すばかりであったのに、悪い時には悪いことが重なるもので、城門の番人が「一緒に市長のところに行ってくれ。取調べがあるから……」というのである。けれど幸いに市長は親切な人物で、大切に扱ってくれたので、六日間その家に厄介になった。この間、苦痛のため立っていることもできなかった。

カルハートの市民は、米をはじめ、生活の資をインドから仰いでいる。

＊

カルハートの近くにティービーという田舎町があり、まことに風景のよいところで、果樹園が多くマルワーリード（ペルシャ語で真珠のことをマルワーリードという）という一種のバナナを多量に産し、フルムズその他に積出している。この地を経て、六日間砂漠路を行き、七日目にウマーンに着いた。運河、樹林、なつめやし園などの多い肥沃な地である。そして首府ナズワー（ニズワ）を訪れた。この地の民は、うちつれてモスクの中庭で食事をとる風習があり、旅人をも招待してくれる。イスラム教中のイバード派（イバーディーヤ）を奉じ、第三代のカリフ、ウスマーンと第四代のアリーを嫌い、その名を呼ぶのをさけて「あの人」としかいわず、アリーを刺殺した兇漢イブン・ムルジャムを褒めて

「アッラーの忠実なしもべ、叛徒を平げたおひと」などといっている。婦人は風儀が悪いが、男達は平気だ。

この国のスルターン（王）はアズド族の人で、代々アブー・ムハンマドと呼ばれ、宮殿の外で一般の謁見を受けるから、外国人であろうと誰であろうと自由に近づくことができる。アラブ族の常で、よく客を遇し、御馳走したり、身分に順じた贈物をしてくれる。

ウマーンには、ザキー、シャバー、カルバー、スハールなどの町々があるが、国の大部分はフルムズ政府の統治のもとにある。

ペルシャ湾を渡って対岸のフルムズに行った。旧フルムズの沖合の島を新フルムズという。もとのフルムズはムーギスターンともいい、新フルムズにある町をジャラウンと呼んでいる。インド方面との通商の要地で、インドの産物はここを通じてイラークやペルシャに運ばれている。この島にはダーラーニーという一種の岩塩を出す山があって、装飾用の花瓶や、ランプの台などをこの塩でつくっている。

「なつめやしと魚は王者の食物」という諺（ことわざ）があって、魚類と、バスラやウマーン地方から運ばれるなつめやしとは、この地方の住民の主食物である。大礼拝堂と市場の間の辺で、わたくしは不思議なものを見た。それは小山のように巨大な魚の頭であるが、両眼は門のように大きく、人々は一方の眼から頭の中にはいり、もう一方の眼から外に出たりしていた。

フルムズの王はクトブッ・ディーン・タハムタンという評判のよい人であるが、わたくし達がこの島を訪れたときは、その弟のニザームッ・ディーンの二子息との戦争の準備に忙殺されていて、とても会えないとのことであった。一七日間滞在して、いよいよこの地に別れを告げようとしたとき、わたくしは同行の一人に、

「国王にお目にかからずに、どうしてこのまま行くことができようか」といった。そしてワジール（大臣）のシャムスッ・ディーン・ムハンマドの邸に行き「王様に御挨拶をのべたいのです」というと、大臣は「ビスミルラーヒ（神のみ名によりて）」といいながら、わたくしの手をとり、王宮に連れて行った。そこは海辺に近いところであったが、窮屈そうなうす穢い着物に、腰には布片を、頭にはターバンを巻いた老人がふらりと現われた。誰かわからぬので、そばにいた顔見知りの人と勝手な話をしていると、大臣はこれが王だと耳うちしてくれた。やがて王は王宮に入り、御座にすわって引見したが、その服装は相変らずであった。ただ手に持っていた真珠の数珠はまだ見たこともないような素晴らしいものであった。それもそのはず、音に聞くペルシャ湾の真珠採集場はこの王の勢力下にあるのである。

王はわたくしに様々のことを訊ねた。やがて料理が運ばれて、もてなしにあずかったが、王自身は何も食べなかった。食事が終ると、王は席を立ち、わたくしも別れを告げて帰って来た。

フンジュ・パールの町に住む聖者を訪ねようと思い、フルムズの島から海狭を渡り、トルコマン人から駱駝を雇った。この人々は勇敢で、地理に明るいので、この地方を旅するには、欠かすことのできぬ案内者である。砂漠を四日間行くのであるが、途中ではアラブ族が掠奪を行ない、六月から七月にかけてはサムームという熱風がふきすさび、あらゆるものを殺すのである。それでこの砂漠中には、遭難者の墓が到るところにある。わたくし達は夕方から日の出まで旅を続け、日中はウンム・ガィラーンという樹（アカシヤ）のかげにかくれていた。有名なジャマール・ウル・ルークという強盗が活躍したのはこの砂漠とその付近一帯の地だったのである。

彼はシジスターン生れのペルシャ人であった。ルークとは「手を断たれた男」の義であるが、本当に彼はある闘いの際、手を斬り落されていた。多数のアラブ系やペルシャ系の騎士を率い、あちこちに出没して掠奪を行なった。そして盗んだ金で、僧院を建て、旅人に食物を施していた。誰でも財宝の一〇分の一を彼に出しさえすれば、決して危害は加えなかったという。砂漠の、誰も行かぬところに、水をつめた大小の革袋を多数埋めておき、討伐軍がくると、そこに逃げこみ、革袋を掘り出してはその水で生きていた。国王の軍は自滅をおそれて長追いができなかった。ジャマールはこうして永年、群盗の首領としてはびこったが、晩年には悔い改め、ひたすら神に仕えてこの世を終った。故郷シジスターンにあるその墓には今も詣でる人が絶えないという。

やっとこの砂漠を抜けてカウリスターンという小さな酷熱の町に着き、さらに別の砂漠を越えること三日間でラールに着いた。泉や水流にめぐまれた大きな町である。長老アブー・ドゥラフ・ムハンマドの建てた僧院に宿を借りたが、フンジュ・バールの聖者とはこの人のことなのである。現在ここにいるのは聖者の子アブー・ザイドと一団の僧とで、毎日、夕刻、市内を一巡すると、各家庭ではそれぞれ一個か二個のパンを寄進する。僧達はこのパンで旅人を養っている。どの家も、これを当然のこととして、特別に喜捨用のパンを用意しているのである。

ラールからフンジュ・パール（ホンジョバール）の町に行きアブー・ドゥラフ長老の僧院を訪れた。そのとき長老はすっかり傷んだ緑色の羊毛の衣に、黒いターバンを巻いて室の一隅に坐っていたが、ねんごろに答礼し、食物や果物などを取寄せてくれた。この人は訪れるものに衣服や乗馬などまで惜しげもなくわけ与え、その費用も莫大なものであるが、他人の寄進よりほかに収入の路はないので、みな不思議に思っている。それで神の宝蔵からとり出してこられるのだろうなどと噂している。

＊

そこからまたペルシャ湾岸に向い、カイスに着いた。ここはスィーラーフとも呼ばれている（これは実は誤解で両者は約七〇マイルはなれている)。広々した海浜の町で香り高い植物や緑豊かな樹林に囲まれている。飲用水は近くの山から引いてくる。スィーラーフの住民はペルシャ人で、血統の高貴さをもってぬきんでている。またバヌー・サファーフというアラブの一部族もいるが、これが海にくぐって真珠をとる人々である。真珠の漁場はスィーラーフとバハラインの間の、おだやかな入海で、四月、五月には多数の船が集ってくる。採集額の五分の一はスルターンに納め、残りは船中の商人が買い上げることになっている。

バハラインの町を見たのち、アラビヤのアル・カティーフに渡った。なつめやしの多い、大きな美しい町である。そこからハジャル、すなわち今のアル・ハサーに行った。諺に「ハジャルになつめやしを持ってくる人のごとし」とあるのは、この地になつめやしがふんだんにあるため、無用の事を指していうのである。

次にヤマーマに行った。ハニーファ族のアラブ人が住んでいるよいところで、トゥファイル・ブヌ・ガーニムという人が治めている。時にヒジュラ後七三二年(西暦一三三二年)で、わたくしは、この人とともに西のかたメッカに赴いたのである。この年の大祭にはエジプト王アン・ナースィルも将軍達とともに参加した。これが王の最後の巡礼で、聖市の住民やそこに留まって行ないすましている人々に豪華な贈物をした。またこの旅の間に、その落し胤といわれたアハマドを殺し、さらに将軍中にその人ありと知られたベクティムールをも亡きものにした。それは二人が謀叛を企てたからであった。

大祭も終ったので、わたくしはジュッダに行き、ヤマンを経てインドに赴こうとした。しかし同行者が見つからずジュッダに四〇日滞在した。そのうちに(エジプトの)クサイル行きの船があるというので、行って見たが、どうも気に入らぬ。こんな船ではどうしても航海する気にならなかった。ところがこれが神の恩寵のあったところで、その船は紅海に乗り出しアブー・ムハンマドの岬というところで難破し、七〇名ほどの巡礼者を始め、大多数は死んでしまった。

やっと対岸のアイダーブ行きの船に乗ったが、風に吹き流されダワーイル岬に着き、砂漠をさまよいつつ、アイダーブに辿りついた。そしてアル・アトワーニーというところで再びナイルの流れを見た。

途中、曽遊(そうゆう)の町々を過ぎてカイロに入り、数日後ビルバイスを経てシリヤに向った。そのときアブー・バクルの子アブダルラーという人と一緒であった。この人物は、これから長年のあいだ、わたくしと苦労をともにしたのであるが、いよいよインドを去ろうとしていたとき、サンダブールでこの世を去った。ガッザ、ヘブロン、エルサレム、ラムラ、アッカー、トリポリ、ジャバラ等はみな曽遊の地である。そしてラーディキーヤから、マルタラミーン（バルトロメオ）というジェノア人の船でトルコ人の国、すなわちビラード・ウル・ルーム（小アジヤ）に向った。

アナドル高原の王者ら

順風に乗って一〇日間。船長をはじめ乗組のキリスト教徒は、わたくしたちを大切に扱い、船賃さえも要求しなかった。

アラーヤーの町に着いた。ルーム（小アジヤ地方）の国はここから始まる。神が全世界に散らばったもろもろの美しさを、ここひとところに集めたもうたのかと思われるほどで、住民もたぐいなく美しく、衣裳も清潔で、素晴しい珍味を食べている。「祝福はシリヤに、善美さはルームに」と諺にあるのも、この地方を対象としているのに違いない。

ルームにはまだ多数のキリスト教徒がいるが、イスラム教徒はすべてアブー・ハニーファの法学に従っている。

アラーヤーの住民はトルコマン族で、カイロ、アレクサンドリヤ、シリヤなどの商人も多く、材木の産が夥しいから、これをエジプトに輸出している。

この町の法官ジャラールッ・ディーンとともに、騎馬でアラーヤーの王ユースフ・ベクを訪ねた。町から一〇マイルほどの丘陵にその居館があり、部将、大臣達が居流れ、左右には兵達が並んでいた。王は髪を黒く染めていた。わたくしにいろいろのことを訊ね、贈物をしてくれた。

アンターリヤ（アダリヤ）に赴いた。ここも一流の都会で、市民は階級によってはっきりと住所を別にしている。キリスト教を奉ずる商人達はアル・ミーナー（港）という城壁を繞らした一区画に、ギリシャ人、ユダヤ人はそれぞれ城壁をもつその区域に、王や宮廷の人々はこれまたその区画に拠っている。さらにイスラム教徒は中心の市街地に住み、これら全地域をめぐって、外城がめぐらしてある。

小アジヤのトルコマン人の住んでいるところには到るところ、町にも村にもアル・アヒーヤ・アル・フィトヤーン（青年同胞団）の組織がある。その仕事は異国人を世話し、他のために尽し、暴君をば懲らし、その輩下や、これに味方するものを殺すことだ。同業者、独身の若者達、または隠遁者などが、その指導者をえらび、これをアヒーと呼ぶ。この団体がフトゥッワともいわれる。団長は会堂を建て、敷物、ランプその他の調度品をそなえる。団員は昼は働き、夕方になると、果物、料理などを買って会堂に集る。その晩、旅人が来れば、もてなして泊める。それがなければ皆で飲み食い、歌ったり踊ったりする。団員を「フィトヤーン」（若衆）といっている。

アンターリヤに着いた次の日だったが、一人の若者が、わたくし達の泊っていた学校の校長のもとに来て、何かトルコ語で話していた。くたびれた衣服にフェルトの頭巾というみなりであった。「この人が何を望んでいるかおわかりですか」と校長がいう。わかりかねる旨を答えると「あなたと御同行の方々とを宴会にお招きしたいと申しております。」

わたくしは驚いて「それは有難いことです」とは答えたが、あとで「あれは貧しそうな人でした。迷惑はかけたく思いませんが……」というと、校長は笑って、「あれは同胞団の団長で、靴職人ですが、気前が良いので二〇〇人ほどの工匠達からかしらに推されているのです。皆が、昼間働いた金で、お招きしようというのですよ」と説明してくれた。その日、日没の祈りを済ました時、その男が再び迎えに来て、わたくし達を会堂に連れて行った。

立派な建物であった。ルーム産の絨緞を敷き、イラーク製の燭台を立てつらねてある。銅製で三脚

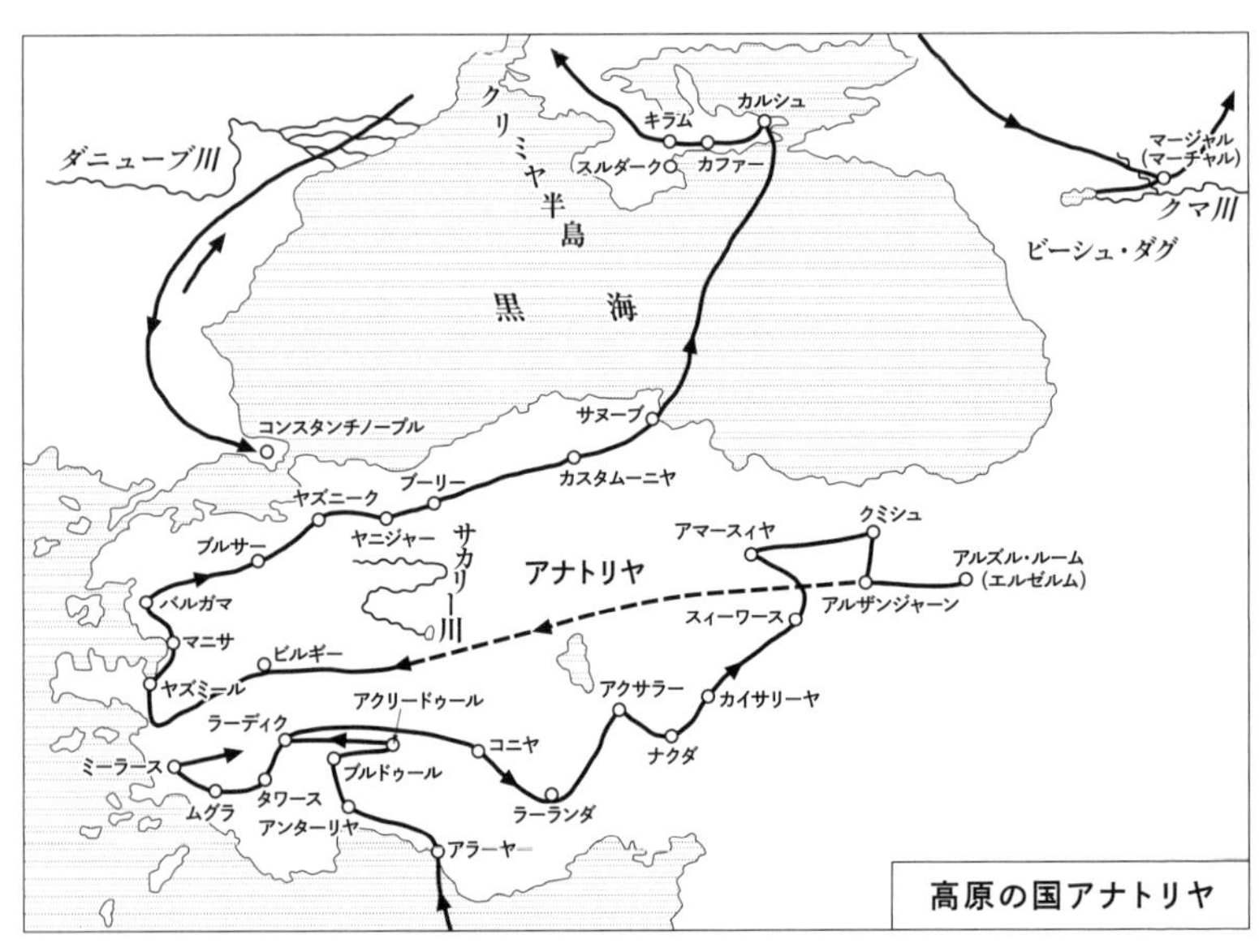

の燭台もあった。これらに獣脂と燈心を入れて灯をともすのである。燈火係りはジャラージー（チラーグジー）とよばれている。

若者たちが、長衣をつけ、深靴をはき、腰帯に一メートルほどの剣を吊って広間に並んでいた。この人々は頭には白い羊毛製のカランスワ（高い頭巾）を戴き、そのてっぺんには半メートルほどの布片が縫いつけてあった。

広間の中央部には一種の腰掛があって、そこへ客人を坐らせる。さまざまの料理が運ばれて来た。果物類、菓子類も出た。やがて一同は歌ったり、踊ったりし始めた。真夜中になって彼等をそこに残して辞し帰ったわけである。

アンターリヤの王ヒドル・ベクを訪ねたが、病床についていた。しかし、わたくし達にいろいろと優しい言葉をかけ、贈物をしてくれた。

＊

ブルドゥールの町に行った。高い山の頂に城が立っていた。次にサバルター（イスパルタ）、アクリードゥール（エゲルディル）、クル・ヒサール等の町々に泊りを重ねて、ラーディクに向った。その途中、カラー・アガージュ（黒い木）という草原を通るのであるが、おりしもジャルミヤーンとよぶ群盗が出没するのでクル・ヒサールのスルターン（王）ムハンマド・チェレビーは多数の騎兵を出してラーディクまで送らせてくれた。

ラーディク（デニズリ）は、一名ドゥーン・グズルフ（豚の町）で、この地方屈指の大都会である。縁を金糸でぬいとりした綿布を産するが、綿布の質のよさと金糸とのため、すこぶる長持ちがし、この町の名の下に知られている。この地方にはギリシャ人が多く、細工物は主にその女達がするのである。この人々は王に人頭税その他の年貢を払って白か赤の長頭巾を被り、女は広いターバンを巻いている。

この町に着いたとき、市場を通りかかると、あちこちの店からバラバラと走り出た人々が、われわれの馬の手綱をとらえた。するとそれを止めようとする人々も現われて、二派に別れて言い争い、遂には短刀を抜いたものも多数あった。彼等の言葉は一向にわからぬので、これこそ音にきくジャルミヤーンという盗賊団だと思いこんだ。幸いにメッカ巡礼をすまし、アラビヤ語もわかる男が現われたので、一体どうしたわけかときくと、

「これはフィトヤーン（青年同胞団）ですよ。最初に駆けつけたのがアヒー・スィナーンという団体、次に来たのがアヒー・トゥーマーンの面々なので、どちらもあなたがたに泊って頂きたいのです」

とのことである。この親切さには驚いてしまった。

やがて話合いがついて、くじ引きをし、勝った方が最初にわたくしたちを世話することになった。その結果はアヒー・スィナーンが勝ったので、わたくし達はまずその会堂で大変な御馳走になり、次

にアビー・トゥーマーンのもてなしを受けた。

ラーディクに滞在中、ラマダーンの月が終った。断食あけの祭には、この地の王ヤナンジ・ベクの居城で御馳走になった。この人はルーム（小アジヤ）の諸侯中でももっとも有力な一人であった。

＊

道中の危険のため、しばらくラーディクに滞在したが、隊商が出発することになったので、それに加わってタワース（ダワス）の城下まで行き、さらにムグラを経てミーラースの町に赴いた。ここでバーバー・アッ・シュスタリーという高徳の人に遇ったが、噂によればすでに一五〇歳を越えているとのことであるが、なお壮者の如くで、その判断もしっかりしていれば、記憶も非凡であった。ミーラースのスルターンはシュジャー・アッ・ディーン・ウルハーン・ベクという名君で、容姿はうるわしく、行ないも立派であった。

次にクーニヤ（コニヤ）に赴いた。立派な町で、水に恵まれ、川流や園圃も多い。むかし、アレクサンドロス大王がこの町を建設したといわれている（古名はイコニウム）。

ラーランダのバドルッ・ディーン王のもとで歓待を受けたのち、アクサラー（アクセライ）の町に行った。泉水や田園がいたるところをとりまき、人家の軒下をも水が流れている。羊毛の敷物を産するが、比類なくすぐれたもので、エジプト、シリヤ、イラーク、インド、シナおよびトルコ族の国々に輸出している。この町はイラークの王（イール汗）に従っている。

次にナクダ（ニグデ）の町に行ったが、ここもイラーク王領で「黒水」という大河が流れていて、三つの橋がかけてある。また果物が素晴しく豊富なところである。この地に三日滞在した後、カイサリーヤ（カイセリ）に向った。イラーク王領で、イラーク兵の一隊が駐屯している。また（イール汗国の小アジヤ地方総督）アラーッ・ディーン・アルタナの妃の一人で、イラーク王の縁者たるタギー可敦もこの地にいるが、人々は「アガー」と呼んでいる。すべて王者の一族はそう呼ばれるのである。わたくし達がこの妃を訪れると、彼女は立ち上って、淑やかに挨拶し、温かい言葉をかけ、「食事を差上げよ」と侍女に命じた。退出してから後、さらに奴隷の一人をして、装具つきの馬、礼服、金子などを持たせてよこした。

この町でも青年同胞団の会堂に泊めてもらったが、団長アリーは町の有力者達の中心人物で、その会堂も善美なものであった。この地方ではスルターンがいない場合はアヒー（団長）が支配権を握ることになっている。

次にスィーワースに行った。ここもイラーク王領で、この地方における最大の町でもあり、将軍達や高級文官達も駐在している。街路も広く、市場には人が溢れていた。

わたくし達がこの町に近づいたとき、アヒー・アハマド・ビチャクチー青年団の人々が迎えに出ていた。ビチャクとはトルコ語で短刀を意味し、ビチャクチーとはそれから出た言葉である。騎馬のものもあれば、徒歩のものもあってその数も多かった。次にアヒー・ジャラビー（チェレビー）の団員達が現われた。これは前者よりも有力な団体で、わたくし達の世話をするというのであったが、すでに先約があるから受けるわけに行かなかった。この連中とともに、町にはいって行ったが、彼等は互いに自分の団の自慢をし、ことに最初に来たビチャクチー団の方は、自分達の方に泊ってもらえるというので、そのはしゃぎ方は一通りのものでなかった。食事、風呂、宿泊など一切をこれまでの諸団体のように世話してくれた。

三日の間、至れり尽せりのもてなしを受けていると、法官が学生の一団とともに馬をつれて来て「イラーク王のナーイブ（総督）アラーッ・ディーン・アルタナ将軍のもとからお迎えに参りました」

と挨拶した。

騎馬でその居館に行くと、総督はわれわれ一行を玄関に出迎え、「よくぞわたらせられた」と挨拶し、アラビヤ語で流暢に話し、わたくしに、諸国の様子を訊ねた後、「諸国の王のうち、寛容な名君は誰々で、吝嗇なのは誰々でありましたか」といった。けれどわたくしは、誰彼と区別せずに皆を褒めたたえた。これが総督の気に入ったらしく、わたくしを称讃し、食事の用意を命じた。そのときチェレビー青年団の長が「この方々は、まだわれわれの会堂に御泊りになっておられません。こちらでお泊めするゆえ、料理だけお差しまわし願います」といった。総督も「よきにせよ」といったので、その日から六日間、わたくし達はアヒー・チェレビーの会堂に泊った。総督はさらに馬、衣類、銀貨などをとどけてくれ、各地の長官にあて、われわれ一行を厚遇するようとの書面を出してくれた。

＊

アマースィヤ、スースサー（スーニッサ）などを経てクミシュ（グミシュ・ハーネ）に至った。これらは皆、イラーク王の所領である、クミシュには銀山があり、二日行程のところに険阻な高山が聳えている。クミシュの僧院に三日ほど滞在していると、アルタナ総督の代官が訪ねて来て、料理や道中の食糧などをおくってくれた。

アルザンジャーンを訪れた。賑かな大きな町で、住民の大部分は（キリスト教を奉ずる）アルメニヤ人であり、イスラム教徒はトルコ語を話している。美しい織物を産し、付近に銅山もあって、食器や燭台を造っている。そこからアルズル・ルーム（エルゼルム）に赴いた。イラーク王領で、広大な町だが大部分は、トルコマン人と土着人との戦争のため荒廃に帰してしまった。市中を三筋の川が流れ、大抵の家には植込みや葡萄棚のある庭園がついている。アヒー・トゥーマーン団の会堂に泊った。団長トゥーマーンは一三〇歳を越えているとの噂で、杖にすがって歩いている。けれど記憶は確かで、定時に祈りを行ない、他人の悪口というものをいったことがない。食事のときは、自分でわたくし達に給仕し、入浴の世話はその息子達にさせてくれた。二日目に出発しようとすると、機嫌をわるくして、

「そんなふうになさると、お見さげしなくてはならぬ。お客を迎えた以上、三日以内でお帰しするわけには行きませぬ」といって承知しなかったので、とうとう三日間足をとめた。

その後、西海岸に向かい、ビルギー（ビルケ）の町に着いたのは午後の祈りのあとであった。青年団の会堂はどこかと尋ねると、その人は「ご案内しましょう」といってくれた。ついて行くと、そこは、その人の自宅で、折から大暑の候だったので、こんもりした木立の中の高い露台に迎え、さまざまの果物などを運び、馬には飼葉(かいば)をあたえて泊めてくれた。

かねてこの町にはムヒーッ・ディーンという高名の教授がいると聞いていたが、話して見るとこの家の主人は、その人の門弟だとのことである。翌日、学校に案内してもらった。教授は気負い立った騾馬に乗り、奴隷や下僕達を左右に、学生達を先頭に乗込んできた。その服は金糸の刺繍のある寛闊(かんかつ)な上等品であった。挨拶をすると「よくぞ来られた」と鄭重に答礼し、わたくしの手をとって、そのそばに坐らせた。そこへ法官イッズッ・ディーンも来て、その右側に坐り、やがて神学の講義が始まった。それが終ると、校内の一室に絨緞を敷かせて、わたくしを泊らせることにし、豪華な食事をとどけてくれた。

日没の祈りがすんだとき、教授から迎えの者が来たので出むいた。自邸の庭園中にある応接の間に案内されたが、白大理石や、多彩な陶器でかこんだ水盤から流れ出した水が池になっている。学生や、

下僕、奴隷達が侍立した中に、教授は台上に華やかな敷物をおいて坐っていたが、そのさまは王者のごとくであった。わたくしを見ると、立ち上って迎え、手を執って台上に並んで坐らした。料理が運ばれ、宴が終って学校に戻ったが、学生の一人のいうところでは、こうして毎晩、教授と食事をともにするのだそうである。

教授はこの地のスルターンに手紙を書いて、われわれの到来を知らせるとともに、わたくし達の讃辞を書き連ねた。そのとき王は暑熱を避けて、付近の山に行っていたが、それが毎年のならわしなのであった。

スルターン、ムハンマド・ブヌ・アーイディーンはこの報を得るや、侍従のひとりを迎えによこした。すると教授は「二度目の使いの来るまでお待ちなさい」と忠告した。そのとき教授は足部の傷が悪化して馬へも乗れず、講義さえ休まねばならぬような状態であった。そのうちにスルターンから二度目の使者が来たので、教授も心をなやまし「わたしは馬にも乗れぬのだが、是非ともあなたと一緒に行き、スルターンと話して、あなたにふさわしい待遇をしていただかなければなるまいて」といった。そして苦痛をこらえて足を繃帯し、そこが鐙（あぶみ）にふれぬように馬に乗った。わたくしも同行の人々と馬に乗り、岩を切り開いた山道を登っていった。

スルターンの行営は、水流のかたわら、胡桃林の中にあった。われわれが行くと末の王子スライマーンの家出で取りこんでいたが、ヒドル・ベクとウマル・ベクという二王子を迎えによこした。二王子が教授に敬礼すると、教授はわたくしに対しても挨拶するようにいいつけた。二王子が礼をすまして立ち去ると、今度はスルターンからわたくしにトルコ語でハルカとよぶテントを届けてよこした。木の骨を円蓋形に組立て、フェルトの蔽いをし、明かりとりと通風のため上部が開閉できるようになったものである。また絨緞をも持ってきたので、教授とわたくしとがそれに坐り、われわれ二人についてきた人々はテントの外、胡桃の樹の下にいた。そこは大変に寒く、そのために、その夜、馬の一頭が死んだほどである。

翌日、教授は騎馬でスルターンのもとに行き、わたくしのことをよく話して戻ってきた。しばらくすると、迎えがきたので、出むいていくと、王が立っていたので挨拶した。諸国の有様について下問があり、食事をいただいて退出したが、後から米、粉、バターなどを羊の胃袋にいれてとどけてくれた。これがトルコ人の風習なのである。

この地に何日も滞在したが、スルターンからは毎日、食事への招待があった。ある日には、正午すぎころ、自分で訪ねてきた。その際は、教授が上座にすわり、王とわたくしが、その左右に座を占めた。法学者はトルコ人の間ではそのくらい尊重されているのである。

かえりがけに、王はわれわれの従者が胡桃の木蔭で香料も野菜もなしで食事の準備をしているのを見ると、「これはひどい。会計官を処罰せよ」と命じ、香料やバターをとどけさせた。

山の生活も長びいて、退屈してきたので、わたくしは帰りたいといった。教授とても、同じ心持であったから、王のもとに使いをやって、わたくしが出発したがっていると告げた。翌日、侍従が来て、何かトルコ語で教授と話し合って帰って行った。あとで「使者が何しにきたかおわかりか」「いや」「スルターンには、あなたに何を差上げたらよいかとのお訊ねなそうな。それでわたしは、この方は金銀、馬匹、奴隷にご不自由はない。何か本人の望まれるものを差上げたらよかろうと申しておいた」ということであった。

果たして使者はまた引きかえしてきて、「主君には、お二方とも本日だけ当地におとどまり下さるよう申しております。明日は自身にて城内の宮殿までお供申し上げるとの事でございます」という口上であった。

翌日、王は一頭の駿馬をくれ、かつ自身で町まで一緒に来た。町の人々は城外に出迎えたが、いつぞやの法官もそのうちにおった。王宮の前で、スルターンが下馬したので、わたくしは教授とともに学校に戻ろうとすると、王は呼びとめ、一緒に王宮に来よといった。正面玄関のところに、二〇名ほどの家来が立っていたが、みな絹の衣裳をつけ、すばらしい美貌の持主であった。髪はわけてたらし、顔色は輝くばかり白く、ほんのりと赤味がさしていた。「この美しい人々は何者でしょうか」と訊ねると教授は「ギリシャ系の小姓達です」と教えてくれた。

多くの階段を登ると、壮麗な広間に出た。中央には水をたたえた池があり、その四隅には青銅の獅子の像があって、口から水をふき出していた。広間のまわりには、絨緞を敷いた台がつらなり、その一つに王のすわる蒲団があった。そこまで行くと、王は手でその蒲団をとりのけ、わたくしたちと一緒に絨緞の上に坐った。

金や銀の皿にシトロンの汁で製したシロップと小さなビスケットを細かく砕いたものを入れ、同じく金銀細工の匙をそえたものが出た。それとともに磁器の皿に、同じ飲物を満たし、木の匙を添えたものも運ばれた。慎重な人々は、磁器の皿と木匙の方をとるのである。わたくしは、スルターンの寛容さに対する感謝と教授を讃える言葉を述べたが、きわめて細心に行なったので、スルターンを喜ばしたのである。

そこへ一人の老翁がはいってきた。頭にまいたターバンには飾りものがついていて背に垂らしてあった。スルターンに敬礼すると、法官も教授も起ち上がって敬意を表した。老翁はスルターンと向きあって台上に坐ったので、コーランの読誦師達はその末座にいることになった。「あのシャイフ（長老）はどなたですか」と教授にきくと、笑っていて答えない。重ねて訊ねると「ユダヤ教徒で医者なのですが、大切な人なので、ご覧のごとく、われわれも起ち上ったようなわけで……」

わたくしの心頭には怒りが燃えたった。そこで、その老ユダヤ人に向かい「呪われたものの子の呪われた者よ、何とてコーラン読誦師達の上に坐りおるか。そなたユダヤ教徒の分際であろうが……」と大声を張りあげた。スルターンはびっくりして、いったい何事かときいている。教授が説明している間に、かの老ユダヤ人は、しょげかえってそそくさと広間から姿を消した。宴が終ったあとで、教授は「おでかしなされたぞ。アッラーも嘉(よ)みしたまえ。あのユダヤ人に、あのごとくいえるものは、あなたの外にはない。少しは思い知ったであろう」といった。

またこの宴の最中、スルターンがわたくしに向かい、「天から墜ちた石を見たことがおありか」と訊ねたので、「いや、見たことはおろか、聞いたこともございません」「この町の近傍に天から石が一つ墜ちたのだ」といって、数名の家来に命じ、その石を持ってこさせた。真黒で、緻密、光沢が強く、きわめて固いもので、重さは一キンタール（五〇キログラム）はあったろう。スルターンは四名の石工を呼び、石をたたけと命じた。四人が力をあわせ、同時に四回ずつ鉄槌を打ち下ろしたが、驚くべし、かの石には何の痕(あと)もつかなかった。

それから三日目にスルターンは大官、将軍達、町の有力者達を招いて大宴会を開いた。わたくし達が学校に戻って後、金銀貨、衣服、馬、それにミーハーイール（ミカエル）という名のギリシャ系奴隷などをたまわり、同行者にもそれぞれ衣服と金子の下されものがあった。これらはすべてムヒーッ・ディーン教授のとりなしのおかげである。この地の滞在はすべてで一四日間であった。

*

ビルギーの属領ティーラを経て、アヤー・スルーク（古代のエフェソス）に入った。ギリシャ人と縁の深い、古い町である。ここの領主はビルギーのスルターンの子のヒドル・ベクであった。この人にはすでにその父君のもとで会ったことがある。城外まで出迎えてくれたが、わたくしが馬から下りずに挨拶したため感情を害したらしく、待遇は冷ややかで、ナッハ（ナック）という金糸を織り交えた絹布を贈ってくれただけであった。わたくしは、この地で金四〇ディーナールを出して、ギリシャ系の乙女を奴隷として買い求めた。

ヤズミール（イズミル、スミルナ）に赴いた。海に近い大きな都会であるが、目ぬきの場所が荒廃のさまを呈している。領主はビルギーの王の子ウマル・ベクで、わたくし達の到着後、五日して父のもとから帰り、わたくしを泊っていた僧院まで訪ねてくれ、ニクーラ（ニコラス）という名のギリシャ系のこびと奴隷やカムハー（錦紗）の衣類二領、贅沢な料理などをとどけてくれた。カムハーはバグダード、タブリーズ、ニーシャープール、シナなどで造る絹織物である。領主は軍船を持っていて、ときどきコンスタンチノープル近辺に侵入し、奴隷や財宝をとってきて、おしげもなく人に施している。ギリシャ人はこれに苦しんでバーバ（ローマ教皇）に助けを求めたので、教皇はジェノアやフランスのキリスト教徒にヤズミールの太守を伐てと命じた。それのみならずローマからも一軍を発し、大艦隊をもって夜襲してきた。遂に港も町も彼らに占領され、ウマル太守は城を出て迎えうち、多くの戦士とともに殉教の最後をとげてしまった。もっともこの事件は、わたくしの訪れた時より、後のことである。

マグニースィーヤを経て、バルガマ（ペルガモン）というひどく荒廃した町についた。山頂に堅牢な城が立っている。この地の領主ヤフシー・ハーンをその夏季の居館に訪れると、宴を開いたり、クドスィーという布を贈ったりしてくれた。それから道案内を雇い、険しい高山のうちを辿ってバリー・カスリーの町に着き、アヒー・スィナーン団の会堂に泊った。領主ドムール・ハーンはこれといって取柄のない人物で、上のするところ下これに倣うで、人民中にもならず者が多い。わたくしはここでギリシャ系の若い女奴隷マルガリータを買った。

次にブルサーに行った。領主イフティヤールッ・ディーン・ウルハーン・ベクはトルコマン族の君主中、もっとも富強で、一〇〇に近い城を持ち、絶えずそれらをまわり歩いている。父のウスマーン・チュークがギリシャ人と戦ってブルサーをとったのである。そこからヤズニーク（ニケア）に行った。ウスマーン・チュークが約二〇年間囲んでも陥ちず、その子ウルハーン・ベクが一二年間攻めてやっと征服したという要害の地で、湖水がとりまき、一度に騎士ひとりしか通れぬほどの橋のような狭い道が一筋通じているのみである。町は荒れ、人も少なく、バヤルーン可敦という妃が治めているが、心正しくすぐれた婦人である。

馬の病のため、この地に四〇日滞在したが、遂にその馬を棄て、三名の同行者と若い女奴隷一人、奴隷の若者二人とともに出発した。一行中にトルコ語を話し通訳にあたり得るものがひとりもなくなった。もと、一人だけおったけれども、ヤズニークで別れ去ったためである。

マカジャー村に一宿し、サカリー河をわたってカーウィヤ（ゲイワ）の僧院に入った。わたくしたちはアラビヤ語で話すのだが、そこの人はトルコ語で話し、互いに意志が通じない。「ファキーフ（先生）を呼んでこよう。あの人ならアラビヤ語がわかる」というので、この地の学者がやってきたが、この人はペルシャ語で話しかけてきた。こちらがアラビヤ語で話しても通じない。そこでこの先生は「この異国人達は古代のアラビヤ語を話しなさるが、わしは新しいアラビヤ語しか話さぬでの」といった。僧院の人は「預言者やその教友達と同じ古いアラビヤ語を話すなら、敬意を表さなくてはならぬ」と下にも置かぬもてなしをしてくれた。その先生はかねてアラビヤ語がうまいとされていたので、いまさらわからぬともいえず、そのようにつくろったのが、こちらにはよかったのである。もっともわれわれにもこの事情は後になってわかったのである。

翌日ヤニジャーという立派な都会についた。僧院をさがしあてると、そこに一人の托鉢僧がいたので「……ここは、某々教団の僧院であろうか」ときくと、あざやかなアラビヤ語で「ナーム（そうです）」と答えたので、やっとアラビヤ語のわかる人にめぐり会えたと大いに喜んだ。あにはからんや、その僧の知っているのは「ナーム」の一語だけで、こちらが何をいっても、ただ「ナーム」「ナーム」だけで他のアラビヤ語はいっさいご存知でなかった。

翌日、ギリシャ系の異教徒の住むカイヌーク（ケヴニック）という町に着いた。ウルハーン・ベクの所領であるが、イスラム教徒の家は代官のところ一軒のみであった。それで異教徒の老婆の家に宿を借りたが、このあたりは葡萄園も、樹林もなく、産物はサフランばかりである。老婆は親切だったが、わたくし達を商人と勘ちがいし、たくさんのサフランを持ち出した。

折しも厳寒のころで、そこを出てムトルニーに向かう途は、前夜の大雪で消えていた。カイヌークで雇った案内人が騎馬で先頭に立ち、正午ころトルコ人の村落に着いた。案内人が何かしゃべると、一人のトルコ人が馬でついてきた。この男は、山や河などの苦しいところをおよそ三〇回ほども越させ、あげくのはてに「酒手をよこせ」といった。「町に着いたらあげよう。たっぷりとはずむから……」と答えたが、満足しないらしい。あるいはこちらのいうことがわからなかったのかもしれない。彼はわたくしの同行者の持っていた弓をとりあげて、少し離れたところまで行き、やがて引きかえしてきてそれを返した。しかたがないので銀貨数枚をあたえると、それをとって、どこかへ逃げて行ってしまったので、われわれは全く途方に暮れてしまった。

雪中を辿って、やっと日も暮れるころ、一座の山の裾まで行くと、その辺には岩石が多いためやっと道がわかってきた。あたりには人家もなく、日は暮れるのに雪模様なので、みな凍死しはしまいかと危ぶまれた。馬から下りれば、倒れるほかないし、さりとて、この夜道をどちらに進んだらよいのかわからない。わたくしの馬は特別の逸物だったから、心中で「よし、自分ひとりこの危地を脱したなら、同行の人々を救う方法も見つかるかも知れぬ」と思い、アッラーの加護を念じて、進み始めた。

このあたりの人は、墓の上に木の小屋を建てる風習があって、ちょっと見ると人の住家と思うのである。夜の祈りの時刻もすぎてから、何軒かの家が見えてきた。「神よ、どうかあそこに人が住んでおりますように！」と祈りながら近づくと、うれしや人の気配がする。一軒の家の門をたたくと老翁が出てきた。アラビヤ語で話しかけたところ、相手はトルコ語で語り、手真似で「おはいり」という様子である。途連れの者が困っているからと話したが、さっぱり通じない。アッラーのお恵みにより、この家は托鉢僧達の僧院で、老人はその長老だった。そして、中にいた僧達のうちにわたくしの知人がいて、声を聞いて出てきた。事情を話して救助を求め、僧達とともにわたくしの同行者を迎えに出かけることができたのである。村の人々も食物などを持ってきてくれた。それは木曜の夜のことだった。

翌朝、出発してムトルニー（ムデルニ）に着いた。そこでアラビヤ語のわかるハーッジ（メッカ巡礼をすました者）を、一〇日行程をへだてたカスタムーニヤまで雇った。この男は金持であったがすこぶる貪欲で、一行の旅費をごまかしたり、ものを盗んだりするには困った。途中の村で、その男の妹の家にとめてもらったとき、主食や乾果物（梨、林檎、杏子、桃などを乾して置き、水につけて軟かくして食べる）などでもてなしてくれたので、お礼の金をあたえようとすると、それをさえ、かの男は横取りしようとしたのである。

ブーリー（ボリ）、ガラダイ・ブーリー（ゲレデー）等を経てブルルーにつき、次の日にカスタムーニヤに入った。この地方の大都会の一つで、物価もたいそうやすい。そこで宿をかりた僧院の長老はアル・ウトゥルーシュ（つんぼ長老）と呼ばれていた。耳が遠いせいであるが、弟子達が、教えを仰ぐときは指で、空中や床に字を書いて見せると、直ちに理解して返事するのである。この方法でどんな長い話でも通ずることができる。

約四〇日滞在した間にダーダー・アミール・アリーという長老をその僧院に訪れた。おりから仰臥していたが、従者が抱き起こしてすわらせ、他の従者がまぶたを持ち上げてやった。すると長老はきわめて優雅なアラビヤ語で「よくぞ見えられた」といった。おいくつになられましたかと訊ねると、「さよう。カリフ、アル・ムスタンスィル・ビルラーのお相手をしたものじゃったが、おなくなりのとき、わしは三〇歳だったで。今年で一六三歳になりますかの」と答えた。

カスタムーニヤの領主は名高いスルターン、スライマーン・パーディシャーで、すでに七〇歳を越え、長髯を垂れ、容姿美しく、威風あたりを払うばかりである。

毎日、午後の祈りのあと、王は謁見を許すが、その際は食物を準備し、町の人でも、田舎の者でも、外国人でも、誰にでも会って、自由に食事させている。王はわたくしに立派な白馬、衣類、食糧、金子などをくれたほか、町から半日ほど離れた村の小麦と大麦を相当の量だけ割り当ててくれた。わたくしはこれらを売り払おうとしたが、物価がやすくてお話にならぬので、同行のメッカ巡礼者にやってしまった。

*

サヌーブ（スィノプ）は賑かで、また天然の美に恵まれ、東方をのぞけば、他はすべて海に囲まれている。領主イブラーヒーム・ベクはカスタムーニヤの王パーディシャーの子で、町の東方に関門を設け、出入を取り締っている。海中に山が突き出ていて、葡萄や無花果の樹林があり、そちこちにギリシャ系異教徒の部落が一一ある。

この町の先代の領主ガージー・チェレビーは勇猛な人物だった。泳ぎの達人で、ながく水中にくぐる特別のわざを持っていた。しばしば軍船に乗ってギリシャ人と戦ったが、敵の艦隊に近づくと、その船底にくぐり、鋭利な刃物で穴をうがつのが得意であった。

かかる勇士でありながらハシーシュ（大麻の葉またはその汁でつくった麻薬）におぼれ、そのために死を招いたのである。すなわちある日、かもしかを猟りに出かけ、馬を疾駆させていたとき、樹の枝に頭を打ちあてて死んだのである。現王イブラーヒームもやはりハシーシュの愛用者であるという。ルームの国ではこの薬を用いることを悪いこととしていない。わたくしが、ある日、この町の大礼拝堂の門前を通りかかると、そのあたりの腰掛に軍の将校達が数名坐っていて、その前に下僕が、小さな容器にヘンナ（橙紅色の化粧粉）のようなものを満たしたものを捧げて立っていた。一人の将校がそれを小匙ですくって食べていた。あれはいったい何だろうかと連れの者に訊ねたところ、ハシーシュだとのことであった。

この地に着いて四日目に、領主の母君が亡くなったので、わたくしも会葬した。領主は徒歩で、頭を露わにして柩に従い、部将や奴隷達も同じく、すべて衣服を裏がえしに着て従っていた。法官、主教、法学者達もまた衣服を裏がえしに着て、頭には羊毛製の黒布をかけていた。その日から貧民に四〇日間食物の施しがあった。この地の服喪期間なのである。サヌーブに四〇日いて、対岸のキラム（クリミヤ）に渡ろうとして好便をうかがった。そしてギリシャ人の船を雇い、順風を待つことさらに一一日、やっと出帆したのだった。

キプチャック大草原

洋上を行くこと三日目にしけとなり、今にも最後かと思われた。同船のアブー・バクルという西国の者に、甲板に出て見てもらった。彼はやがて船室にもどり「アッラーにお任せしましょう」とひとことといっただけである。例えようもない大暴風がきて、結局もとのサヌーブ付近に押し流されたが、やがて風向きがよくなり、再び沖に出て行った。ところが、また荒れはじめ、前と同じような有様となった。流された先はカルシュ港（クリミヤ半島の東端）であった。入港しようとしたところ、かなたの山上にいた人々が、近よるなという合図をしたので、おそらく敵国の船がいるのであろうと生命の危険を感じ、岸についてひきかえした。やがて岸に近づいたので、船長に「ここで降りたいのだが」というと、岸につけてくれた。

そこはダシュト・イ・キプチャックという大平原であった。ダシュトとはアラビヤ語のサハラー（平野・砂漠）と同義語である。キプチャックの平原は青々とし、百花咲きみだれてはいるが、樹木も山も丘も坂もない。薪もないから、燃料といえば獣糞のみで、これをタザックと呼んでいる。旅するものはみな車によるのであるが、横断に六カ月を要し、その半分はムハンマド・ウーズベックの領土で、残りは他の君侯達のものである。

港に着いた次の日、同行の商人の一人が草原に住むキプチャック人のもとに赴いて、馬車を借りてきた。これら土着人はキリスト教を奉じている。そして、われわれはカファー（カッファ）という海浜の大きな町まで行ったが、その住民もキリスト教徒で、大部分がジェノア人であった。港内には大小の軍船や商船が二〇〇隻ほども浮んでいた。世界でももっとも名高い港の一つなのであった。

さらに馬車を雇ってキラムという大きな町に行った。ウーズベック汗の領地で、その代官トルックトムールの支配下にある。折しもトルックトムールはサラー（サラーイ）の都に行こうとしていたので、同行しようと思って、馬車を買い求めて置いた。

馬車の名をアラバといい、四輪で二頭以上の馬、牛、駱駝などに牽かせ、車上には木の骨組を革紐で結び、フェルトの布を張った天幕がつくりつけてある。格子風の窓が開いているから、内部にいるものは、他から見られることなしに、外を眺めることができる。こういう車を大小二台買って、大きい方には、若い女奴隷とわたくしが、小さい方には同行のアフィーフッ・ディーン・アッ・トーザリー（アブダルラーともいい、エジプトのところで説明されている）が乗ることになった。もう一台の大型の車には、他の同行者が乗ったが、これは三頭の駱駝が牽いていた。

トルコ人は、草原を旅するときは、暁の祈りの後に出発し、午前中の中ごろに休息し、正午の祈りののち再び旅を続け、夕刻に停止する。休息の時間は、昼でも夜でも、家畜を放して自由に草を食べさせる。この草原ではとくに飼料をあたえるものはいない。そのためキプチャック草原の家畜はおびただしいもので、みな放し飼いであるが、盗賊に対するトルコ人の掟のきびしさのため番人も不要である。もし他人の家畜などを持っていれば、それを返却したうえに、九頭を償い、それができなければ、おのが子供を提供しなければならぬ。子供もない場合は、その者を羊のごとく咽喉を切って殺すのである。

この辺のトルコ族はパンやその他の固形物は食べない。ドゥーギーと呼ぶ粟に似たもので料理をつくる。湯を煮たてて、いくらかのドゥーギーを入れる。肉があれば、小さく刻んで一緒に煮こむ。これを椀に盛り、上に凝乳をかけて食べる。そのあとで酸っぱくした馬の乳でクミッズと呼んでいるものを飲む。

また粉をねって小さく切り、真中に穴をあけて、鍋に入れる。煮えたとき、酸乳をかけて食べるが、これをブールハーニーと呼んでいる。その他、ドゥーギーでつくったブーザ（ビール）もある。甘味品を食べることは恥ずべきこととしている。トルックトムールがわたくしに話した所ではウーズベック汗の某奴隷には子や孫が約四〇人ほどもあった。ある日のこと汗が「この菓子をお食べ。お前の一族を全部自由の身にしてやろうから」といったが、かの奴隷は断って「たとえ命を召されようとも、お菓子はいただきませぬ」と答えたとのことである。

キラムから一八の駅を越して行くと、大沼沢地となり、それを越すにまる一日かかった。その先にも沼地があり、半日を費して越した後、さらに三日を要してアザーク（アゾフ）という海辺の町に着いた。ジェノア人やその他の国人も商品を持ってくる所である。

わたくしはトルックトムールよりも二日先にこの町についたが、すでに太守の書状がついていたので領主ムハンマド・ホージャ・アル・フワーリズミーは法官や学生達と出迎えにきた。太守の到着のときには、領主は三つの天幕を並べて建てさせた。一つは極彩色の絹で張った大型のもの、他の二つは麻布のものであった。その外側にサラーチャという幕を張り、城の櫓のような門がつくられた。通路には絹布がしきつめてあった。太守は、わたくしを自分より先に歩ませたが、これは、わたくしへの尊重の態度を他の人々に示すためだった。

大天幕内の太守の席は木製の大椅子で、黄金をちりばめ、美麗なクッションが置いてあった。太守はわたくしをもそこに坐らした。太守の二子、弟、領主のムハンマド及びその子等は恭しく侍立していた。料理が運びこまれたが、それは馬肉をはじめ、肉類・馬乳などで、そのあとでブーザがでた。

食事がすむと、コーランの読誦者が爽かな声で経を読み、そのあとで説教や祈禱が行なわれた。これらは最初アラビヤ語で行ない、次にトルコ語に訳すのである。さらにコーランを抑揚をつけて誦え、次に歌に変わったが、それは最初にアラビヤ語、次にペルシャ語とトルコ語を用いたのである。次に別の料理が運ばれ、これを繰りかえして日没まで続いた。わたくしはいくども席を外そうとしたが、太守にとめられた。終りに太守やその子息達に衣類、馬などが贈られた。太守とその弟とに一〇頭、二人の子息には六頭で、わたくしも衣服と馬一頭を贈られた。

このあたりは馬が多く、その価も誠に廉(やす)い。良馬が一頭一ディーナールくらいである。一人で数千頭を所有するものも珍しくはなく、馬の持主は、その馬車にフェルトの小旗を立てるのが慣習である。一〇〇〇頭ごとに旗一本となっているが、一〇本以上も立てているものを見かけた。これらの馬はインドに運ばれるが、一群が六〇〇〇頭前後に達することがある。一人の商人の持馬は一〇〇頭から二〇〇頭で、五〇頭ごとにアルカシーという番人をつける。これらは馬に乗り、手に紐のついた長い杖を持っている。どの馬かに乗ろうとするときは、この紐をその馬の頸に投げかけて引きよせ、その背にまたがるのである。

インドに着くと馬の食物が変わって、死ぬのも多いし、盗まれることもある。またそちこちで税金をとられるが、それでも巨利を得ることができる。つまらぬ馬がインドでは一〇〇銀ディーナールもするからである。駿馬だと、一頭が五〇〇銀ディーナールまたはそれ以上もすることがある。トルコ馬は強健だからインドでは主に行軍用に用い、速力を目的とする場合にはヤマン、ウマーン、ファールスなどの馬を使う。これらになると一〇〇〇から四〇〇〇ディーナールの相場が出る。

トルックトムールより三日遅れて出発しマージャル（マーチャル）に向かった。大河（クマ河）にのぞむ立派な町である。

＊

この地方で気のついたことは、トルコ族社会において婦人の地位の高いことで、男子を凌ぐものがあった。キラムを出発するときサルティヤという将軍の妻が馬車で外出する光景に接したが、馬車全体を高価な青絨緞で蔽ってあった。花のように美しい四人の乙女が、盛装して前に進み、あとから多数の侍女が馬車をつらねてついてきた。将軍のいる天幕に着くと夫人は馬車から下りた。そのとき三〇人ほどの乙女も下り立って、夫人のもすそを持ちあげる。夫人（可敦）が近づくと将軍は立って挨拶し、座をすすめ、侍女達が夫人をとりかこむ。クミッズ（馬乳酒）の革袋がはこばれると、夫人は盃につぎ、跪いて夫にささげる。夫が飲むと、今度は義弟にあたえ、次に将軍の方から夫人に酌をしてやった。次に料理が運ばれ、一緒にそれをとると、将軍から衣類の贈りものがあって、夫人は帰っていった。小商人の妻でも、三、四人の侍女がついて、もすそを持ち、頭にはブグタークという高い頭巾をかむる。これには宝石をちりばめ、頂に孔雀の羽根がつけてある。トルコ族の女は、ヴェイルをつけない。こういう女が夫と一緒に歩いている時は、後者はまるで下僕のようである。男は羊皮の上衣をつけ、クラーという同じく革の高帽子を被っている。

マージャルからウーズベック汗の行営地であるビーシュ・ダグ（ベシュタウ）まで四日行程である。ビーシュ・ダグとはトルコ語で「五つの山」という意味で、トルコ人が身体を洗う温泉があり、これに浴したものは、すべて無病息災だといわれている。

ラマダーンの月の第一日に、そこに着いたところ、大王はすでに移動した後だったので、再びマージャルにもどり、丘の上に天幕を張り、その前に旗を立てておいた。やがて大王の行列が到着したが、その行列をオルド（行営地の義）と呼んでいる。まるで大きな町が、住民ごと移動するようなもので、モスクもあれば市場もあり、進行しながら食事をつくるので炊煙が立ち上っている。宿営地に着くと、車から天幕を下ろして地上におくが、きわめて軽いものである。モスクや店舗も同様である。ハートゥーン（妃）達が、それぞれ行列を引きつれ、わたくし達の近くを通って行った。四番目に通ったのはイーサー・ベック将軍の娘にあたる人であったが、丘上の天幕と、新たに到着したことを示すその前の旗に目をとめ、小姓や侍女達をわたくし達のところによこして挨拶をさせた。この間、そこに立ちどまっていたので、わたくしの方からも贈物をとどけさした。妃はこれを吉兆として喜んで納め、自分の天幕に近いところに移るよう言葉をかけてからまた歩みはじめた。その次に大王がやってきて、ひとり離れた特定の地点に天幕を置かした。

王の名はムハンマド・ウーズベックで「ハーン（汗）」とは「スルターン」の義であるが、かれこそ威権隆々たる大王国の支配者であり、アッラーの敵たるコンスタンチノープルの民を打ち破り、なおもこれを撃破しようとの熱情に燃えているひとである（成吉思汗の孫バートゥーの四世の孫）。世界における七大帝王の一人で、モロッコの王、エジプトとシリヤの王、イール汗国の王、（中央アジヤの）チャガタイ汗国の王、インドの王、シナの王（元朝の天子）と肩をならべている。

王は毎金曜日には、祈禱ののち、「黄金のクッパ（穹廬）」（金のオルド、金帳）と呼ばれる天幕に坐るならわしである。この天幕の柱は木製であるが金箔がかぶせてある。中央におかれた木製の王座にも金箔をおいた銀板を張ってあり、その脚はどっしりした銀製のもの、上部には宝石がちりばめてある。王の右側には正妃タイトグリー可敦、次にケベック可敦、左手にはバヤルーン可敦、オルダジー（ウルドゥジャー）可敦がならび、王座の右下には王子ティーナ・ベク、左下には第二王子ジャーニー・ベクが侍立し、王女イート・クジュジュクは王座の前に坐る。

王妃の一人がはいってくるごとに、大王は立ち上り、その手を執って王座に登らせる。正妃として、もっとも重んぜられているタイトグリー可敦がはいってくるときは、王は天幕の入口まで出迎えて挨拶し、その手をとって王座に導き、王妃が坐るを待って、初めて自分も席につくのであった。

大官連中が、それぞれ床几（しょうぎ）を持った小姓をつれてはいってきて、左右に居流れた。王子を始め、近親者は王の前に立ったままでいる。大官連の子息達も天幕の入口に侍立している。その後方に部将連が、左右に別れて侍立する。やがて家臣のものどもが、身分の順に三人ずつはいってきて拝礼し、ひき下って末座にすわる。午後の祈りがすむと、正妃が退出し、他の妃達はこれをその天幕まで送ったのち、車で自分の天幕に帰っていく。どの妃にも約五〇名ほどの侍女が騎馬で供をしている。この行列は、小姓達、次が二〇人ほどの騎馬の老女達、お車、しんがりが若い白人奴隷一〇〇名ほどであるが、小姓達の前方にも馬に乗った年配の白人奴隷一〇〇名ほど、同じく徒歩のものが同数くらいいる。徒歩のものは手に棒を持ち、腰に剣を帯びている。

翌日の午後の祈りの後、わたくしは大王に拝謁した。大官中にわたくしのことを推薦し、鄭重な待遇をするよう勧めてくれるものがあった。この人々の風習として、旅人を泊めたり、金子をくれたりする代りに、羊や馬、クミッズ（馬乳酒）を入れた革袋などをくれる。数日たって、わたくしは王とともに午後の祈りを行なった。退出しようとすると、王は坐れと命じた。ドゥーギーという穀物で製したスープ、羊や馬の肉を煮たものなどが運ばれてきた。その晩、わたくしも大王に一皿の菓子を奨めたが、王は指でさわり、その指を口に入れただけであった。

正妃タイトグリーに拝謁したときは、五〇人ほどの若い侍女が金や銀の皿に盛ったさくらんぼを拭っており、妃も黄金の皿に同じものを入れて、清めている最中であった。わたくしの同行者の一人が、コーランをエジプト風によい調子で読み上げると、妃はクミッズを持てと命じた。優美な軽い木の盃に入れたものがとどくと、妃は手ずからその一つをとって、わたくしに勧めてくれた。トルコ人の間では、これは最上の待遇とされている。いままで、わたくしは馬乳酒というものを飲んだことがなかったが、受けぬわけにいかぬので、味わってみた。少しも美味とは感ぜず、同行の者にまわしてしまった。

次に第二の妃ケベック可敦に拝謁した。蒲団の上に坐ってコーランを読んでいられたが、愛想よく迎え、これまた馬乳酒をとりよせ、正妃と同じように、手ずから勧めてくれた。

第三の可敦バヤルーンはコンスタンチノープルの王タクフール（ビザンチン皇帝アンドロニコス三世）のむすめである。わたくし達が拝謁に赴いたとき黄金や宝石をちりばめた腰掛けに坐り、その前には一〇〇人ほどのギリシャ、トルコ、ヌビヤなどの乙女達が坐ったり立ったりしていた。わたくし達が遙かな遠国からきたことを話すと、心優しいひととて同情の涙を流し、両手にハンカチをとって顔を蔽われた。やがて食事を命じ、われわれが頂戴するのを、じっと見ていられた。退出しようとすると「いつまでもいてね。またいらっしゃいませよ。何でも欲しいものがあったらおっしゃってね」といたわってくれた。そして、すぐ後からたくさんのパン、バター、羊、金子、立派な衣服、それに馬一三頭をとどけてくれた。後にこの妃とともにコンスタンチノープルまで旅する話はあとで語ろう。

第四の妃はオルダジー（ウルドゥジャー）という人である。オルド（キャンプ）で生まれたために、そう呼ばれるのである。父イーサー・ベックは王女イート・クジュクの夫で、大侯と呼ばれる権臣である。この妃はもっとも寛大で、思いやりがあり、前にも述べたように、通りすがりにわたくしたちの天幕を見て、使いのものをよこして挨拶させた人である。訪れて見ると、はたして非常なもてなしで、料理を命じ、クミッズをとりよせてもてなし、いろいろとお訊ねがあった。

王女イート・クジュジュクの天幕は、父王の居所から六マイルほどのところにあった。イートは「犬」、クジュジュク（クチュック）は「小さい」という意味で「小犬」の義である。このひとのところに伺候すると、イスラム法学者、カージー（法官）、学生その他も呼びよせてあり、夫のイーサ大侯も同じ絨緞の上に坐っていた。大侯は神経痛で、歩行も、騎馬もかなわず、ただ馬車に乗るだけである。それで、大王の御前に出るときは従者どもが車から下ろし、抱きかかえて運ぶのである。第二妃の父ナガタイ侯も同様であるが、トルコ人の間には痛風の病がはやっている。王女もまたわたくし達に立派な贈物をし、手厚いもてなしをしてくれた。

二人の王子ティーナ（ティーニー）・ベクとジャーニー・ベクはともにタイトグリー正妃の生むところで、別々の天幕に住んでいる。ティーナ・ベクは容姿秀麗で、父王からあとつぎに推され、ことのほか寵愛を受けている。のちの話だが、父王の死（西暦一三四〇年）後、ほんのわずかの間、王位にあったのみで、いやな事件が起こって殺され、弟ジャーニー・ベクがついだ。この人の方が兄よりも遙かに賢明な人であった。法官ハムザ、イマーム（主教）バドルッ・ディーンその他の人々がわたくしにジャーニー・ベクを褒め、その宿営地に住むよう勧めてくれたので、それに従った。

＊

ブルガールの町は（夏は）夜がまことに短く、（冬は）昼がちょっとしかないとの話を聞いたので、行って確かめたいと思いたった。大王の居所からそこまでは一〇日行程である。王に願い出ると案内者を命じてくれた。ちょうどラマダーンの月のことであったが、そこでは夜の祈りをすますと、間もなく、夜明けであった。冬はその反対に昼間がきわめて短いのである。わたくしはこのブルガールの町に三日間滞在した。

ズルマ（闇黒）の国まではいろうと思った。ブルガールからそこまで四〇日の行程がある。しかし途中に大きな困難があるばかりで、益するところはほとんどないので断念した。そこに行くには大きな犬の曳く橇による外はない。荒野は氷に蔽われ、人や馬の足は滑ってしまうからである。ここに入りこむのは富裕な商人達だけで、それぞれ一〇〇台もの橇をつらね、食物、飲料、薪などを満載して行く。そこには樹も、石も、人家もない。何度となく、この地方を旅した犬が案内の役をつとめる。こういう犬は大変に高価で、一〇〇〇ディーナールほどもする。その頸に橇の紐をむすんで先頭に立て、ほかに三頭の犬を従わせる。先頭の犬がとまれば、他の犬もとまる。飼主は、これを下にもおかぬようにし、決して叱ったりしない。食事のときは、まず犬に食べさせ、人間は後まわしである。もしその反対をしたら、犬は立腹して、主人を見棄てて去るから、残されたものは破滅のほかはない。

こういう荒野を四〇日間旅して、闇の国に着くと、持ってきた商品をおき去りにして、定めの場所に引きとる。次の日に、商品を置いたところにいってみると、それとならんで、テン（貂）、灰色栗鼠、アルミンなどの毛皮がおいてある。もし商人が自分の商品のそばにある毛皮で満足すれば、それを持ってくるが、気に入らなければ、そのままにしてくる。そうすると闇の国の住民は、毛皮類を増しておくこともあり、そのまま持ち去って商人達の荷だけ残しておく場合も珍しくない。これが取引方法である。この地に旅する人々も、取引の相手が魔性のもの（ジン）なのか、人間なのか正体がつかめない。その一人をだに見たことはないのである。

＊

ブルガールから、案内の将軍とともにビーシュ・ダグなる大王のもとに戻ったのがラマダーンの月の二八日で、断食明けの祝典に参列することができた。

トルコ人の料理は馬や羊の肉を煮たもので、招かれてきた大官達の前にはそれぞれ卓が置かれる。バーワルジー（バウルチ）という役目の者が、絹の衣裳に、同じく絹の前垂れをつけて現われる。腰にはいく振りもの庖丁を鞘に入れて帯びている。大官はそれぞれ、一人のバウルチをともなっているが、卓が置かれると、これらはそれぞれの主人の前に坐る。そこへ塩水を入れた金銀の小皿がはこばれてくる。バウルチが肉を切るが、手練のわざで、骨ごと小さく断つ。トルコ人はこういうものでないと食べない。次に金や銀の酒器が運ばれてくる。主な飲物は蜜でつくった一種の酒で、彼らの奉ずるイスラム教のハナフィー派はこれを許している。わたくしには車一台の馬乳酒が贈られたが、近くのトルコ人達にやってしまった。

　祭典がすんでから、大王の一行とともに、ハーッジ・タルハーン（アストラカン）に赴いた。すべて免租の地のことをタルハーンと呼んでいる。かつてメッカにハッジ（巡礼）した某トルコ人が、ここに住んだので、大王はこの人を尊敬して、そこを免租地とした。その後、これが村となり、やがて町となったのであるが、世界最大の河の一つであるイティル（ヴォルガ）にのぞんでいる。大王は寒気がきびしくなり、河が凍結するまで、ここに滞在する。そしてあたりの住民に命を下し数千荷の藁を持ってこさせ、氷上に敷かせる。橇で本流や運河や支流などを越えきるには三日を要する。冬の終ろうとするとき、隊商が氷の下に溺れて命を失うことがよくある。

　ハーッジ・タルハーンに着いたとき、バヤルーン可敦が父のもとに帰ってお産をすましてきたいと大王に願い出た。大王はこれを許したので、わたくしも、妃についてコンスタンチノープルを見に行きたいとたのんだ。大王は最初は、わたくしの身を案じて許さなかったが、

「大王様の御保護とお力添えのもとに、かの地に参るので、何人をも怖れることはございませぬ」

というと、やっと許しがでて、一五〇〇ディーナールの金子に礼服、多数の馬などをくれた。また妃

達はそれぞれ銀塊を、王女はもっと手厚い贈物をしてくれた。一朝にして、わたくしは馬の大群と、たくさんの衣類、栗鼠、貂などの毛皮の服や外套の持主となったのである。

*

バヤルーン可敦の保護のもとに出発したのがシャッワールの月の一〇日であった（一三三二年七月五日）。大王は一日行程の距離を見送り、他の妃達や王女は、さらに一日行程だけ送ってきて別れ去った。バイダラ将軍がバヤルーン可敦の護衛役で、五〇〇〇人の兵を率いていた。王妃直属の軍隊は騎兵約五〇〇で、そのうち三〇〇人が白人奴隷やギリシャ人、他はトルコ人であった。このほか約二〇〇人の若い女奴隷がいたが、大部分はギリシャ人であった。車の数は四〇〇に近く、乗用と牽引用の馬は併せて約二〇〇〇頭、それに車を曳く牛が約三〇〇頭、駱駝が二〇〇頭ほどいた。このほか、ギリシャ系の小姓が一〇人、インド系のものが一〇人いて、前者の頭がミーハーイール（ミカエル）、後者のがスンブルという人であった。トルコ人はミーハーイールのことをルールー（真珠）と呼んでいたが、勇敢無比の人物であった。しばらくの間だけ父君のもとに帰られるので、妃はその侍女や持物の大部分を夫君のもとに置いてきていた。

ウカックの町に着いた。都のサラーイまで一〇日行程である。またここから一日行程の所にある山にはルース（ロシヤ人）が住み、キリスト教を奉じている。このものどもは、髪が赤く、目は青く、容貌が醜くて、性格は狡猾である。銀の鉱山を持っていて、銀塊を持ってきては必需品と代えている。

ウカックを出て一〇日目にスルダーク（スーダーク）に着いた。キプチャック平原の町の一つで、海に臨み、良港がある。もとは、もっと大きな町であったが、トルコ人とギリシャ人との戦いで大部分は荒廃してしまった。さいしょはギリシャ人が勝っていたが、トルコ人は援兵を得て盛りかえし、大虐殺を行ない、生存者を逐い払ったのである。若干のギリシャ人が、今も残り、トルコ人の支配を受けている。

至るところの太守が、夫人（可敦）と軍隊をつれて、その領地のはずれまで妃を送ってきた。こうしてバーバー・サルトゥークの町に着いた。これが最後のトルコ人領で、無人の曠野を一八日間行けばルーム王国（ビザンチン帝国）領に入るのである。そのうち八日間は水のない所を行くのであるから、大小の革袋につめて車に積みこんだ。寒い時節だったので、あまり多量の水はいらなかった。トルコ人は大きな革袋に乳をつめておき、ドゥーギーを煮たものと混じて飲むが、それで充分に渇きがとまるのである。

わたくしは旅の間中、朝に晩に妃のもとに出て挨拶することにしていたが、妃もまた食糧がとどくごとに二、三頭の馬と、数頭の羊をわけてくれた。わたくしは、馬は食べずにおいたので、五〇頭ほどたまっていた。いよいよ大荒野に入るので、もっと馬が必要なむねを話すと、妃はよく肥った食用馬を一五頭渡すよう係官のギリシャ人サールージャに命じ、「遠慮しないで下さいね。もっと入用なら、増してあげますからね」といってくれた。大王のもとを辞して荒野に入る所までが一九日、そこで五日間休養し、荒野を横断すること一八日であったが、アッラーの恩恵により、元気でマハトゥーリーの城に着くことができた。

＊

ギリシャ人の方では、妃がこられると聞いてキファーリー（大官）のニクーラ（ニコラス）が多数の兵とともに、もてなしの品々を持って出迎えた。

ここから妃の父君のいますクスタンティーニヤ（コンスタンチノープル）の都までは二二日行程で、

この間には険しい山路があるから車に乗らず、もっぱら馬や騾馬で旅するのである。妃はキファーリーが連れてきた多くの騾馬のうち六頭をわたくしにくれた。

バイダラ将軍は、その軍隊とともに帰って行き、あとは妃の直属の人々だけになった。妃は携帯用の礼拝堂をマハトゥーリーの城に残し、人々を祈りに呼びつどえる習慣も忘れ去られた。妃に酒をすすめるものがあると、それを飲まれるし、側近の者の話では豚肉さえも召し上るようになったとのことである。妃の身辺のもので相変わらず祈りを続けているのは一人のトルコ人のみとなってしまった。異教徒の国に入るとともに、一行の人々の間には今までかくしていた感情が露骨になってきた。しかし妃はキファーリーにわたくしを大切に扱うよう命じられた。われわれがアッラーに祈りをささげているのを見て嘲ったその奴隷の一人を、この大官がなぐったというようなこともあった。

マハトゥーリーの城から一六日行程ののち、入江の岸辺に達し、干潮になるを待って渡ったが、その広さは約二マイルほどであった。

そこから砂浜を四マイルほど歩いて、第二の入江の幅三マイルほどあるのを渡り、さらに砂や石ころの浜を二マイル行ってから第三の入江を越したが、そのときは、すでに満潮が始まっていて苦しい思いをした。その幅は一マイルくらいであった。前後一二マイルの途であったが、雨季には、これが一面の水となって船によって渡るほかはない。

渡り終ったところにファニーカという美しい町があった、そこで三日間滞在していると、妃の弟カラースという人が、騎兵五〇〇〇を率いて迎えにきた。姉の前に出るときは灰色の馬に乗り、白衣を着て、頭上には宝石をちりばめた日傘をさしかけさせていた。

妃とその弟君との会見の場所は、町の郊外一マイルほどの平原であった。妃は騎馬で、奴隷、侍女、小姓、宦官等約五〇〇人が従い、すべて金糸や宝石をぬいとりしたり、ちりばめたりした絹の衣裳をつけていた。妃はナッハ（ナック）ともナシージュともよばれる錦に、宝石をちりばめた衣裳をまとい、頭上には宝石をとりつけた王冠をいただいていた。乗馬には黄金のぬいとりのある絹の鞍敷(くらしき)をかけ、四つの脚に黄金の環をはめ、頸には宝石の頸飾りをかけてあった。その鞍の木組の部分にも黄金を張り、宝石で飾ってあった。弟君の方が、下馬して妃の馬の鐙(あぶみ)に接吻すると、妃はその頭にくちづけをあたえた。弟君と一緒に来た大官や一〇人の貴公子達も、みな下馬して妃の鐙に接吻した。

*

次の日、海辺の大きな町に着いたが、その名をよく記憶していない。妃の弟で皇太子の位にある人が、鎖帷子(くさりかたびら)に身を固めた一万の兵を率い、堂々と乗り込んできたのはその地である。皇太子は頭に冠を戴き、左右にそれぞれ二〇名ほどの貴公子達を従えていた。妃と皇太子とは、同時に下馬すると、絹のテントが運ばれ、そこにはいって行かれた。しかし、会見の模様を見ることはできなかった。

いよいよコンスタンチノープルから一〇マイルのところに野営した。その翌日は、早朝から鐘鼓、ラッパがなりひびき、都の老若男女は盛装し、徒歩のものも、騎馬のものもにぎにぎしく繰りだしてきた。

騎馬の軍隊、皇帝、妃の母君にあたる皇后、大官、廷臣などがきた。皇帝の頭上には、天蓋が見うけられたが、それは騎士や徒歩の軍士が手に長い竿をささげ、それで支えていた。わたくしは身の安全を考えて、妃の荷物のそばにひかえて、群衆の中にははいらなかった。人の話によれば、妃は両親の前で下馬し、跪いて、大地に接吻し、次に両親の馬の蹄に接吻したが、妃の主だった従者もこれにならったという。コンスタンチノープルに入ったのは正午か、ややそれを過ぎたころであった。一斉に鐘がなりわたり、その響きで天もゆらぐかと思われた。

皇帝の宮殿の第一の門までくると、一〇〇人ほどのものが、衛兵司令に率いられて、腰をかけていたが、「サラーキヌー、サラーキヌー」（サラセン人だ、サラセン人だ）という声が聞え、入るのを阻まれた。妃のおつきの者が「これは、われわれ一行の者だ」と説明してくれたが、「通行証がなければ入門を許さぬ」といった。妃の従士がこのできごとを報告に行ったとき、妃は父帝と一緒におられたので、直にこのことを父帝に話されたのである。皇帝は、「通してやれ」と命じ、妃のいられる近くに宿舎をあてがってくれた。そして、わたくしどもが市内至る所を自由に歩けるよう布告を出し、市場に掲げさせた。われわれは三日間休息し、四日目に皇帝に拝謁した。

＊

その日、宦官のインド人スンブルが妃の命をうけてきて、わたくしの手を執って案内した。四つの門を越え、五つ目の門の所まで行くと、スンブルは四人の宦官をつれてきた。この者どもが、何か凶器を持ってはいないかと、わたくしの身体をあらため「これは慣例で、大官でも、一般人でも、外人でも国人でも、みなこう致すのです」と言い訳した。

それから四人のものが、わたくしを取り囲み、二人は袖をつかまえ、他の二人は後方から手をかけて大広間につれていった。その壁はモザイックで動物や木石の絵になっていた。広間の中央には小川が流れ、両岸に樹木が並んでいる。左右に立ちならんだ人々は、黙々として誰も話をしていない。広間の中央に、三人の男が立っていて、わたくしを受け取った。一人が合図すると、三人でわたくしをつかまえて歩きはじめた。そのうちの一人はユダヤ人だったが、アラビヤ語で、

「ご心配はいりません。外国人にはこのようにするのがならわしです。わたしは通訳で、シリヤ生まれなのですよ」といった。どのように拝礼したらよいのかと訊ねると「アッサラーム、アライクム

（平安が御身の上にありますようというアラビヤ語）とおっしゃればよろしい」と答えた。

大天蓋の下の玉座に皇帝が坐っていた。バヤルーン可敦の母である皇后は帝の前におり、可敦自身もその兄弟達とともに玉座の下方にひかえていた。皇帝の右方に六人、左方と後方にも四人ずつ武装した人がついていた。わたくしが、まだその御前に出て拝礼をせぬうちに、皇帝はまず坐れという合図をされた。これはわたくしの恐怖心をやわらげようとの心づかいからであった。それにしたがい、しばらくしてから、近よって拝礼すると、坐れという身ぶりをしたが、わたくしは立ったままでいた。するとエルサレムやベテレヘム、ヘブロンなどの聖所やダマスクス、カイロ、イラーク、小アジヤなどのことについて訊ねられ、かのユダヤ人が通訳した。皇帝は満足され、王子達に「この人を大切に扱い、保護してやるがよい」といった。そしてわたくしに礼服をつけさせ、装具つきの馬と、さしかけ日傘をたまわった。これは保護を加えるしるしである。わたくしは名所を見て歩き、故郷で土産話にしたいから、毎日馬で案内してくれる人を命じてくれるよう願い出たところ聴きとどけられた。この国では、皇帝から礼服や馬をたまわった者が、都のうちを歩くときはラッパや鐘鼓をならして、民衆が見るようにするならわしである。わたくしもこうして市内を案内してもらった。

この都はまことに広大で、大河（金角湾）によって二つにわかたれている。昔はこの河に石の橋がかかっていたが、今では渡船によっている。河の名をアブスミーといい、その西岸にあるのがイスタンブールで、皇帝や諸大官、ギリシャ系の市民の住む区域である。街路は広く、石で鋪装してある。各職業のものが、同じ区域に住み、他の職業のものと雑居することはない。各市場には門があって、夜間は閉鎖する。工匠や商人の中には女性もはなはだ多い。海に突き出たところは山になっていて、その上に小さい城砦と皇帝の宮殿がある。この山を堅固な城壁がとりかこみ、海の方からは何人も攀じ登ることができない。

河の東岸はガラタと呼び、主にファランギ（西欧）のキリスト教徒が住んでいる。その国籍はまちまちで、ジェノア、ヴェニス、ローマ、フランスなどの人々がおり、皇帝に年貢を納めている。しかし、しばしば叛き、ローマ教皇が仲裁にはいってやっとおさまった。これらはみな商業に従い、その港は世界最大のものの一つで、一〇〇隻ほどの大船を見かけた。小船に至っては数えきれるものではない。市場は賑かだけれど不潔で、穢れた川が流れている。

イスタンブールのアヤー・スーフィヤー（アヤ・ソフィヤ）はもっとも壮麗なカニーサ（チャーチ）であるが、内部に入ることは許されなかった。

ある日、案内のギリシャ人と市内を歩いていると毛織の衣に、フェルトの頭巾をつけた老人を見た。長い白髯をたらし、気高い容貌をし、その前後を一群の修道士がかこんでいた。案内のギリシャ人は、たちまち下馬して、わたくしに「皇帝の父君でございます。下馬なさりませ」といった。その人は、前皇帝ジルジース（ジョージ）で、位をその子に譲り、求道の生活にかくれているのである。案内のギリシャ人から、わたくしが何者であるかを聞くと、老翁はわたくしを招きよせて、手を執り、アラビヤ語の話せる案内のギリシャ人に「このサラーキヌー（サラセン人）にこう申せ。わしは、エルサレムに入った者の手や、岩のドーム、ロクマーマという大教会堂、ベテレヘムなどを踏んだ足を握りしめることにしているのじゃとな」といった。そして、わたくしの足にさわり、その手で自分の顔をなでた。異教徒をこんなにも尊重するとはと、驚いてしまった。それから老翁はわたくしの手を執って歩きはじめ、エルサレムのこと、そこにいるキリスト教徒のこと、その他さまざまのことについて訊ねた。いつかチャーチの境内に入り、その正門まで来ると、僧や修道士の一群が現われて老人に敬礼した。その人々の姿を見ると彼はわたくしの手を放し「あなたと一緒に教会堂にはいりたい」といい、通訳に向かい「ここに入るものは、是非とも中央の十字架に礼拝しなければならぬとこの方に話しなさい。これは先人のおきてで、それにそむくことはできない」といった。わたくしはもちろん袂(たもと)を別って去った。かれは会堂にはいっていった。それから二度とこの老翁を見たことはない。

バヤルーン可敦のお供に加わっていたトルコ人達は、妃が父君の奉ずる宗教に傾き、いつまでも帰らずにいたいらしいのを見て、帰国を願いでた。妃はそれを聴きとどけられ、手厚い下賜品をたまい、案内の人を選ばれた。それは小サールージャという将軍で、五〇〇騎を率いてこの任に当った。妃はわたくしを呼ばれ、かの地の金貨三〇〇枚、ヴェニスの銀貨二〇〇〇枚、乙女達が織った極上の羅紗一段、絹、麻、羊毛などの衣類一〇領、それにその父君からの贈物だといって馬二頭を下された。そしてサールージャ将軍にわたくしのことを頼んでいられた。ギリシャ人の国に滞在すること一カ月と六日であった。

道中、サールージャはわたくしを鄭重にあつかってくれた。国境まで来て、そこで待っていた仲間の人々や、馬車隊と一緒になり、荒野に進み入った。サールージャはバーバー・サルトゥークまで一緒に来て、三日間もてなしを受けた後、ひきかえした。

時しも厳寒のころであった。毛皮の服を三枚、下袴を二枚、それも一枚は二重のものをつけ、足には羊毛の深靴の上に、麻製の二重靴をはき、さらにその上からブルガーリーという馬の革の裏に狼の毛皮を張った靴をつけていた。火のそばで湯をもって身体を清めるのだが、それがまたたく間に凍ってしまい、一滴も流れない。顔を洗うと、その水が髯に凍りつき、ふるうと雪のように落ちた。鼻水は髭に凍りついた。着ぶくれて、ひとりでは馬に乗れぬので、同行者に推し上げてもらった。

やっとハーッジ・タルハーン（アストラカン）に着いたが、ウーズベック汗にはすでに都に戻っていられるとのことであった。イティル（ヴォルガ）河やその支流の氷上を三日間進んだ。水がほしいときは、氷を砕き鍋で溶かしてから、飲んだり、物を煮たりした。そうしてサラー（サラーイ）についた。ここはまたサラーイ・バラカとも呼ばれ、ウーズベック汗の都である。大王に拝謁すると旅中のこと、ギリシャ皇帝とその都のことなどについておたずねになり、不自由なものは遠慮なく申すようとのことであった。

サラーイは壮麗な都会で、平原のただ中にあり、住民で雑沓し、街路は広く、立派な市場がある。あてがわれた宿舎は市の外れにあった。早朝に馬でそこを出て、ある有力な市民と、市中見物に出たが、反対側の外れまで着いたときは正午をすぎていた。そして帰宅したときは日没ごろであった。この間に過ぎるところ、人家が立ちならび、空地や庭園は見えなかった。

サラーイには、いろいろの国人がいるが、その中でもモンゴル人は支配階級で、その一部はイスラム教を奉じている。アース人もムスリムである。キプチャック人、チェルケス人、ルース（ロシヤ）人、ギリシャ人などはすべてキリスト教を奉じている。各種族が区を別にして住み、それぞれの市場を持っている。イラン、イラーク、エジプト、シリヤなどの商人はその財産を護るために城壁を繞(めぐ)らした市区に住んでいる。大王の宮殿をアルトゥーン・ターシュ（金の石の義）と呼んでいる。

サラーイの都にイスラム教徒の長老ヌウマーン・ウッ・ディーン・アル・フワーリズミーという高徳の長老がいた。寛大、謙遜な人であるが権門富貴の人々に対してだけはすこぶる横柄な態度で接していた。ウーズベック汗は毎週金曜日にこの人を訪問するが、出迎えるどころか、座も立たない。大王の方が長老の前に坐って、あくまでもへり下った態度でやさしく話すのに、長老はその正反対である。しかし、学徒、不幸なもの、旅人などに対するときは、長老はがらりと態度をかえ、控え目に、いともおだやかに相手をたてて話すのである。わたくしに対しても、たいそうよくしてくれ、トルコ系の青年奴隷を贈ってくれた。

わたくしはサラーイからフワーリズムに行こうとした。すると長老はおしとめて「数日の間、お待ちなさい。それからのちにおたちになるがよい」といった。わたくしは押し切って行くつもりだった。ちょうど、大がかりな隊商が出発する所で、その中に知り合いの商人がいたのである。これと同行を約しておいて、長老に話すと「やはり当地にご滞在のほかはありますまい」といった。それでもわたくしはかまわずに出発するつもりだった。はからずも、奴隷の一人が逃亡し、出発が不可能となってしまった。不思議な事件といわなければならぬ。三日後に、わたくしの同行者の一人がかの奴隷をハーッジ・タルハーンで見つけて連れもどったので、はじめて出発することができた。

フワーリズム（ホラズム）までは荒野を四〇日間行かねばならぬ。まぐさが乏しくて馬が使えぬので、駱駝にアラバ（車）を牽かせるほかはない。

サマルカンドの星のもと

サラーイから一〇日でサラーチュークの町についた。小サラーイの義で、ウルースー（ウラル河）という大河の岸にある。バグダードにおけるごとく船橋がかかっている。ここで馬を売払い、駱駝を雇って車を牽かせなければならぬ。

サラーチュークからは強行三〇日間で、毎日、二時間ほどしか停止しない。それは午前に一回と日没時に一回とだけで、ドゥーギーを煮て、それを飲む間のみである。その粥（かゆ）の上に塩乾しした肉をのせ、その上から乳をかける。食事も睡眠も進行中の車上でする。わたくしの車には三人の乙女がのっていた。砂漠を行くときは、牧草が欠乏するから全速力を出すのが常である。これに使う駱駝はたいていは死に、僅かに生き残ったものも、翌年になって体力が回復するまでは役に立たない。水のある所は二、三日行程も離れていて一定しないが、すべて雨水のたまりだとか、砂礫の中を掘った井戸の水などである。

こうしてフワーリズムに着いた。トルコ族の持つ最大にしてもっとも美しい町である。おびただしい住民の重さで地はふるえ、あたかも湧きさわぐ大海の波のようである。ある日、騎馬で市場に行き、雑沓の中心地であるシャウルという所にはいってしまった。行くにも、かえるにも全く身動きがならず、やっとのことで脱出してきた。

この町もウーズベック汗の領地で、クトルードムールという有力な将軍を派遣してある。フワーリズムの市民ほどに立派な人々は、この世界で見たことがない。これほどに寛大で、外国人を大切にする人々もないであろう。祈りについて、他では見たことのない美風を持っている。それはそれぞれのモスク所属のムアッジン（ムエッジン）が、付近の民家をまわって祈りに来よと触れあるくのである。祈りの集いに不参のものがあれば、イマームは公衆の前でこれを打ちこらすが、そのために使う牛の筋を張った棍棒がどのモスクにも備えてある。それのみならず違反者は、五ディーナールの罰金をとられるが、それらはモスクの費用や、貧民、不幸な人々などを養うことにあてられる。この風習は昔からだとのことである。

天国から流れでている四つの河の一つであるジャイフーン（オクサスまたはアム）河が町の傍を流れている。イティル（ヴォルガ）と同じに寒い間は凍結五カ月に及ぶので、その上を通行する。夏季は舟行が可能で、ティルミドまでさかのぼり、小麦や大麦を運んでくる。この間の流れを下るに一〇日を要する。

フワーリズムの太守クトルードムールはウーズベック汗の母方の叔母の子であり、子息ハールーン・ベクは、ウーズベック汗とタイトグリー妃との間に生まれた娘を妻としている。太守の妻トラーベク可敦は慈善事業でよく知られている。この地の法官アブー・ハフス・ウマルは太守夫人の妹ジージャー・アガーを妻として羽ぶりのよい人だが、わたくしの所に挨拶に見え「太守もあなたのおいでの由を存じておりますが、病気の後とて、おたずね申すことができかねております」との口上であった。そこで法官の案内で、騎馬でその居城を訪れた。謁見の間は金色の円天井をいただき、壁には極彩色の毛織物が張ってあった。太守は絹の敷物に坐り、両脚をつつんでいるのは痛風を病んでいるためであった。よも山の話のあと、雛の焼きもの、鶴、子鳩などの料理に、バターを塗ったパンでクリーチャとよぶもの、ビスケット、菓子類などが運ばれ、別の卓に果物類、たとえば金銀の鉢に柘榴の粒を盛り、金の匙をそえたものなどがでた。イラークのガラス器に盛り、木匙をつけた果実もあれば、葡萄や見事なメロンもあった。フワーリズムのメロンは天下無比で、ブハーラーのものを除けば東西両世界にならぶものがない。これにつぐのがイスファハーンのものである。皮は緑色で、中は赤く、甘美この上なしであるが、肉はかたくしまっている。驚くべきことには、これを薄く切って陽に乾し籠につめて、インドやシナなどの果てまで送り出している。乾し果物のうち、これほど味のよいものはない。後にインドのデリーに滞在していたころ、旅人がきたときけば、人を遣ってこの品を買わせたものだ。インド国王も、このメロンが手に入ると、わたくしの好物であることをよく知っておられたので、使いに持たせてくれたものである。

ある日、三五ディーナールで黒い馬を買い、それに乗ってモスクに行った。このときから、持ち馬が増えて大層な数になった。嘘と思われるがいやなので、その数をいわぬだけのことである。こうしてわたくしの境遇はよくなる一方で、インドに入る時もなお続いていた。たくさんの馬を持ったが、この黒馬を一番に大切にした。そして満三年、わたくしに仕えて死んだが、その後はわたくしの運勢は一変して、不幸つづきとなったのである。

*

数頭の駱駝を雇い、それにのせる両掛け轎を買い求めた。わたくしがその一方に乗り、もう一方にはアフィーフッ・ディーン・アッ・トゥーザリーをのせ、従者達は馬に乗ってフワーリズムを出発した。そこからブハーラーまでは砂漠路で一八日行程である。

四日後にアル・カートに着いた。ブハーラーまでに人家のあるのは、この小さな町だけである。そこから一度も泉にあわずに六日間進んでブハーラーから一日行程を距てたワブカナに着いた。乾し葡萄をつくり、またアッルー（アールー、すもも）という果物を産し、乾して、インドやシナに積出している。またこれを水に漬けておいて飲用にする。その味は生のものは甘いが、乾せばやや酸味を帯び、果肉は豊富である。このようなものを、わたくしはアンダルス（スペイン）でもマグリブ（モロッコ方面）でもシリヤでも見たことがない。

そこからまる一日行程は樹園、水流、田畑が続いて断えることがなく、いつかブハーラーに到着した。ハディース（伝承学、マホメットの言行に関する学問の大家）アル・ブハーリーの故里である。この町はジャイフーン河のかなたに展開する地方（マーワラーン・ナハル）の首府であるが、呪われたるタタール族のタンキーズ（成吉思汗）すなわち今のイラーク王の先祖が侵略を行なった。今では、モスク、学校、市場などは大部分、荒廃に帰している。住民は軽蔑され、厚顔無恥の悪名が高いため、フワーリズムやその他の国々では、彼らが信仰の告白をしても受け入れない。今やブハーラーにはひとりとして、これという学問を持つもの、あるいは持とうという心を抱くものもないのである。

アル・ブハーリーは「アル・ジャーミイ・ウッ・サヒーフ」（真正集）という名著（マホメットの言行録）を残した人である。その墓には「これは、ムハンマド・ブヌ・イスマーイール・アル・ブハーリーの墓なり。生前、しかじかしかじかの書を著したり」と書いてあった。ブハーラーの学者達の墓には、みなその名の次に著述書目が刻してある。こういう碑文をたくさんに写して持っていたが、インドの異教徒のため海上で掠奪されたとき、他の品々とともに失ってしまった。

タルマシーリーン王（成吉思汗の子チャガタイの第五世の後裔）の行営に行くため、ナフシャブ（カルシー）の町につき、郊外にあるその地の知事の家に泊った。わたくしが連れていた奴隷の乙女はすでに臨月であった。サマルカンドまで連れて行き、お産をさせようと思ったので、その夜のうちに、同行の人々とともに女を先に出発させ、わたくしは残りの一行と、翌日出発した。先発隊とわたくしの一

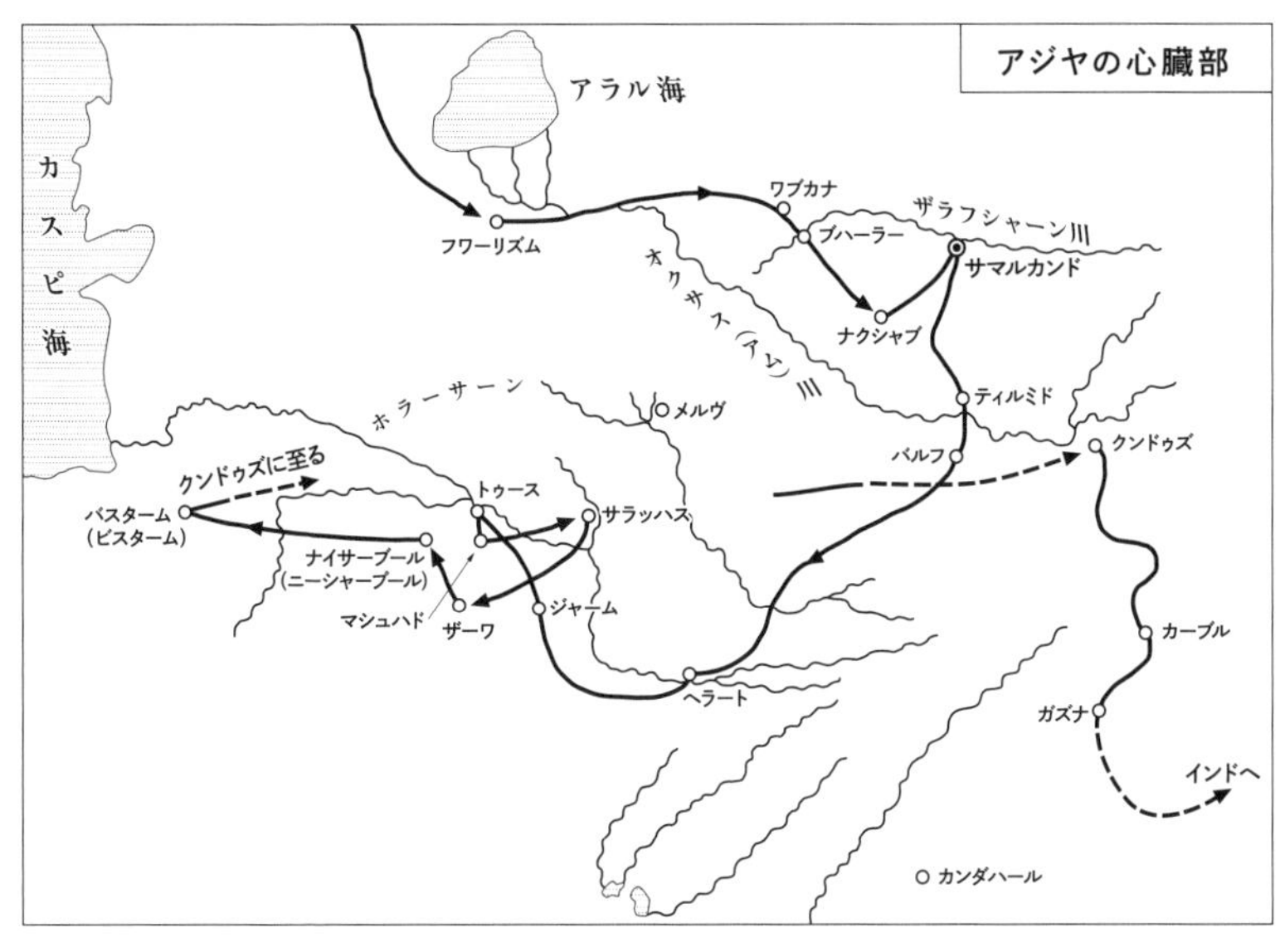

行とは途をことにしたらしい。夕刻、タルマシーリーン王の行営についたが、みな疲れ切っていたし、そこは市場からは遠く離れていた。同行の一人が飢えを癒やすものを買ってきてくれ、一人の商人が天幕を貸してくれた。

翌日、友人達が、先発隊を探しに行き、夜になってやっと見つけて連れもどった。このとき王は狩猟に出ていて不在であった。留守のタクブガー将軍がモスクの近くに宿を定めてくれ、ハルカ（天幕）を一つくれた。この天幕に奴隷の乙女を休ましたところ、その夜のうちにお産をした。人々は男の子だと告げたけれど、本当ではなかった。アキーカ（誕生後七日目にその子の頭を剃り、雄羊または雄山羊を犠牲にあげて祝う。その羊をいう）を供えてのち、はじめて同行の一人が、実は女の子だったと知らしてくれた。奴隷の女達を呼んで訊ねて見たら、やはりそのとおりであった。この子は、幸運の星の下に生まれてきたのでもあろう。その生まれ落ちるときから、わたくしはあらゆる喜悦と満足を感じた。そしてわたくしがインドに着いて二カ月の後、あの世に去った。

＊

チャガタイ汗国のアラーッ・ディーン・タルマシーリーン王は強大な軍隊と広い国土を持っている。その国は世界の四大帝王、すなわちシナの王（元朝の天子）、インド国王、イラーク王（イール汗）、ウーズベック汗等の所領の中間にあって、これら四帝王はそれぞれ彼に贈物をし、また尊敬の意を表している。

この王のオルド（宿営地）で数日をすごした際、ある日、いつものごとく暁の祈りを行なうためモスクに赴いた。祈りを終ったとき誰かが「王が来ている」といった。王が祈りの敷物から立ち上がるを待って、近づいて挨拶すると、居合わせた長老達がわたくしのことを紹介してくれた。王はトルコ語で「ご機嫌よう。そなたは立派な方である。よくぞ見えられた」といった。その時の王のみなりは緑色のクドスィー（エルサレム織）の服に、同じ布の円帽をつけていた。

それから後、その天幕に通された時は、王は説教壇のような台に坐り、金襴の衣を着ていた。天幕の内側には錦が張ってあり、真珠や宝石をちりばめた宝冠が、王の頭上、半メートルくらいの所に吊り下げてあった。左右には将軍達が居流れ、貴公子等は、手に手に払子（ほっす）をとって王の前に侍していた。天幕の出口の所には国王代理官、ワジール（大臣）、侍従、アラーマ（トルコ語のタムガー〔花押（かきはん）〕をつかさどる秘書官）などが控えていて、わたくしが近よると、四人一斉に立ち上って、内部に案内した。王は、メッカ、メジナ、エルサレムその他の国々について訊ね、タムガーの秘書官が通訳した。やがてムアッジンが正午の祈りをつげたので、一同は退出した。

この王のもとに五四日滞在し、別れ去ろうとしたとき、王は七〇〇銀ディーナールと貂（てん）の皮衣とをくれた。この毛皮はわたくしの方から所望したものであるが、王は手ずからわたくしの袖をとって着せかけてくれた。その他、馬と駱駝をそれぞれ二頭おくられた。最後に別れを告げたのは、王が狩猟に赴く途中であった。あまりの寒さに、わたくしは口がきけなかったが、王はそうと察し、笑って、手をさしのべた。

その後、二年してこの地に叛乱が起こり、王はサマルカンドの南のナサフで殺され、そこに埋められたとの噂が立った。しかしわたくしはインドで頸部に刀痕のある老人とめぐりあった。その人はサマルカンド地方から来たのであるが、タルマシーリーン王は実際は生きていて、インドに現われ、ついでペルシャの方にのがれて行ったと語った。どれが本当なのかいまだにわからない。

＊

王のもとを辞してサマルカンドに向かった。世界でももっとも大きく、麗わしい都会の一つである。カッサーリーン（実はザラフシャーン）河の岸にあり、その水を水車で園圃にひいている。

午後の祈りもすめば市民は河辺につどい、うち興じ、またそぞろ歩きなどしている。そちこちにベンチがあり、果実やその他の食物を売る店も開かれている。サマルカンド市民の高雅な精神を示す楼閣、殿堂などが建てられているのもまたこの河の岸辺である。しかし、その多くは荒れはて、市街の大部分もまた廃墟となっている。城壁も城門もない。市民は寛大な性質で、外国人に好意をもち、ブハーラーの人々よりよほどましである。

ここからナサフを経てティルミドに至った。アブー・イーサー・ムハンマド・アッ・ティルミディーの生地で、マホメットの言行録を集めた「アル・ジャーミイ・ウル・カビール」（大集成）の著者として名高い人である。立派な町で、樹園も多く、葡萄や特に優良なまるめろ、肉、乳などの産が多い。

土地の人は風呂にはいるとき、粘土の代りに乳で頭を洗う。どの浴場主のところにも乳を満たした大きな鉢がある。これを入浴のとき小さな鉢にわけてもらって洗うのであるが、頭髪をやわらげ、つやをよくする効がある。インドでは胡麻の油を頭髪につけてから粘土で洗うが、身体にもよく、髪のつやをよくし、かつその延びをうながす。インド人や、そこに滞在している人々の髯が長く延びるのはそのためである。

ティルミドのもとの市街はジャイフーン（アム）河の岸辺にあったが、タンキーズ（成吉思汗）が破壊したので、河から二マイルはなれたところに今の市街を建てたのである。

＊

ジャイフーン河を渡り、一日半の間、無人の砂漠を進んでバルフに着いたが、廃墟となっていて住む人もない。しかし、その立派な建物を見たものは、賑かな都会だと思うに違いない。もとは宏大な都市だったのである。モスク、学校などのあとは今も残っているし、瑠璃（るり）をつかった壁画などに昔がしのばれる。ここから東のバダフシャーン地方は瑠璃やルビーの産地である。

呪われたるタンキーズ（成吉思汗）はこのバルフの町をも荒らし、大礼拝堂の円柱の下に財宝がかくしてあると聞き、その三分の一ほどを打ちこわした。それまでは世界有数の壮麗な殿堂であったのに。

バルフから七日でヘラートに着いた。ホラーサーン地方におけるもっとも繁華な町である。この地方には四つの大都市があるが、現に栄えているのは、ここと ナイサーブール（ニーシャープール）とで、バルフとマルウ（メルヴ）とは荒廃に帰してしまった。

ヘラートからジャーム（ザーム）に行った。中くらいの大きさだが、綺麗な町で、樹園、泉、水流が多い。樹木の大部分は桑の木で、絹の産地である。

次はトゥースに行った。ホラーサーン地方では大きな町の一つである。有名な神学者アブー・ハーミド・アル・ガザーリーの故郷で、その墓がある。トゥースからマシュハド・アル・リザー（アル・リザー殉教の地の義。普通メシェッドという）に赴いた。アル・リザーはカリフ、アリーの子フサインの後裔で、その廟所と相対してアッバース朝のカリフ、ハールーン・アル・ラシードの墓がある。シーヤ教派の人々は、アル・リザーの廟に詣でるときは、アル・ラシードの墓を足蹴にしてから、廟前にうやうやしくぬかずく。

サラッハスを経てザーワを訪れた。ハイダリー托鉢僧団を興したクトゥブッ・ディーン・ハイダル長老の故里である。この僧団のものは腕や、頸、耳からはじめて陰部にまで鉄の環をはめるならわしである。

次にニーシャープールに行った。ホラーサーンの四大都市の一つでディマシュクル・サギーラ、すなわち「小ダマスクス」と呼ばれている。果実、園圃、水流の多いこと、及びその美しさなどからこの名を得た。市内を四つの運河が流れ、また四つの学院がある。

市民はナッハ（ナック）やカムハーその他の絹布類を織り、インドに輸出している。

そこからバスターム（ビスターム）に行き、東のかたクンドゥース（クンドゥズ）とバグラーンとを志した。

クンドゥース付近には、よい放牧地があるので、約四〇日滞在して、駱駝や馬を休養させた。キプチャック草原におけるごとく、馬一頭を盗んだものは、その馬のほかにさらに九頭の馬を償わねばならぬというトルコ人の法律がここにも行なわれていて、治安は申し分ない。それでトルコ人はその家畜の太股に印をつけ、全くの番人なしで放っておくのである。わたくし達も、一〇日間、野営したのちに馬の数を調べたところ、三頭不足していた。しかし半月後、タタール人が処罰をおそれ、この三頭を宿所までつれてきた。わたくしは毎晩、二頭の馬を、テントの側につないでおき、不時の用に備えていた。ある夜、この二頭の馬がいなくなった。そして間もなく、その地を出発したのであるが、二二日もたってから、わざわざ後を追って連れてきてくれた者があった。

クンドゥース滞在のもう一つの理由は行手をはばむ雪がこわかったからである。ここからインドに入る途中にヒンドゥー・クーシュすなわち「インド人殺し」という高山がある。インドから連れ出す男女の奴隷のうち多数が、極寒と深雪のため命を落すためこう名づけられた。それで暑熱の季節に入るを待って、初めて出発した。山路にかかったのが夜明け方で、翌日の夕方まで歩き続けた。駱駝の進む先にフェルトの布をのべて、雪中に深く入らぬようにしてやった。そしてまずアンダル（アンダラーブ）というところに着いた。昔は町があったのだが、その跡形もなくなっていた。とある大きな部落のザウィーヤ（僧院）に一宿した。院主はムハンマド・アル・マハラウィーという人で、鄭重な待遇をしてくれ、わたくし達が食後手を洗うと、厚意を示すために、その洗ったあとの水を飲んで見せた。そしていよいよヒンドゥー・クーシュに攀（よ）じ始めるところまで見送ってきた。この山上で、わたくし達は温泉を発見し、顔を洗ったはよいが、皮膚がむけて、難儀な目にあってしまった。バンジュ・ヒール（バンジュシール）すなわち「五つの山」という所にとまった。昔は賑かな町のあったところで、海水のように青い水が流れている、タタールの王タンキーズ（成吉思汗）がこの地を廃墟としたが、それ以来もとの繁華さに戻っていない。

そこからパシャーイ山に至った。アター・アウリヤー長老の僧院があるところである。「聖徒の父」の義で、またスィーサド・サーラとも呼ばれている。これはペルシャ語で「三〇〇歳」を意味する。この地の人々は、長老は三五〇歳に達したと称してあがめ、近郷近在からお詣りするものが多い。王侯やその夫人達も訪れてくる。わたくし達は、僧院の近くの流れの岸にキャンプを定めてから、長老のもとに赴いた。わたくしが敬礼すると、抱きしめてくれたが、その肌は滑(なめら)かで、この上なくやわらかであった。誰も実際に見たならばせいぜい五〇歳くらいにしか思うまい。長老自身のいわれたところでは、一〇〇年ごとに新しい頭髪と歯が生えかわるとのことである。いろいろの物語りをしてくれたが、本当とは思えなかった。はたして真かどうかはアッラーのよく知りたもうところである。

パルワンに着いたとき（チャガタイ汗国のこの地方の太守）ブルンタイ将軍と遇った。世界各地を旅行したけれども、この人ほどの背高のっぽは見たことがない。わたくしには好意を示し、ガズナの町の代官にあてて手紙を書いてくれた。

チャルフを経てガズナに行く。名高いサブクタキーンの子マハムード王（在位九九八―一〇三〇年）の都したところである。王は幾度となくインドに攻め入り、都市や城砦を攻略したが、その都ガズナも今は大部分廃墟となっている。たいへん寒いところで、住民は冬になると三日行程をへだてたカンダハールにのがれるが、わたくしはその地には行かなかった。ガズナの守将マルダク・アガーがわれわれをよく待遇してくれた。

そこからカーブルに進んだ。かつては大きな都会であったが、今では一村落にすぎず、ペルシャ人の一部族たるアフガーン人が住んでいる。彼らは山岳や渓谷に拠り、相当の勢力をもち、大部分は追(おい)剝(は)ぎの徒である。その王はクー・スライマーンという高山に住んでいる。大昔、ソロモンがこの山に登り、インドを俯瞰したが闇黒がたちこめていたので、そのままユダヤに帰ったという伝説がある。

カーブルからカルマーシュという鞍部にある城砦のところに出た。アフガーン族が掠奪を行なう拠点で、われわれも城のそばを通るとき彼らと闘った。むこうは斜面の上にかまえていたが、こちらから箭(や)を浴せかけると退却した。味方のキャラヴァンは荷物は少なかったが、四〇〇〇頭ほどの馬をつれていた。わたくしは駱駝をつれていたので、本隊とはぐれた。少数の同行者とともに疲れた駱駝の荷を路上におろし、そのまま置き放して途を急ぎ、夜の祈りの後、やっと本隊に合し、その夜はシャーシュナガールの駅で過ごした。ここがトルコ族の勢力地のうち、最後の人家のあるところである。荷物は翌日、一行中の騎士たちが行って持ちかえった。

　そこから先は横断一五日の大砂漠である。七月のはじめに雨が降るが、その後でないと通ることができない。この砂漠にもサムームという毒風が吹いて、斃れた人々の死屍はばらばらに崩れてしまう。わたくし達に先行したキャラヴァンは、そのため多くの駱駝や馬を失った。しかしアッラーの恩寵により、われわれの一行はつつがなくパンジュ・アーブ（五つの河の義、インダス河）につくことができた。

　その夜ヒジュラ後七三四年のムハルラムの新月が輝きそめるのを望んだのである（西暦一三三三年九月一二日）。

　旅ものがたりの前半はここに終る。世をしろしめすアッラーよ、たたえられておわせかし。

後篇

黄金と死の都

インダス河から先はインド国王の領土である。わたくし達が到着すると、情報官らがきて取調べ、ムルターンの太守クトブル・ムルクに報告した。当時のシンド（インド西北地方）総督サルティーズはスルターン（国王）ムハンマド・イブン・トゥグルックの奴隷から身を起こした人で、ムルターンから一〇日行程をへだてたスィワスィターンに行っていた。

シンドから国都デリーまでは五〇日行程であるが、情報官の報告書はわずかに五日間でスルターンのもとに達する。これはつまりバリード（駅伝）のおかげである。

インドの駅伝には二種あって、ウーラーク（駅馬）は、四マイルごとに配置された国王所有の馬によるものであり、もう一つは飛脚によるものである。この方は一マイル（クルー）を三等分し、これをダーワと呼ぶ。各ダーワに駅があり、その入口に三つの天幕を張って、飛脚が待機している。それぞれ帯をしめ、先に銅鈴をつけた一メートルほどの杖をそばにおいている。番がくれば片手に書信を、もう一方の手に杖を持って全速力で走るから、鈴の音を聞いた次の駅の飛脚が、待ち構えていて、書信を受けとるや否や疾走に移る。こうして目的地に達するのである。

駅馬よりも、この飛脚による方が速いので、これによってホラーサーン地方から果実類をインドまで運ぶこともよく行なわれている。その場合は深皿型の籠に入れ、次々に受けては走りして国王のもとまで届ける。重大犯人もこれによって運ぶが、輴に入れ、飛脚達が頭上にかついで走るのである。

国王の飲用水までがそうで、インド人が巡礼に赴くガンガ（ガンジス）の水を汲みとり、そこから四〇日行程もあるダウラターバードの行宮まで運んだりする。

情報官は、旅人が到着すると、その人物、服装などまでを詳細に国王のもとに報告する。同行者は何名、奴隷は何人、家畜は何頭つれていたかを始め、道中の宿泊の様子、金のつかいぶりまで漏らすところがない。旅人はシンドの主邑ムルターンに滞在して、国王からその朝廷にくることの可否や、待遇法の如何などについて指令のくるのを待つ。この国では、外来者の経歴、家柄などはわからぬので、そのふるまい、熱意の如何などで待遇がきまる。国王ムハンマドは外国人を尊重し、高位高官に任ずるに躊躇しない。その廷臣・大臣・法官・義兄弟などの大部分は外国人で、法令をもってこの人々を「アジーズ（閣下）」と呼ばせているが、これがその人々の個人名となってしまっている。

宮廷に入るものはみな国王に贈物をしなければその恩顧を蒙ることはできない。しかし国王からはその何倍もの下賜品がある。シンドやインドの商人達はこれを見て、宮廷に赴く人々に数千ディーナールを貸し、献上品をはじめ、馬、駱駝、その他その人々が必要とするものを何でも貸してくれるようになった。宮廷に出る際は、これらの商人はその人々のお供に加わって、下僕のごとくつき従う。国王から莫大な下賜品があると、それで負債を払ってもらう。これはなかなかもうかる商売である。シンドに着いたとき、わたくしもこの風習に従って馬、駱駝、白人奴隷その他のものを買った。またガズナでイラークの某商人から献上の箭をつんだ駱駝一頭と馬三〇頭を買い求めた。この商人が後にインドに来たとき、わたくしからその代金をとりたて、大儲けをし、もっとも富裕な商人の一人になった。それから何年もたって後、わたくしはこの男とアレッポでめぐり会った。そのころ、わたくしは異教徒に一切の持ちものをとりあげられて困っていたが、彼は何一つ力になってはくれなかった。

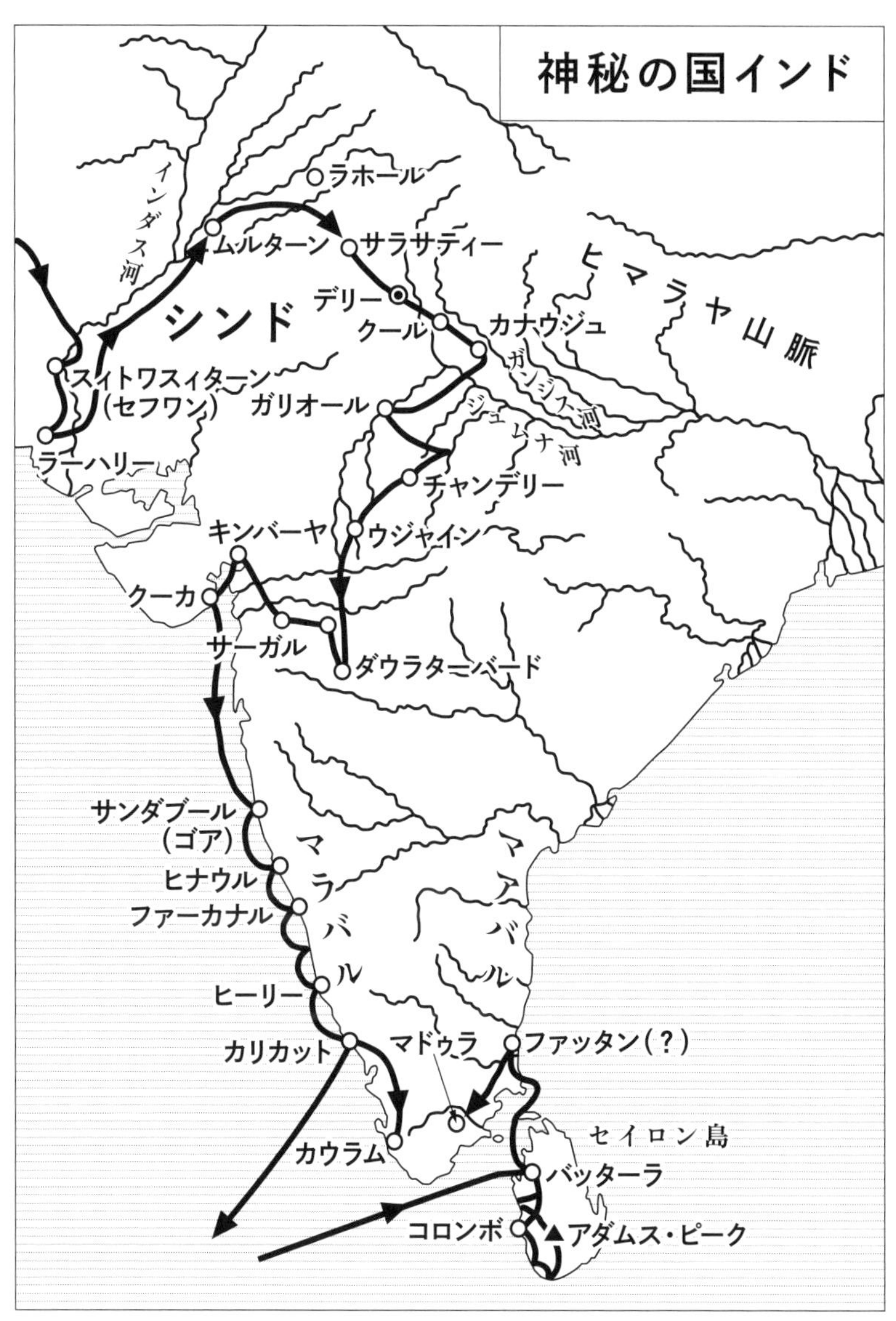

神秘の国インド
ラホール
インダス河
ムルターン
サラサティー
ヒマラヤ山脈
シンド
デリー
クール
カナウジュ
ガンジス河
スィトワスィターン
(セフワン)
ガリオール
ジュムナ河
ラーハリー
チャンデリー
キンバーヤ
ウジャイン
クーカ
サーガル
ダウラターバード
サンダブール
(ゴア)
マラバル
マアバル
ヒナウル
ファーカナル
ヒーリー
カリカット
マドゥラ
ファッタン(?)
セイロン島
カウラム
バッターラ
コロンボ
アダムス・ピーク

＊

インダス河を越えたとき、葦のしげった沼地ではじめて犀を見た。色が黒く、頭が巨大で両眼の間に一本角が生えていた。これが沼地からわれわれの眼前に現われたとき、一人の騎士がこれに襲いかかった。犀はその角で馬を一撃し、股を刺しつらぬいてうち倒してから、葦の間にはいってしまった。二度目に見たのは午後の祈りの後で、草を食べていたが、われわれが近寄ると逃げてしまった。三度目に見たのは、スルターンと一緒にいる時であった。スルターンを始め、われわれの多くは象に乗っていた。徒歩や乗馬の人々が葦の原に入って犀をおい出して殺し、その首を宿営地に掲げたのであった。

二日行程でジャナーニーの町についた。サーミラ族が住んでいるが、決して他人とは食事をともにせず、また食べているところをなに人にも見せない。

スィトワスィターン（セフワン）は砂漠に近く、河の岸で南瓜を栽培するだけである。主食はもろこしと豌豆で、魚と牛乳も多い。とかげをも食べる。砂を掘って曳き出し、腸をとり去り、薑黄（カレー粉）をつめて食べるところを見たことがある。けれどわたくしは不浄なものと考えて食べなかった。おりから盛夏で、暑さは非常のものであった。同行の人々は、素裸になり、腰に一枚、肩に一枚、水にひたした布をまとって坐っているのだが、たちまちにこの布が乾くので、ぬらしては巻き、ぬらしては巻きするのであった。

わたくし達が来る少し前に内乱が起こり、勝った方は、毎日、敵の首を斬ったり、胴体を真二つにしたり、生きはぎにしたりし、その皮に藁を詰めて城壁の上にぶらさげた。城壁の上は至るところ、こういう人の皮で満ちて、見る人の魂を脅かした。また生首は町の中心部に集めて、丘のように積み上げてあった。

わたくしは、ある大きな学院に宿り、その屋上で眠ったが、深夜、ふと目ざめると、あちこちに人間の皮がぶら下っているのが見える。この光景に心は萎縮し、つくづくこの学院に嫌気がさした。折しも有名な法学者で、前のヘラートの法官アラール・ムルクがラーハリー市の太守に任ぜられ、そこに赴任する所だったので、わたくしも同行することにした。一行は一五隻の舟でインダス河を下るのであった。

＊

アラール・ムルクの乗った船はアハウラという型のもので、われらの国のタリーダ船（タータン、単檣三角帆船）に似て、もっと幅が広く短い。中央部に木造の船室があり、階段によって下りて行くようになっていて、その中の一段高いところが太守の席である。下役達はこれに向きあって坐り、奴隷は左右に侍立している。乗組員は約四〇名で、主に漕ぎ手である。この船の左右に四隻の船が従い、その二隻には太守の権威を示す旗や鐘鼓、ラッパ、笛などがおかれ、他の二隻には唱歌隊が乗りこんでいる。毎日、夜明けからまず音楽が奏されると、次に唱歌隊が歌うというふうにして朝食のときまで続けられる。

食事の時間となると、四隻の船を中央の本船に漕ぎよせ、梯子（はしご）を渡し、楽師達は本船に移り、太守が食事を終るまで歌いつづける。太守の食事が終った後、自分達も食事をして、もとの船にもどり、また前進を続ける。こうして夜となれば、河岸に天幕を張り、食卓を設けて一同で太守に陪食する。

夜が明けると太守は前のごとく船で行くこともあれば、陸路を進むこともあるが、後の場合も楽隊がその供をすることは、水上におけると同様である。

こうして五日間旅を続けてラーハリー市に着いた。インダス河が海に注ぐところに近く、大きな港があり、ヤマン、ファールスその他の地方の人々の寄港地である。したがって、その納金も多く、収入は莫大である。アラール・ムルクの語るところでは、この地の収入は年六〇ラック（一ラックは一〇万ディーナール）で、その二〇分の一が太守の収入である。インドでは地方長官の収入はみなその歩合である。

＊

アラール・ムルクのもとに五日間滞在し、旅費などをたくさんにもらって、バカール市に向かった。そこからウージャ（ウッチュ）を経てムルターンに出た。シンドの首府で、総督の駐在地である。その手前一〇マイルのところに、ホスロー・アーバードという大河があり、渡舟で越すほかはないが、そこで旅客の商品の厳重な検査を行ない、荷物の捜索をする。わたくしが通ったときは、商品の四分の一をとりあげ、馬一頭につき七ディーナールの税をかけるのが慣例であった。しかし二年後、スルターンはこの税法を廃し、ザカート（喜捨、一〇〇につき二つ半の割合）と一〇分の一税（ウシュル）とのほかは賦課しないことにした。

われわれが河を渡ったのは夜間であったが、朝になるとバリード（駅伝）長官、すなわちディフカーンがやってきた。その役目は、担当の町や地方の情報をスルターンにあてて書き、どういうことが起きたとか、どんな人間がきたかなどを知らせるのである。わたくしも取り調べを受け、ともなわれてムルターンの太守のところに行った。

太守はクトブル・ムルクであった。わたくしを見るや、立ち上り、手を執って、自分のそばに坐らせた。わたくしの方からは白人奴隷一人、馬一頭及び乾葡萄と巴旦杏を若干贈った。これらの果実はインドでは貴重で、ホラーサーンから輸入しなければないものである。

その日、太守の面前で軍隊の分列式が行なわれた。そこには多数の弓がおかれてあった。弓手として軍隊に入ろうと思うものは、各種の弓をひかせられ、剛弓のものほど高い給料をもらう。騎兵になりたいものは、的を置き、馬を走らせながら、それを槍で突く。またさして高くない塀から環をつるし、馬を走らせ、槍でその環を突いて取ったりする。これができれば優秀な騎士として扱われる。騎士にして弓手を兼ねたいものは、地上におかれた毬を馬を走らせながら射るのであるが、その巧拙により給与の差がつく。

太守指定の宿に滞在して二カ月すると、都からスルターンの侍従、クトワール（警察長官）などが派遣されてきた。そのころムルターンには都に行く途中の諸国の名士達が何人かいたが、その中にティルミドの法官フダーワンド・ザーダとその一族もいた。スルターンの使者はこの人々を迎えに来たのである。そしてわたくしの所にもきて、何の目的できたかと訊ねた。「世界の主たるスルターンに仕えようと思って来た」旨を答えた。すべてホラーサーン方面から来た人々は、国王の命により、長くインドに住む目的のものでなければ入国を許さぬことになっている。それでわたくしもその目的であるというと、法官と公証人を呼び、わたくしと同行の人々との名前をもって誓約書を書かせ、長期滞在を誓わしたが、わが同行者中にはこれを断ったものもいた。

ムルターンから都までは四〇日行程で、その間すべて人煙の濃かなところである。この間ティルミドの法官一行のため宿舎の準備が充分にととのっていた。ムルターンから二〇名の料理番をともなって行き、侍従が前夜のうちに各駅に触れ歩いて接待の準備をととのえさせる。ゆえに法官の一行が到着する時は、食事ができているのである。わたくしも一回だけ相伴したことがあるが、まずパンに似た菓子が出、次が炙肉の大切れである。これは一頭の羊を四つから六つ割りにしたものであった。次がバター入りの丸パンの真中にサーブーニーヤという砂糖菓子を入れ、さらに外側にヒシュティーという甘いころもをかけたものである。次に陶器の鉢に、バター、玉葱、生姜などで料理した肉を盛ったもの、その次がサムーサクというこまぎれ肉を巴旦杏、胡桃、落花生、玉葱、香料類とともに煮、ころもにつつんでバターで揚げたもので、各人に四個か五個をすすめる。次がバターで煮た米の上に雞肉をのせたもの。その次がハーシミーという菓子、最後がカーヒリーヤという甘味品であった。

食事の始まる前に、侍従が食卓のそばに立っていて、スルターンのいる方向を遙拝し、一同はこれにならう。インド人の敬礼の法は頭を前方に屈するのである。これがすんでから座につくと、金、銀、ガラスなどのコップに入れたシュルバ（シャーベット）すなわち氷砂糖を水にとかしたものが運ばれる。これは食事の前に飲むものである。侍従が「ビスミルラーヒ」（アッラーの御名によりての義、ここではどうぞの意味）と唱えると、一同は食べ始め、終るとビール、次に「きんま」の葉と檳榔（びんろう）の実が出る。そこで侍従がまた「ビスミルラーヒ」ととなえ、一同起立して遙拝するのである。

こうして旅を続けてインドの中心部に入り、その国境にあるアブーハルの町に着いた。このあたり、わが故郷とは草木も全くことなるが、蓮だけは例外である。

＊

アブーハルから一日ほど平原を行くと、けわしい山地があり、偶像教を奉ずるインド人が拠っていて、しばしば掠奪を働く。アブーハルを出発した日は、隊の主力は朝早く出て行ったが、わたくしは仲間のものとともに、おひるごろまで残っていた。行をともにしたのは騎馬の者二二名で、アラブ人もあれば、その他のものもいた。

突然、八〇名ほどの徒歩の異教徒と騎馬のもの二人が、平原の真中で襲いかかってきた。味方は勇気のある強情者ぞろいであったから、猛烈に抵抗し、敵の一騎を斃してその馬を奪い取り、さらに徒立のもの一二人ほどを殺した。わたくしも矢にあたり、乗馬も一箭を蒙った。ただ天祐により、敵の弓勢が弱かったため、大怪我にはならなかった。仲間の一人の馬も傷ついたので、分捕った馬をこれに代え、傷ついた方の馬は殺し、味方のトルコ人が食べてしまった。

　討ち取った敵の首はアブー・バクハルの城まで運んで、そこの城壁につるしものにした。さらに二日行程で、アジューダハンの町に到った。そこでアレクサンドリヤの聖者びっこのブルハーヌッ・ディーンが予言したとおり、その法兄弟ファリードッ・ディーン・アル・バダーウニー長老にめぐり遇ったのである。すでに初めてシンド地方に入り、インダス河を越えたとき、ジャナーニーの町で、行ないすましていたもう一人の法弟ルクヌッ・ディーンにお目にかかり、予言の適中を奇異に感じていたところ、またまたこの地で、この奇遇を得た。ファリードッ・ディーンはインド王の説教師をつとめ、その功績でこの町を贈られたのである。ただこの人には奇癖があって、何人とも握手せず、いかなる人にも近よらぬ。その衣服が、誰かの衣とさわったが最後、洗わずにはおれないのである。わたくしがこの人の僧院に入って「ブルハーヌッ・ディーンさまよりよろしくとのことでございます」というと、大いに驚き「その資格もないものでござるて」といっていた。そして後刻、わたくしがその地を去るとき、普通の砂糖と氷砂糖とをくれた。

　長老のもとから戻ってきたとき、われわれの宿営地から人々が大急ぎで走り出して行くので、いったい何事かと尋ねると、あるインドの異教徒が死んで、これを火葬することになったところ、その妻が夫に殉死するところだというのであった。やがてその死を見とどけて帰ったものの話では、妻は夫の死骸をかき抱いたまま、もろともに焼かれ果てたという。

　その後も、異教徒の婦人達が盛装して馬に乗り、鐘鼓、ラッパなどを先頭に、人々に見送られて行くさまをよくみかけた。スルターンの領土で行なわれるときは、夫に先立たれた妻達を生きながら焼く許可をもとめ、その許しがあって初めて実行することになっている。妻の殉死は奨励はされているが、義務的のものではない。夫のあとを追って死んだ妻の一族はこれを名誉として誇るのに対し、生きながらえた寡婦は粗衣をつけ、恥をしのんで生きて行く。しかし強いて焚死せよと、いわれることはないのである。

後年、わたくしがアムジャリーの町にいたころ、付近の土匪（どひ）が来襲し、これを防ぎ戦った町民のうち七人が死んだが、そのうち三人は妻帯者であった。これら三人の妻は、相談の末、焚死しようということになった。そして三日の間、飲めよ歌えよの歓楽をつくした後、四日目の朝、美しく化粧して、馬に乗った、右手にはココやしの実を、左手には鏡を持ち、バラモン僧や近親知人らにとりまかれていた。鐘鼓、ラッパをならす人々が先頭に立っていた。人々はみな「わたしの父によろしく」とか「兄によろしく」「母に……」「友人の某に……」よろしくなどというが、三人の寡婦はにっこりして「はい」「はい」と答えていた。

わたくしも仲間と馬に乗って、ついて行った。ほぼ三マイルほど進むと、昼もうす暗いほど樹が茂り、水の豊かな所に出た。森の奥に四つの祠（ほこら）があり、それぞれ石の像があった。祠の中間に池があり、その上には日光も射さぬほど樹木が茂っていて、まるで地獄の川のようなすさまじい場所であった。

三人の女は、この池の岸で馬から下り、水中に身を沈め、その衣類や宝石をとり去って、施物（せもつ）とした。すると人々は、厚ぼったい綿布のまだ裁断してないのを持ってきた。三人の女は、これで腰や、頭、肩などを巻いた。この間、池の岸の窪地では火が焚かれ、胡麻の油がそそがれて、ますます燃えさかっている。鐘鼓やラッパの係は起立して待ち構えている。見送りの女達は、三人の寡婦が火を見て怯えぬよう穴の上に蔽いをさしかけている。見ていると、寡婦のひとりは、そこに近づき、はげしく蔽いを引き払って「火なんどこわくないのよ、放っておいて頂戴」と笑いながらいった。そして両手を頭上で合わせ、火にお辞儀するような恰好で、その中に身を投じた。その瞬間、鐘やラッパが鳴りとどろき、男達は手に持った薪を投げこんだ。また犠牲者が動かぬように板で抑えつけるものもあった。叫喚が起こり、耳を聾さんばかりであった。この光景を見たとき、わたくしは危く落馬するところだったが、幸いに仲間のものが、水を持ってきて顔を洗ってくれたりしたので気分を回復して、戻ることができた。

またインドの住民は、よく水に投じて死ぬという方法も用いる。多数の者が、自らすすんでガンジス河に身を投げるのである。ガンジスは天国から流れ出ていると信じていて、その水に溺れて死のうとするときは「この世のつらさ、金のないことなどで死ぬとは思い給うな。クサーイ（クリシュナ）神の御もとに近づきたいためのみぞ」と居合わせた人々にいう。こうして死んだ人々の遺骸は、引き揚げて、焼き、その灰は同じ河に投ずるのである。

＊

さてアジューダハンを出て四日後、サラサティー（サルスーティ、またはスィルサ）に着いた。よい米のとれる所で、都デリーに積み出している。

そこからハーンスィーを経てマスウード・アーバードに至ると、早くもデリーの王宮まで一〇マイルを隔てるのみであった。折から国王は一〇日行程をへだてたカナウジュに行っていたが、母后マハドゥーマ・ジャハーンや、宰相のホージャ・ジャハーンなどが出迎えの役人達をよこした。そして国王には飛脚をもって報告した。三日間滞在している間に、国王の返事が宰相のもとにとどき、都から迎えの人々が大勢やってきた。

さらにそこからパーラムという村まで進んで野営し、翌日、首都デリーに入った。ここの城壁の大がかりさは世界にその比を見ないほどである。インド最大の都会というのみでなく、実に東洋におけるイスラム世界第一のものである。城壁の下部は石、上部は煉瓦積みで、二八の門があけてある。

ここには多くのイスラムの長老達がいるが、とりわけてアラーッ・ディーン・アン・ニーリーが毎週金曜日に行なう説法には多数の者が悔い改め、頭を剃り、なげき悲しみ、はては気絶したりする。ある日、わたくしも聴聞していると、長老の前に控えたコーラン読誦師が、

「人々よ、なんじらの主を畏るべし。まことに裁きの日の地の震えこそおそろしきものならん。なんじらは見ん、その日こそ、はぐくめるものその乳のみ子を捨て、みごもれる女は流産すべし。酔える人々を見ん。いないな酔いしにあらず、恐ろしき神のこらしめが、その知覚を奪いたまいしなり」（第二二章一―二節）ととなえると、アラーッ・ディーンがこれを繰りかえした。すると会堂の一隅にいた一人の托鉢僧が、けたたましい叫び声をあげた。長老はもう一度、右の一節を繰りかえしている。托鉢僧は二度目の叫びをあげたと思うと、地に倒れ、はや息が絶えていた。そのなきがらを囲んで祈り、葬儀に参列した人々の中にわたくしもいたのである。

またサドルッ・ディーン・アル・クフラーニー長老は、ともすれば断食し、夜通し立ち続けていた。またすべての現世の富貴から身を遠ざけ、袖のないマント一つでいる。国王や大官達が訪れても、かくれて会わぬことが多い。かつて国王が、いくつかの村をあたえるから、その収入で貧民や旅人を養ってはどうかといったが、受けなかった。またあるとき一万ディーナールを持参したが、これも受けなかった。何日すれば断食をやめるかと聞かれ「死にせまったとき初めて食物をとる」と答えた。

カマールッ・ディーン・アル・ガーリー（洞窟のカマールッ・ディーン）聖者にはデリー近郊の洞窟に住んでいられる。わたくしは三度ここを訪れた。そのときわたくしの若い奴隷の一人が逃げて、ある

トルコ人のもとにかくまわれていたので、とりかえそうと思ったところ、聖者は、「あの若者はそなたにはそぐわぬ。放っておきなさい」といわれた。六カ月後、その奴隷はかのトルコ人を殺して、捕えられた。この奇蹟を見て、わたくしは聖者と居をともにして修行することにした。そこでわかったことは、聖者が一〇日から二〇日ぐらいまでも、引きつづいて断食し、夜間はほとんど立ちつづけていることであった。わたくしはずっとこの人とともに暮らしていたが、国王の命があったので、再びこの浮世に出てきたのである。

＊

現王ムハンマド・イブン・トゥグルックは何人にもまして人に物を与えることを好むとともに、もっとも他の血を流すことが好きである。王宮の門からは、絶えずこの王によって富をあたえられた貧窮者が出て行くかと思えば、王によって命を断たれた者の屍(しかばね)もはこび出されている。寛大で勇敢、しかも残虐兇暴の君主である。わたくしが、これからこの人について語ることは、尋常の世の中には、とうてい起こり得ぬことであると思う人々もあるかも知れない。しかし、みな親しくこの二つの眼で見たことをそのままに伝えるにすぎない。アッラーのみうなずき給えば、わたくしは満足するのである。

デリーの王宮はダール・サラーと呼ばれ、多くの門がある。第一門には、一隊の番兵、楽隊がひかえている。将軍、大官などがくると奏楽し、その合間に「なにがしの参内」と叫ぶ。第二、第三の門でも同様である。第一門の外の腰掛には首斬役人達が待機している。国王がある人の死を命ずると、謁見の間の入口で殺し、死体は三日間そこにさらしておくのが常法である。

第三門には受付の書記官が腰かけている。ここから内部へは国王の指示がないかぎり何人も入ることを許されない。またここから内に入る場合は、書記官達が「何のなにがし、何時に参内」と書きとめておく。そして国王は夜の祈りの後で、その報告に目を通す。

第三門の中にある謁見の間は「ハザール・ウストゥーン」すなわち千本柱とよばれ、漆を塗った木柱がならび、天井の板にも見事な絵がかいてある。

国王が謁見するのは、普通午後の祈りの後であるが、朝の間に行なうこともある。王座は白布を敷いた台の上に置かれた椅子である。王はその上に信仰の告白をするときにイスラム教徒がするように坐り、宰相（ワジール）はその前方に、秘書官達は宰相の後方に、侍従達はさらにその後に立っている。侍従長はスルターンの叔父の息子フィールーズ・マリクである。

国王が着席すると、一同は大声で「アッラーの御名によりて」と叫ぶ。王の後方には、大将軍が払子（ほっす）をもって立っていて蠅を追い、王の左右にはそれぞれ一〇〇人ずつのスィラハダール（武器持ち）が楯、剣、弓矢などを持って立っている。

ある日の思い出を記せば、そこへ六〇頭の馬がひかれてきたが、手綱や腹帯に、金糸を交えた黒絹を用いたのもあり、同じく金糸まじりの白絹のをつけたのもあった。これらの馬は二群にわけて、国王がよく見ることのできるよう、その右左にならべられた。次に五〇頭の象を絹や黄金で飾りたてて連れてきた。その牙には鉄をかぶせて、罪人を殺すに都合がよいようになっている。象の頸のところには、斧のようなものを持った御者が乗っていて、それで象をしかったり、操ったりしている。象の背には、いずれも大きな箱のようなものが載せてあるが、二〇人前後の戦士がそこに乗れるのである。またその箱の四隅には旗がとりつけてある。象はよく仕込まれていて、国王に向かい、頭をたれて敬礼を行なう。そのとき、侍従達が大声で「アッラーの御名によりて」と唱える。これらの象もまた左右二隊に別れて、人々の後方にひかえる。

また参内の人々がはいってきて敬礼するごとに、侍従達は「アッラーの御名によりて」を唱え、その声には、敬礼する人々の身分、名声に応じて高低の差がつけられる。跪いて敬礼し終ったものは、左か右かの自席にもどってゆく。

国王に何か捧げものをする人々は侍従長から取りついでもらい、従者にその品を捧げさせて、敬礼を行なうと、王からいたわりの言葉がかけられる。もしそれが身分の高い人であれば、王はその手をとったり、抱いたりして、何を持ってきたかと訊ねる。それが武器や衣類であれば、手にとって「見事なものじゃ」と褒め、礼服や、頭を洗う費用だといって金をあたえたりする。

かつて、その大臣ホージャ・ジャハーンが国王に贈物をささげるところを見たが、さまざまの品の中に、磁器の鉢にルビーを満たしたもの、別にエメラルドを盛ったもの、さらに素晴しい真珠で一杯のものなどがあった。

＊

祭礼の日に国王が行列に加わるのも見た。参加する象はすべて、絹、黄金、宝石でかざりたてる。そのうち一六頭は王の専用である。それらにはみな絹で張り、宝石をちりばめ、純金の柄をつけたチェトル（日傘）を立て、その背には、宝石でかざった絹蒲団が敷いてあった。

先導する家来、奴隷達はみな頭に黄金の球帽を戴き、腰にも黄金の帯をしめているが、これにさらに宝石をちりばめたのもあった。約三〇〇人の役人も、王の先導をつとめていたが、頭には黄金の高いとんがり帽、腰には金の帯、手には黄金の柄の鞭を持っていた。またムアッジン（祈りの時をしらす係）も象の背に乗っていて、たえず「アッラーフ・アクバル（アッラーは至大なり）」と叫んでいた。

王宮における食事には、特別宴と一般宴の二種類がある。前者は国王が謁見の間で、参内の人々とともに食事する場合であり、側近の将軍達、侍従長、王の従兄弟達、枢密院長などが陪席する。また、国王が、名誉を授けるため、これぞと思う人物を招く場合もそうである。この場合は、王は親しく皿をとり、パンをその人に渡す。相手はこれを左手に頂き、右手を床について平伏するのである。わたくしは、しばしばこの特別宴に列席したことがあるが、陪席はだいたい二〇人くらいであった。

一般宴の料理は、主だった役人達が「アッラーの御名によりて」と唱えつつ先頭に立ち、宮中の料理室から運ばれる。これら役人の長は、手に黄金の棍棒を持ち、その輔佐役は同じく銀の棒を持っている。この声をきくと、謁見の間の人々は、国王以外はみな起立する。料理が並べられると、役人達は一列にならび、その長官が王の徳を頌え、低く頭をさげると、一同もこれにならう。つぎに輔佐役が同じく王の徳をたたえ、一同敬礼を終って着席する。

料理は菓子に似たパン、炙肉、丸パンの中に甘い餡を入れたもの、米飯、雞肉、挽肉料理などである。食卓につく順序は、はっきり決まっていて、ごたごたすることはない。

着席し終ればシュルバダール（お酌役）が、金・銀・青銅・ガラスなどの瓶に、氷砂糖を水にとかしたものを入れ、それを持って現われる。一同はまずこれを飲む。すると侍従が「アッラーの御名によりて」と叫ぶので、はじめて料理に手をつける。料理の皿は、一人一人に別にして、共同の皿から食べることはない。料理が終ると錫の壺に入れたビールのようなものが運ばれる。これを飲むと、また「アッラーの御名によりて」と侍従達が叫ぶが、そのあと、皿にきんまの葉と檳榔の実を盛ったものが出る。檳榔の実は割ってあり、それを一つまみと、きんまの葉一五枚を赤い絹糸でたばねたものとが各人にくばられる。これを嚙むと、また「アッラーの御名によりて」の声がかかり、一同起立する。接待係の長官が敬礼し、皆も同じようにしてから退席する。こういう宴会は、毎日二回ずつ開かれるが、正午前と午後の祈りの後とである。

伝承学者アルタウィールのアブドル・アジーズはダマスクスで学んだ優れた人物で、のちにインドに来た。ある日、預言者の叔父アッバースに関する伝承を国王の前で講義し、アッバース朝のカリフたちを褒めたところ、同王朝びいきの国王の御感は一方ならず、この学者の足に接吻し、黄金の皿をとり寄せた。その上には金貨が山盛りしてあり、王は手ずからその人の身にふりかけてやった。

また法学者であり詩人でもあるシャムスッ・ディーン・アル・アンドカーニーがペルシャ語の詩をつくって王を頌えたところ、その詩の一節について金一〇〇〇ディーナールずつをあたえた。

またペルシャのシャワンカーラの町に、アドゥドッ・ディーンという高徳のイマーム（主教）がいて、その名声が高いことを聞くと、わざわざ一万ディーナールをとどけさした。王はその人を見たことはなく、主教もまた王に会おうともしなかった。

シーラーズの町に住むマジュドッ・ディーン聖者の話を聞き、わざわざ使者に託して、ペルシャの国まで一万銀ディーナールをとどけさした。

サマルカンドの近くのサーガルジュに住むブルハーヌッ・ディーン主教が、おしげもなく財を散じて人を助けるため、しばしば借財をすると伝え聞いた王は、四万ディーナールの金をとどけさして、インドに招いた。主教はこの金を受けて、借財を払ったが、まもなくハタ一（キタイ、華北）に行くことにし、インド国王のもとを訪れることを断った。その言い草は「自分の前に学者達を立たしたままでおくような王者のもとに誰が行くものか」。

＊

ギヤースッ・ディーン・ムハンマドという人はアッバース朝のカリフ、アル・ムスタンスィル（在位一二二六—四二年）の五代目の後裔であるが、インドの国王がアッバース王家を尊重すると聞き、二名の使者を派遣してきた。王は大いに喜び、二人に五〇〇〇ディーナールをあたえたほか、さらに三万ディーナールをデリーまでの旅費としてギヤースッ・ディーンに贈った。のみならず手ずから書翰をしたため、その来遊をすすめた。

いよいよ、この人が都デリーの郊外までくると、王は親しく出迎え、手ずから鐙（あぶみ）を抑えて馬に乗せ、二人して一つの日傘の下に入り、駒をならべて都に向かった。そのとき王はきんまの葉をギヤースッ・ディーンにすすめたが、これは最大の敬意を表わすものであった。

「神の預言者（マホメット）は、『不毛の地に生命をあたえしものは、その支配者たるべし』と仰せられました。われわれに生をあたえたもうたのは御身であります」とギヤースッ・ディーンがいうと、王は心からの喜びの言葉をかえした。

都にもどると、王はこの人をスィーリーという街の宮殿におき、その調度品はことごとく金や銀でつくらせた。その風呂桶さえも純金で、頭を洗う費用という名目で四〇万ディーナールの金を贈り、多数の小姓、召使い、女奴隷などをはべらし、さらに毎日の費用として三〇〇ディーナールを支給した。またスィーリーの街の全部とその附近の樹園、倉庫など、さらに一〇〇カ所の村落を領地として与えたほか、デリーの東郊地域の支配権を任せた。黄金の鞍をおいた三〇頭の騾馬を贈るとともに、その飼料はすべて国庫の支給ということにした。またギヤースッ・ディーンが王宮に参内するときは国王自身が下乗する場所までは騎馬で差支えないことにした。そして彼が参内すると、国王は王座を下り、彼が座についても、王は起立したままでいた。

そのうちにガズナの王バハラームがデリーを訪れた。この人はギヤースッ・ディーンと旧知の仲だったのでスィーリーの街に案内し、そこに新しい御殿を建ててやることになった。収まらぬのはギヤースッ・ディーンである。さっそく王宮におしかけ、宰相をよびつけて「大王にこう申せ。いままで頂戴したものは、みな手つかずにしてある。それのみか、大分ふやしてある。もう、そなた達と一緒にはいてやらぬぞ」とどなると、帰ってしまった。

大臣からこの由を聞いた国王は、即刻、馬でギヤースッ・ディーンのもとにかけつけて陳謝したので、相手の心もとけたのであるが、国王はなおもいうには、

「それにしてもお心がすむよう、わしの頸を踏みつけていただきたい。」

「いやいや、たとえ命を召されようとも、そのようなことはできませぬ。」

「わしの首にかけて誓おう。どうしてもそうして頂かなければならぬ。」

そして床の上に頸をのばした。大臣のカブーラがギヤースッ・ディーンの足をつかまえて国王のうなじを踏ませた。王はやっと立ち上って「これでお気持が直ったであろう。わしも心が静まり申した」といった。

またある祭典の日に、わたくしは大臣のカブーラが国王の命により三領の礼服をギヤースッ・ディーンのところに持ってきたのを見たが、そのボタンは、普通の絹でつくったものの代りに大粒の榛(はしばみ)の実ほどもある真珠であった。要するに、この人がインド国王から受けた贈物はとても数えることも、際限をおくこともできぬほどであった。

それでいて、この人物(ギヤースッ・ディーン)たるや、神の創りたもうたもののうちで、もっともけちな人間であり、聞くもおかしな話がたんとある。

わたくしはこの人ときわめて懇意で、よく訪問し、デリーを出発にあたっては息子のアハマドまでを彼に託したほどである。今では、あの人も、わたくしの息子もどうなってしまったかわからない……。

ある日、わたくしが、

「どうしておひとりでばかり食事をなさる。お知り合いを招かれてはいかが」というと、かれは、「そんなに大勢のものがきて、わたしの食物をたべるなど、考えただけでも悲しくなる」といい、相変わらずひとりで食べていた。ある夕方、その邸に行くと、もう暗いのに、灯一つつけずに玄関のところに坐っていた。

また、しばしば庭園で、薪にする小枝などを集めているところを見たが、倉庫にはそういうものが一杯たまっていた。それについて忠告をしたところ「入用があるので」と答えた。

またその部下、奴隷、召使などを絶えず庭や屋内で働かせ「ろくに仕事もせずにめしばかり食われてはたまらぬ」というのが常であった。

あるとき、わたくしが債鬼にせめられているのを見て見ぬふりしていた。後になってから、「神に誓って申し上げるが、あなたに代って借財を払って進ぜようと思った。けれど、わたしの心がそれを許さなかった。どうしてもそうせよといってくれなかった」といっていた。

後年、わたくしがインドを去ってバグダードに行ったとき、ギヤースッ・ディーンの先祖のカリフ、アル・ムスタンスィルが創立した大学の門前で、みすぼらしい若者が、ひとりの男を追いかけて出てくるのを見かけた。学生のひとりが、「あの若い人は、今インドにいるムハンマドさんの息子で、カリフ、アル・ムスタンスィルの子孫ですよ」と教えてくれた。それで、わたくしは若者を呼びとめて、「インドから参ったものです。お父上のご近況をお話しできるのですが」というと、「ああ、それならこの間、便りがありました」と答えて、またさっきの男をおいかけて行ってしまった。その男は誰かと学生にきくと「遺贈財団の管理人で、あの若い人はあるモスクの管理役をつとめて、一日に銀貨一枚ずつもらっているのですが、今も、それをねだっているわけなので」とのことであった。わたくしは驚いてしまった。ああ、あの若者の父親がインド国王からもらった礼服の真珠のボタンを一つなりとも送ってやったなら、たちまち金持にしてやれるのに。アッラーよ、わたくしどもを吝嗇（りんしょく）から護らせたまいますように。

＊

インドの某大官の話によると、国王は、これという正当な理由もないのに、その弟を殺した。そして、武器も持たず、徒歩で、裁判所に自首してでた。法官は流された血に対し償いをせよとの判決を下し、王はそのとおりにつぐないの品を納めた。

またあるイスラム教徒が、国王に対し債権があると主張し、裁判所に訴えて出た。法官はその人物の勝訴であると判決したので、王は要求された金を支払った。

国王がある貴公子を理不尽になぐったことがあった。公子は法官のもとに訴え出たところ、王から相当の金をあたえて相手が納得すればよいが、そうでなければ復讐刑を加えることができると判決した。謁見を終ってでてきた王はわたくしの見ている前で、その公子を呼び、杖をわたして、「さあ、打ってよろしい。わしがそなたにしたように」といった。公子は杖を執るや、王を二一回打ちすえたので、王の帽子が飛ぶのが見えた。

王はイスラム教徒としての礼拝についてきわめて厳格で、大礼拝堂で一緒に行なうことを臣下に命じ、これに従わぬものがあると厳罰を加えた。そのため、一日のうちに九名を死刑に処したことがあった。

毎週、月曜と木曜には不当な圧迫を受けた人々の訴えを聞くことになっている。この日、国王は謁見の間の前に出張り、四人の重臣のみをそれぞれ四つの門に控えさせておく。およそ訴えごとのあるものは、誰でも自由に王宮に入らせ、第一門の重臣が、その訴えをとりあげればそれでよいが、そうでなければ、第二門の重臣、第三、第四門の重臣に訴えさせ、それらも受けなければ大法官サドルッ・ジャハーンにあつかわさせ、その人もまた受けなければ、今度は国王自身が訴人に面接する。訴願をことさらに斥けた重臣は、国王から譴責されるし、訴訟全部を夜の礼拝の後に国王が親しく再審することになっている。

全インドが旱魃に襲われ、小麦の相場が暴騰したとき、国王は王室の倉を開き、デリーの全市民に六カ月間の食糧をあたえた。自由民も奴隷も、大人も子供も、一日に北アフリカの目方で一リトル半（約一キログラム）の配給を受けた。

＊

インドのスルターンは、いままで述べてきたように謙遜、公平であり、貧者をあわれみ、底なしの太っ肚を示しながら、人の血を流すことが何より好きである。王宮の門前に殺された人々の横たわっていないことは、まず珍しい。わたくしは、その門前で人を殺し、その屍をさらすさまをいやというほど見せられた。ある日、参内しようとすると、わたくしの馬が怯えた。前方を見ると地上に白い塊があった。「何か、あれは」というと、同行の者が「人間の胴体です。三段に斬ってあります」と答えた。

この王は小さな誤りを大罪かのごとくにして罰し、学識者であれ、正しい者であれ、貴いものであれ、毫も容赦しなかった。毎日、数百名のものが、鎖をつけられ、手や脚を縛りつけられて曳かれてくる。そのあるものは殺され、拷問され、あるものは笞うたれる。金曜日を除き、毎日これが繰りかえされた。

国王の異母弟マスウード・ハーンは、わたくしがこの世で見たもっとも美しい人の一人であった。

王はこの公子が叛乱を企てているとの疑いをかけて訊問したところ、拷問がこわさに、身に覚えがあるといった。知らぬといえば拷問は必至だし、大抵のものが、拷問よりも死を選ぶのである。王は、この弟の首を市場の真中で斬らせ、死体は慣習に従い、その場に三日間さらしておいた。このマスウード公子の母君も、それより二年前に、不貞の行いがあると自白したため、同じ場所で石うちの刑によって殺されたのである。

飢饉の歳、国王は都の郊外に井戸を掘らせ、その付近に穀物を蒔きつけさせた。種子や、蒔きつけの費用は、みな支給するが、収穫物は国庫に入れよというのであった。法学者アフィーフッ・ディーンはこれを聞いて「思うほどの収穫はあるまい」といった。このことを国王に密告するものがあったので、たちまちに獄に投じ「何とて国事に差出口をするか」と叱った。しばらくして釈放したので、法学者は自宅に戻ろうとしたが、その途中、たまたま友人の法学者二名に出遇った。

「釈放とは、お目出たい。」

「『悪しきものの手より救いたまいし神をたたえまつらん』だよ」とコーランの一節（二三章二九節）をとなえて、そのまま別れた。ところが、この人がまだ自宅にかえりつかぬ先に、早くもこれが国王の耳に達したので、その命により三人とも王宮に曳き立てられた。王はアフィーフッ・ディーンを示して、

「こやつを引き出し、負革式（おいかわ）に首を刎（は）ねろ」と命じた。これは袈裟（けさ）がけに首をうち落すことを意味するものであった。それから、

「他の二人の首も刎ねろ。」

おどろいた二人の学者は王に向かい、

「アフィーフッ・ディーンが罰せられるのは当然でございますが、何の罪でわたくしどもを殺しなさ

れますか。」

「きさまら、かやつの言葉を聞いて、反対しなかったぞ。さすれば、同じ心であったろうが。」

それでこの二人も殺されてしまった。

コイル（アリーガル）の町に住むシヤムスッ・ディーンは高徳の長老として知られていた。かつて国王はこの町に入り、長老を招いたけれど、こなかった。王は自らその宅を訪れようとしたが、その近くまで行って思いかえし、長老と会うことなく引きかえした。

後にその州の豪族が叛旗をかかげ、これに加担するものが多かった。シヤムスッ・ディーンも、ある日、自宅に人が集まったとき、その豪族のことを褒め、一国の主たるべき人物だと評したということを王に告げたものがあった。王は某将軍をつかわして長老と、その子息達、コイルの法官、市場の監督官などを召し捕り、脚に鎖をつけてデリーにつれてこさせ、獄に投じた。法官と監督官とは証人として捕えられたのであるが、その両眼をつぶしてから獄に入れさせた。長老は獄中で死に、法官と監督官は毎日、獄卒にともなわれて、街に物乞いに出された。またこの長老の子息達が異教を奉ずるインド人と結び謀叛を企てたという密告もあった。父の長老が死んだとき、これらを獄から出して、

「もうあのようなことをするではないぞ」といいわたすと、子息達は、

「わたくし達がいったい何をしたと仰せられるのですか」と聞きかえした。国王はかっと怒って、

「こやつ等を殺せ」と命じ、直ちにそれが実行された。次に法官を呼び、

「いま処刑された者どもと同じように考え、同じような所行のあるものがあろうが、その名をあげろ」と命じた。法官は大勢の名をあげたところ、その中には、その地方での名士も少なくなかった。じっと聞いていた国王は、

「こやつめ、あの町を滅ぼす所存と見える。首を刎ねてしまえ」と命じた。アッラーよ、この法官を

憫(あわ)れみたまえ！

中央アジヤのフェルガーナのひとトゥーガーンとその弟は、インド国王から厚遇され、たくさんの品をたまい、永年の間そのもとにいたが、故郷が恋しくなって、逃げ帰ろうとした。その知人の一人が、密告したため、国王はその胴を切り離せと命じ、腰斬(ようざん)の刑が実行された。そして兄弟の全財産は、かの密告者に与えられた。インドでは、訴え出たものの方が正しかった場合に、被告の財産をあげてこれに与えるのが慣習なのである。

ムハンマド王が受けた非難のうちでもっとも大きなものの一つは、デリーの全市民にせまってその住居を棄てさせたことであった。

ある日、「世界の主（国王）の頭(こうべ)にかけて、この文書はかれ（国王）のほかは読むべからず」と表に書きつけた封書が王宮の謁見の間に投げこまれてあった。国王が封を破って見ると、自分に対する侮辱罵倒の言葉が連ねてあった。ここにおいてデリーの破壊を決意した王は、すべての民家、旅館などを買い上げ、市民はすべてダウラターバード（デオギール）に移れと命令した。民ははじめは従うふうもなかった。しかし、国王の伝令官達は、三日後にはデリーには誰一人残らぬようせよと触れてあるいた。

大部分の市民は出発したが、なおその家にかくれているものもあったので、王は、くまなく家探(やさが)しせよと命じた。王宮の奴隷達が街で二名の者を見つけたが、一方は半身不随のものであり、他方は盲人であった。国王のもとに曳き立てると、よいよいの男を弩砲(どほう)の弾がわりにしてうち飛ばし、盲人の方は、デリーからダウラターバードまで四〇日行程の途をひきずって行けと命じた。あわれにも、この者は途中で身体がばらばらとなり、ダウラターバードに着いたのは片足だけだった。全市民が、家財、商品を棄てて去ったあとのデリーは廃墟のごとくに人煙が絶えてしまった。

　ある信用できる人物が、わたくしに語ったところでは、一夕、国王は王宮の高楼に立って、デリーを眺めやったところ、火の気も煙も全く絶え果てていた。そこで、

「これで、わしもやっと満足し、気持が落ち着いたぞ」と述懐したそうである。

　後になって国王は諸州の民に布告を出してデリーに移り住めと促した。人々はその故里を空(から)にして集まってきたが、まだまだ都はにぎやかにはならなかった。この地はそれほどに広大で、真に世界最大の都会の一つなのである。

　わたくし達が、この都に入ったのは、そういう事件（西暦一三二七年）のあとのことであった。まだ市民の数もまばらで、街路はさびしかった。

功名は浮雲のごとく

ムハンマド王の治世には各地に叛乱が起こった。その一つとして、デリーから六カ月行程にある東南海岸のマアバル（コロマンデル海岸）の総督が叛いた際、これに加担した将軍連を処刑するところを見た。それには人を殺すように仕込んだ象をつかったのである。

これらの象の牙には鉄がかぶせてあり、その先端は鋤（すき）の刃のように鋭く、そのへりは刀のように切れた。

誰かが曳き出されてくると象はこれを鼻でまいて空中に投げあげ、落ちてくるところを牙で受けとめ、地に投げつけて、前脚をその胸にあてがい、背上の象使いの命令を待ちうける。象使いは国王の指図により、「寸断せよ」というのであれば、象の牙でずたずたに切り裂かせるし「そのままにしておけ」というのならば、象の脚をひかせる。ただし、この場合は、その人の皮を生きながらに剝ぎとるのである。

その晩、わたくしが王宮を出ると、犬の群が、犠牲者達の肉を貪り食っていた。また生き剝ぎにした皮には、藁を詰め、国内各地を引きまわすのである。

遂に国王は親征を決意して南に向かい、わたくしにはデリーに残れと命じた。王がダウラターバードに着いたとき、ラホールの総督フラージューンが叛いた。

そのときデリーの留守を承っていたのは大臣ホージャ・ジャハーン（フワージャ・ジャハーン）で、

在京のペルシャ人や、国王に仕えていた人々をすべて軍隊に徴集し、わたくしの仲間の者をも取り上げてしまった。戦いはとある大河の岸辺で行なわれ、叛軍は大敗して走り、河に溺れるものも多かった。大臣はラホールに入り、多数の市民を生き剝ぎや、その他の方法で殺した。この虐殺を指揮したムハンマドという将軍は「スルターンのサグ（犬）」という異名を持つ、言語に絶する残忍な人物であり、国王は「街の獅子」と呼んでいた。この人はしばしば血に渇いたようになり、強い憎悪に燃えて、敵をおのが歯で嚙み裂いていた。

さて国王はマアバルの叛軍を伐つためティリング（テリンガーナ）に入り、バドラクート（バドルコット）市に着いた。そこから目的地までなお三カ月行程である。そのとき、軍中に悪疫がひろがり、兵の大部分が斃れた。主だった将軍中にも陣歿するものが多く、国王から「叔父」と呼ばれていたダウラット・シャーも死に、アブダルラー・アル・ハラウィー将軍も死んだ。かつて国王の宝庫から、一度に持てるだけの金をやるといわれ、金貨をつめた袋一三を両手にしばりつけて出て行ったのはこの人である。

かかる災難に遭って王は、ダウラターバードに引きかえしたが、その途中で病気にかかった。これが誤って国王死去の報となって伝わったので、叛軍は到るところで蜂起し、全土を挙げて無政府状態となった。インドの王権も、あわやその手から去るかと思われたことである。

シャリーフ（マホメットの後裔）イブラーヒームは「ハリータ・ダール」すなわち宮廷の紙やペンの管理官の役名で知られた人で、そのころのハーンスィーとサラサティーの総督をしていたが、国王死亡の噂を聞くと、たちまち叛意を抱いた。彼は勇敢、寛大で、風采がよかった。わたくしはこの人の妹のフールナサブを妻としたが、まことに信仰心の篤い女で、徹夜して神につかえ、いつも声高く祈りをあげていた。わたくしとの間に女の子が生まれたが、今はその子も、その母もどうなったものか知るを得ない。母親の方は読むことは知っていたが、ものを書くすべは知らなかった。

イブラーヒームは一たびは逆心を抱いたものの、やがて国王の生存が確められたので、思いとどまった。王は二年半の留守の後にデリーの都に戻ったから、イブラーヒームも謁見に赴いたが、その小姓の一人に密告された。王は直ちにこれを殺そうと思ったらしいが、昔の友情を思って忍んでいた。ある日、喉を切って殺したかもしかを献上したものがあった。王は調べてみて「これは殺しかたがまともでない。取り棄てよ」といった。これを見たイブラーヒームは係の役人に「このかもしかはおきてどおりに殺してある。わたしが頂戴しよう」といった。このことを知った王は、もってのほかだと怒り、これをもって彼を捕える口実としようとした。イブラーヒームも国王が自分を亡きものとする心であることを覚(さと)り、拷問の苦痛を恐れて、いわれるとおりに自白し、腰斬の刑に処せられ、屍は三日間、市場にさらされた後、異教徒の手により郊外の溝に棄てられた。これら異教徒は、いつも溝の付近にたむろしていて、死者の親類縁者が、その死体を収めにくるのを阻(はば)むのが常である。しかし、彼らに金子をつかませると、見て見ぬふりをする場合もしばしばある。イブラーヒームの場合もそうであった。

＊

多くの州が飢饉に襲われた。スルターンは軍隊を率いて、デリーから一〇日行程のところにあるガンジス河畔に赴き、がっしりした建物をつくらせ、火災に備えて地下に洞窟を掘らせ、万一の場合はそこに物品を投げ入れて、土で入口を塞ぐようにした。わたくしも、王の宿営地に移ったが、ガンジス河の西、国王のいる側は飢饉に痛まされているのに、河の東方は豊作を楽しんでいた。そちらを支配していたのはアイヌル・ムルクで、その管下の主な都会はアウド、ザファル・アーバード、ラクナウなどである。アイヌル・ムルクは毎日多量の小麦、米、豆などを送ってきた。

国王は象、それから馬と騾馬の大部分を東部に送り、アイヌル・ムルクにその飼養を頼んだ。この将軍には四人の弟があったが、兄弟で相談して、国王の象や馬群をよこどりし、叛乱を起こそうということになった。

インド国王は、大小の諸侯のもとに密偵をおいて、あらゆることを報告させるのが常である。それには奴隷を用いるとともに、女奴隷を下女として入りこませてある。また掃除婦とよばれる女達を、いたるところに入りこませ、これが女奴隷達から情報を集めて歩く。アイヌル・ムルクのところにも、この種の間諜が入りこんでいて、その動静を国王に報告した。国王は、馬も象も、糧食もことごとくアイヌル・ムルクの手中にあるし、自分の軍勢は散らばっているため、万事休したと思った。ひとまずデリーに戻って軍を整えて逆襲しようと考え、大官連と会議を開いた。それは彼がインド人だからで、ペルシャその他の外国出身の将軍達はみな大いにアイヌル・ムルクを怖れていた。インド人だからで、インド土着の人々は、外国人が国王から重用されているのを嫉んでいるためであった。それで外国出身の将軍達は王の計画に反対し「世界の主に申し上げます。都におもどりなされたならば、叛徒はそれを知り、ますます有利の態勢となりましょう。そして乱を好む者どもは、そのもとにはせ集まることと思われます。されば、その勢力のまだ固まらぬうちに即刻これを討たれるが得策かと存じます」との意見を進めた。

王はこれに従い、その夜のうちに、付近に駐屯する軍と司令官達に命を下したので、続々とかけつけてきた。この際、王は巧妙な謀略を用い、一〇〇騎の味方がくるとすれば、夜にまぎれて数千騎を出迎えに出し、これらが皆、新手の援兵かのごとく見せかけて本陣に入ってくるようにさせたのである。

まずキンナウジュ（カナウジュ）の町をとって拠点とするため、その方面に兵を急がせたが、そこまでは三日の行程があった。この間、軍隊には戦闘隊形をとらせ、国王自身は昼夜、天幕の中にも、樹の蔭にも入らなかった。

その一日、わたくしが、女奴隷たちと天幕の中にいると、宦者（かんじゃ）のスンブルが慌しくやってきて、わたくしを外に呼び出し、

「国王には、何人であれ妻妾と一緒にいるものは殺せと御命じになりました」と告げた。しかし諸将のとりなしで、やがてこの命令をあらため、婦女子は一人も残らず、三マイルほどへだてたカンビールという城砦へ移せとの令を下した。

三日目にアイヌル・ムルクがガンジス河をこちらに渡ったという報がはいった。国王は味方の将軍達のうちに、敵に内応するものがありはせぬかと大いにおそれ、宮廷直属の人々にすぐに乗馬をわけてやれと命じた。わたくしも何頭かをもらった。

王は全軍を急がせ、その夕にはカナウジュに達した。叛軍がこの町を先に取りはしないかとそれが心配だったのである。

国王はその夜のうちに親しく指揮して陣形をととのえ、閲兵（えっぺい）を行なった。わたくし達は先鋒隊に加えられた。国王はわたくし達を宮廷直属の臣として扱い「そなたたちは、わしにとって誠に大切なのだ。そばを離れるなよ」といった。

その夜も明けるに近いころ、アイヌル・ムルクは味方の先鋒に襲いかかってきた。一時は大騒ぎであったが、国王は一人も持ち場を離れるなと命じ、わたくし達はとくに剣だけを持って敵と渡りあった。兵達も剣を抜いて敵に殺到し、すさまじい争闘が行なわれた。官軍の合言葉は「デリー」と「ガズナ」で、騎士と遭遇したとき「デリー」と呼びかけ「ガズナ」と答えぬものをば、直ちに討ち取っ

たのである。

叛軍の目的は、もっぱら国王の本陣を突くにあったが、先導が路をあやまり、宰相の陣に斬りこんだ。しかし、宰相の軍勢はペルシャ人、トルコ人、ホラーサーン人などからなっていたから、インド人とは犬猿の間柄で、あくまでも勇戦し、約五万もいた叛軍は暁ごろには潰走しはじめた。

この混乱の間に、アイヌル・ムルクは、裏切りの一将軍のため生捕りとなってしまった。翌朝、わたくしは、国王の前に象や旗などが続々とくるのを見物していると、イラーク出身の某が近よってきて、

「アイヌル・ムルクがつかまった。今、宰相の手もとにいる」と知らせた。けれど、わたくしには信ずることができなかった。その後、間もなく王の近臣のタムールがわたくしの手を握り「お喜び下さい。アイヌル・ムルクを捕えました」といった。

そのうちに国王はガンジス河畔の叛軍の本陣の方に出かけたので、わたくし達も、お供をした。兵達は手あたり次第に掠奪し、敵兵の多くは河中に走り入って溺れ死んだ。

アイヌル・ムルクがガンジス河畔に設けられた国王の陣所につれられてきた。全裸体で牛の背に乗せられ、僅かに陰部だけが布片で蔽われ、その上を紐で結び、そのはしは頸にかけてあった。宰相は、捕虜をテントの入口においてから、御前に進むと、王はすぐにシャーベットをすすめて労をねぎらった。

貴公子達が、アイヌル・ムルクをとりまき、罵り、その顔に唾をはきかけた。

国王はカブーラ大侯をやって「なんとしてかかる所行に及んだぞ」と訊問させたが、アイヌル・ムルクは一言も答えなかった。「馬丁の衣服を着せ、脚に四本の鎖をつけ、両手を頸の所まで縛り上げて、宰相のもとにあずけておけ」と国王は命じた。

アイヌル・ムルクの弟たちは、ガンジスの対岸にのがれ、アウドの町に入って、家族、家財を取りまとめ、兄アイヌル・ムルクの妻にも「子供達を連れて、一緒に逃げてください」といったが、「夫に殉じて、火に身を投ずる異教徒の妻達のようにしてはいけませんか。わたしだとて、夫と生死をともに致しとうございます」といって、あとに残った。後に、このことを聞いた国王は感動した。そして、これが、この婦人の幸わせのもととなった。

叛軍が大潰走をした日の午後、国王はアイヌル・ムルクに従ったものの大部を赦免した。ただ主だったもの六二名は、象に投げあたえて殺し、その有様をアイヌル・ムルクに見せたのち、またこれを獄に投じた。

わたくしは象を一頭あたえられ、それに荷物を積んで、王の一行に従い、サルー（サルジュ）河畔のバハラーイジュという町まで行った。サルーの急流をわたり、インド征服の英雄サーラール・ウード（マスウード・アル・ガージー、西暦一〇六二年没）の墓に詣でることが国王の目的であった。その渡し場で、混乱のあまり、大型船が一つ覆り、約三〇〇人乗っていたうち、ただひとりサーリム（無事息災という意味）という名のアラビヤ人だけが助かったのは、不思議なめぐり合わせであった。わたくしは別の船だったので、無事だったけれども、われわれもみな遭難したという噂がひろまったため、あとで皆から大いに喜びをいわれた。

後に、デリーに帰った国王は、結局、アイヌル・ムルクを赦し、ティリング（テリンガーナ）でそむいたヌスラ・ハーンというものとともに御苑の監督をせよと命じたのである。

＊

さて話は前後するが、わたくしが初めてデリーの宮廷に来たとき、まず王宮の謁見の間に出て拝礼を行なったのち、大臣に導かれてサルフ門、すなわち後宮の門を入って母后にお目にかかった。「世界の母」（マハドゥーマ・ジャハーン）と敬称せられる徳の高い婦人であるが、盲目であった。その子が初めて王位に即いたとき、この人も宝石をちりばめた黄金の椅子に坐って貴婦人達の拝礼を受けた。その際、突如として明を失い、百方手を尽してもその甲斐がなかったのである。国王は、母后をことのほか尊敬し、かつて一緒に旅行したときなど、自分は少し早く着いていて、母后を出迎えに赴き、馬から下りて、母の足に接吻したのである。

わたくし達が初めてこのひとの所へ拝礼に赴いた際には、さまざまの料理をたまわったが、脚のある黄金の盤に盛ってあり、その他、盃、皿、水差しなどもみな黄金製であった。また黄金の飾りのある絹の礼服、絹、麻、木綿などの反物などをおくられた。最後に金の大皿に乾し果物を盛ったものと、もう一つシャーベットをのせたもの、さらにきんまを入れたものとが出た。こういう品々を頂くときは、片手で受け、その皿を肩にのせ、もう一方の手を床上に突くのである。そのときは、宰相がついていて、傍から作法を教えてくれたので、そのとおりにすればよかった。

拝謁がすむとデリー市内の指定の宿所に案内してもらった。そこは「ダルワーザ・バーラム」（バーラム門）の近くであった。

宿所には蒲団、敷物、寝台など一切が備えつけてあった。その晩、二人の男が連れられてきた。一人はハッラースすなわち粉ひき、もう一人はカッサーブすなわち肉屋であって、役人がいうには「このものから、これこれの粉を、またこちらの者より、これこれの肉をお受け取り下さいますよう」とあった。これこれというのは目方であるが、どれほどだったかは忘れてしまった。ただ粉と肉とを同じ目方だけ支給するのがインドの習慣であり、またこれらは母后からの心づけであった。

翌日、ふたたび王宮に出むいて、宰相に会うと一〇〇〇銀ディーナール入りの袋を二つくれて、

「頭を洗う費用に」といわれた。またわたくしには精巧な羊毛織の衣類をくれ、同行者、召使い、奴隷などの名を書きとめ、これを四階級に別けた。そして第一類の者には、各人二〇〇ディーナール、第二類には各一五〇ディーナール、第三類が一〇〇ディーナール、第四類には七五ディーナールを支給してくれた。総人数は約四〇名で、支給金の総額は四〇〇〇ディーナール以上であった。

次にはこれだけの食糧を給すという発表があった。例えば粉一〇〇〇斤、肉一〇〇〇斤、それに砂糖、バター、檳榔の実など若干量、それにきんまの葉一〇〇〇枚などであった。

＊

デリーに着いてひと月半の後、まだ生まれて満一年にならぬ女の子を失ってしまった。そして宰相のはからいでパーラム門外の僧院に埋葬した。そのころ国王は狩猟のため、都から一〇日行程もあるところにいたが、宰相はこのことを書面で報告し、次の日の夕方には早くも国王の返書がとどいた。インドでは死者を埋葬してから、三日目に墓参りするのが慣習である。その日は、墓の周囲には絨緞や絹布を敷き、墓の上にはジャスミン、水仙、薔薇などこの地方では一年中咲き匂っている花をたむける。また実のついたオレンジやシトロンの枝を飾るが、枝つきのものがなければ、糸で結びつける。さらに乾し果物や、ココやしの実をもならべ、一同が集まってコーランを読む。読経が終ればシャーベットをのみ、身体に薔薇水をふんだんにふりかけ、きんまの葉をわけて家路につくのである。

わたくしは幼女を埋葬してから三日目に、こういう場合の慣習通り、早朝に起き出で、一切の準備を整えた。ところが、宰相が、ゆきとどいた配慮をしてくれていたので、墓前には大テントが立てられてあり、わたくしが出向いたときには、侍従や法官その他、デリーの名士達が多数集まっていた。しかも一同はすでに着席していて、わたくしたちを墓のすぐ前に坐らせ、それからコーランの読誦が始まった。終ると、法官が弔辞をのべ、国王をほめ称えた。一同は起立して頭をたれ、ふたたび着席すると、法官はまことに美しい声で、祈りをとなえた。侍従とその部下は薔薇水の樽をとって、一同にふりかけ、次に砂糖水でつくった飲物を満たしたコップをまわしてから、きんまの葉を分配した。そのあとで、礼服一一領をわたくしと、同行の者達とにたまわった。

それから馬で王宮に御礼にまわって帰宅すると、母后の志という料理がとどけられた。わたくしの宿舎も、同行の人々の室も一杯になるほどのおびただしさで、貧者にも施したけれど、パン、菓子、氷砂糖など、まだたくさんあまったので、何日も後まで役に立った。これらは皆、国王の命によったものである。

数日後、母后のところから迎えの轎(かご)(ドゥーラ)がきた。これは婦人の乗り物だが、男も用いることがある。八人の轎夫(きょうふ)が四人ずつ交替にかつぐのである。なくなった子の母親であるわたくしの女奴隷を迎えにきたのだが、わたくしは若いトルコ系の女奴隷をこれとともに宮中にやり、母后への贈物とした。亡児の母の方は、一晩、王宮にとまって戻ってきた。金一〇〇〇ディーナール、宝石入り金腕輪、黄金の護符入れ、金で刺繍した麻の肌着、金糸で飾った絹の寛衣、衣裳箱などを土産にもらってきたので、これらを同伴者や、世話になる商人達にわけ与えた。情報官がいちいち、わたくしのことを国王に報告しているので、自分の名誉を保ち、身を守るがためにそうしたのである。

＊

国王はわたくしに年に五〇〇〇ディーナールの収入のある村を与えるよう命を下した。宰相と役所の人々はそのとおりにはからってくれたので、わたくしはこの領地に出かけて見た。それはバダリーとバサヒーの二村落とバララ村の半分とで、デリーから一六マイルの所にあり、ヒンドブットというサディの中にあった。サディとは一〇〇の村落をもって組織した行政区画である。首都を中心にこういうサディが一〇〇あって、それぞれに異教徒の長（チョードリー）がいる。

そのころ、デリーに、異教徒の捕虜の一隊が到着し、宰相はそのうち一〇人をわたくしにくれた。これらを届けてきた役人に、心づけとして、そのうちの奴隷少女を一人与えたところ、彼は満足の色を示さなかった。またわたくしの同行者達が、そのうちのごく若いのを三名選び取ったが、残ったものはどうなったかわたくしも知らぬ。インドでは捕虜の女など、ほとんど三文の価値もない。うす穢なくて、都会のしきたりを知らぬからである。教養のあるものでも、その相場はきわめて廉いから、誰もこういう捕虜まで買う必要がないのである。この国では異教徒は、征服者たるイスラム教徒の地域と隣接したところに住んでいる。しかし中には、山地や、険阻の地に立てこもり、巨大な葦の茂みの中にかくれている連中がある。この葦は太くて、密生し、火に焼けず、あくまでも強靭である。ゆえに異教徒達にとっては、城塞のようなもので、その中に家畜や穀物を入れ、雨水をためている。戦争になれた軍隊をもって包囲し、特殊の器械で、葦を刈りとらねばとても彼らを征服することはできない。

ラマダーン明けの祭も済んで、シャッワールの月の四日にいよいよ国王が都に帰ってきた。わたくし達は大臣の命を受けて、出迎えに行った。皆、思い思いに国王への献上物を持っていた。たとえば馬、駱駝、ホラーサーンの果物、エジプトの剣、トルコ族の国から手に入れた白人奴隷や羊などである。デリーから七マイルのティルバット城の門に集合し、その身分の順に国王の面前に案内され、金飾まばゆい礼服をたまわった。いよいよわたくしの番となった。

はいって見ると、国王は椅子に坐っていたが最初は侍従の一人かと思った。案内の侍従にならって、わたくしも頭を下げると、国王の甥のハージブ侯が出迎え、側近の一人が、「ビスミルラーヒ（神の御名により）、マウラーナー、バドルッ・ディーン！」と呼びかけた。マウラーナーとはインド人が、学識のある者を呼ぶに用いる言葉で、インドではわたくしは、そう呼ばれていたのである。

わたくしが近づくと、国王はこの手を執って、固く握り、そのまま放さずに、この上ない愛想のよさで話しかけた。ペルシャ語で、

「祝福が下られた。さてもさてもそなたのご入来とはめでたい。ご機嫌よくいらせられい。何かと情をかけて差し上げよう。山ほども財宝を進ぜようぞ。お国の人々が伝え聞いて、そなたのもとに来るほどにな」といい、次にどこからきたかと訊ねた。「マグリブから参りました」「ではアブドル・ムーミン王の御国か」「さようでございます」

何か手厚い言葉をたまわるごとに、わたくしは国王の手に接吻し、それが七度に及んだ。やがて礼服をたまわって、退出した。皆の謁見が済んでから、皆広間にあつまって宴が開かれたのである。

次の日、一同に王宮の廏の馬を美々しく装ったものが一頭ずつ渡され、国王初め騎馬で都入りをした。わたくし達は、その前駆をつとめた。王の前方には象隊をおき、それらの背上には旗幟や金飾の日傘などが立ててあった。ある象の背には弩砲を置き、国王が都城に近づいたとき金貨、銀貨を打ち出し、出迎えの群衆に拾わせた。これは王が宮殿に入る時まで続き、数千のものが、徒歩で先頭に立った。

＊

その次の日、わたくしは、王宮に赴き、第三の門のところで待つことしばし、やがて謁見の間に入ることを許されたが、そのとき同伴者を八名まで許すといわれた。大法官や秘書官達が金袋と秤を持って御門のところで控えていて、各人にそれ相応の金子を渡していた。わたくしが受けた額は五〇〇

〇ディーナールであったが、これは母后がその子の帰還を祝って施したもので、総額は一〇万ディーナールに及んだそうである。

あとで、当日の参内者のために、国王の面前で宴会が催された。その際、国王は最上の機嫌であった。ある日、王はわれわれに、「卿等がこの国に来られたのを光栄に思うている。充分に労をねぎらってあげよう。卿等のうちの老齢者を、わが父と思い、壮年者をわが兄と思い、若い人々をばわが子と思うであろう。この国にとって、この都ほど貴いものはないが、これを卿等にあたえよう」といわれたので、われわれも感謝し、忠誠を誓った。やがて、一同に年金を割りあて、わたくしには毎年一万二〇〇〇ディーナールと発表があり、国王留守の間にたまわった領地のほか、さらに、ジャウザとマリク・プールの二カ村を加えてくれた。

ある日、国王のもとから使者がきていうには「世界の御主（おんあるじ）よりの御諚（ごじょう）を伝達する。……卿等のうち、大臣、秘書官、将軍、法官、教授、僧院長などの役につき得るものがあらば、その任にとりたてて進ぜる。」

みなこの国で一財産つくって故郷に帰るつもりで来たのであるから、しばらくは口を噤（つぐ）んで黙っていた。やがてペルシャの名門の出であるアミール・バハトが、

「大臣の職は、わたくし祖先以来の世職、秘書官はわたくしの専門、他のことは何も心得ません」といった。もう一人ヒバッタルラーという人も同様な口上であった。勅使はわたくしに向かい、アラビヤ語で「サイイド（閣下。マホメットの子孫をもかく呼ぶ）には何とお答えがありますか」と訊ねた。インドの人々は、アラブ人に対しては例外なく「サイイド」と呼びかける。国王でさえもそうであるが、それほどにアラブ人を尊重しているのである。

「大臣や秘書官の職はわたくしには無縁のものでございますなれど、法官や僧院長の職は、祖先以来

ついで参りましたもので、わたくしの本望といたすところでございます。最後に、武将の任について申せば、ご存じのごとく、われらアラブ族は剣をとってイスラムの教を弘めてまいりました。このことにてご推察下さりますよう」と答えておいた。やがて国王のお召しがあった。真先に呼び入れられたのはフダーワンド・ザーダ・ジャーッ・ディーンで「アミール・ダード」（法廷長官）という重職に任じられた。これは法廷に出勤し、将官や大官達を訴え出る人々を引見する役目で、年俸五万ディーナール、胸と背に獅子をえがいた礼服をもらった。

　第二に呼びこまれたのはかのアミール・バハトで、大臣とともに同じ座蒲団に坐って、役所の会計を審査する役目をもらった。年俸四万ディーナールで「シャラフル・ムルク」（国のほまれ）という敬称をうけることになった。

　第三番はヒバッタルラーで「ラスール・ダール」すなわち外国使臣の接待官を命じられた。年俸二万四〇〇〇ディーナールのうえに「バハー・アル・ムルク」（国のかがやき）という敬称をもらった。

　次がわたくしの番であった。はいって見ると、国王は高殿(たかどの)にいて、玉座にもたれ、宰相ホージャ・ジャハーンとカブーラ大侯が侍立していた。大侯がいうには、

「よくお礼を申上げるがよかろうぞ。世界の御主にはそなたを王都デリーの法官に御任命遊ばされました。年俸を一万二〇〇〇ディーナールとされ、それだけの領地をあてがわれる。さしあたり一万二〇〇〇ディーナールを賜わるによって、明日、国庫より受取られてよかろう。なお、装具つき御馬一頭に、マハーリービーの衣類一領を下される。」

　マハーリービーとは胸と背に、礼拝堂の聖龕(せいがん)（ミフラーブ）の形をえがいた礼服のことである。わたくしが深く敬礼すると、カブーラは、わたくしの手を執って国王のところに連れて行った。

「デリーの法官職を軽しと思われるな。なかなかもってもっともの重任であるぞ」と国王はいった。

わたくしにも、よくそのいうところはわかったが、ペルシャ語で何と答えてよいか知らなかった。国王はまたアラビヤ語がわかることはわかるが、なだらかに話すことができないのだった。

「陛下、わたくしはマーリク派の学説を奉じておりますが、デリーの民はハニーファ派でございます。それにわたくしにはその言葉がわかりませぬ」というと、国王は、

「あいや、すでにおんみのためにバハーッ・ディーン・アル・ムルターニーとカマールッ・ディーン・アル・ビジャナウリーを輔佐に選んである。彼らはおんみの意見に従って処理するであろうし、おんみが文書類の署名者じゃ。またわがもとでは子息の位置を占めると思われよ。」

「いえいえ、下僕、奴隷の身分で結構でございます。」

すると国王はアラビヤ語で、

「いなとよ、いなとよ、おんみはわれらの主人われらの首長でもあることぞ」といわれた。

退出したときは、すでに夜更けで、デリーの城門は閉されていたので、ある知人の家に泊めてもらった。

＊

かねて旅行中の費用や、インド国王への贈物代、デリーでの滞在費などを商人達から借りていたが、彼らは帰国を思いたち、わたくしに返済をせまった。そこでわたくしは、国王にあてた長詩をつくった。その冒頭は、

ながためにわれらは来れり
おお、信ずるものの支配者よ

あまたたび砂漠を越えぬ
巡礼のごと光もとめて
ながが家に身をよせばやと……

……………………

というふうのものであったが、これを国王に献じた。王は椅子にすわり、紙を膝において、その一端を手にとり、もう一方の端はわたくしが持っていた。わたくしはこれを朗読し、一句を読むごとに、傍の大法官カマールッ・ディーンに「世界の御主（おんあるじ）にご説明下さるよう」といった。国王は面白がって聞いていた。インドの人々はアラビヤ語の詩が好きなのである。

債鬼は責めてやまざれば
彼の負債を払いたまえや

という一節までくると、国王は「気の毒に！」というような言葉を発し、「そなたの心は察するぞ」といった。そのとき侍従がわたくしの手を引いてつれて行こうとしたが、王は「終りまで読ませよ」ととめた。わたくしは読み終って深く頭をたれた。

その後、重ねて歎願書を出すと「宰相のもとに行くよう」との御言葉であった。宰相ホージャ・ジャハーンは「よかろう」といってくれたが、それきりで、金は下りず、そのうちに国王は大臣をダウラターバードに派遣し、自身も狩猟に出かけてしまった。一体どうして、そんなことになったか、それにはいきさつがあるのである。

これより前に、わたくしの債権者達がデリーを出発しようとして、金を催促したとき、「わたくしが王宮に参内するときを狙って、襲いなさい。この国のしきたりのように」と教えた。インドでは、国王の庇護を受けている者に金を貸している人々は、どうしてもらおうと思ったら、王宮の門前で待ち受け、相手が参内しようとするところを遮って「スルターンの敵（かたき）！　金を返すまでは、この門は入らせぬぞ」とせまるのが常例である。

ある日、国王はその父君の墓参に行かれることになった。「この好機をのがすな」とわたくしは商人達に教えた。さて、わたくしが、国王が墓参のあとで休んでいられたある城に入ろうとすると、商人達が門前で待ちかまえていて「スルターンの敵！　あの金を返すまでは、この御門は通らせぬぞ」と叫んだ。御門に控えていた役人が、早速これを報告したので、審理官がでてきて取調べ、負債高は五万五〇〇〇ディーナールとわかった。

国王はこれを聞き、侍従をもって商人達に、「世界の御主（おんあるじ）はかよう申しておられます。その金はわがもとにある。公平に裁いてつかわすから、今日のほどは引き取ってよろしかろう。」

やがて国王は王宮内千本柱の間（ま）で、この事件の取調べを行なうようイマードッ・ディーン・アッ・スィムナーニーとフダーワンド・ザーダ・ギヤースッ・ディーンとに命じた。その結果、商人等の申し立てのとおりであることがわかると、国王は笑われて、からかい半分に、

「債務者は法官の職にある者じゃ。自分で裁かしたらよかろう」といった。しかし、結局、フダーワンド・ザーダに命じ、国庫から払ってやれと命じられた。しかるに、この人は前もってのお礼を出せとわたくしに要求し、必要の書類を書いてくれない。二〇〇タンガを渡したが、不満足で、つきかえした。その従者のいうところでは五〇〇タンガ欲しいとのことであった。それはわたくしも断った。このことが、大臣を経て国王の耳に達したので、フダーワンド・ザーダのかねての色々のよからぬ噂

もわかり、国王の機嫌をそこね、謹慎の命を受けるに至った。「そして取り調べが終るまでは一切の支払いを停止せよ」といわれたので、わたくしの負債支払いも無期延期となったのである。

国王には狩猟に出発され、わたくしも即刻にこれに従った。こういう場合に国王は赤色のテントを用い、臣下のものは白色の地に青の刺繍をしたのを使用する。狩猟のお供をするには、担夫、馬丁、炊事夫、下僕、松明持ちなどを雇わねばならぬが、かねて準備を整えていたので、他の人々は二日も三日も遅れたのに、わたくしは国王と同じ日にデリーを出て、意気揚々としていた。

最初の日、午後の祈りの後に国王は象に乗られた。それは宮臣のうち、誰々がすでにきていて、誰はまだこぬということを見るためであった。その前わたくしが、国王の御座所に行ったときには、天幕の外で、椅子に倚(よ)っていられたので、敬礼し、右方に退いて立っていた。すると国王はサル・ジャーマダール(蠅追い役)のカブーラ大侯をよこして、わたくしに座を命じられた。これは特別の恩恵のしるしである。このとき、座を許されたのはわたくしだけであった。それから国王は梯子をかけさせて象に乗り、側近の人々と見廻りに出かけられた。

国王が騎馬などで進まれるときは、侍従達が馬で先導し、鼓手、木笛手などがこれに続き、国王の左右にはそれぞれ一五人ほどがつき従う。これらは大法官、大臣、大将軍、その他の名士や外国の賓客などで、わたくしも右側につく一人であった。

どこにキャンプするかは国王の御意次第、その場その場で決まるのである。国王の天幕が建てられるまでは、何びとも自分のを張ることはできない。

ある日、国王はサラーチャ(小型テント)の中にいて「そとに誰がいるか」と声をかけた。ナースィルッ・ディーン・ムタッハルという近臣が、

「マグリブ(西国)のそれがしがおります。何か困りきった様子で……」と答えた。

「何を困っていると申すのか。」

「借財のためなので、債鬼に責められているよしでございます。世界の御主（おんあるじ）にはこの者のために払ってやれと大臣にお命じになられましたところ、大臣はそのままにして出張致しました。わが主（しゅ）には、貸し主どもに待てとお命じ下さるか、それへの支払をお命じ下さらば有難く存じあげます。」

国王から「叔父御」と敬称されているダウラット・シャー大侯もそこに居合わせて、

「世界の御主よ、かの者は、くる日もくる日もアラビヤ語でしゃべりたてて、何のことか一向にわかりませぬ。いかにナースィルッ・ディーンどの、そなたには何かおわかりかな。」

これは、もう一度事情を話させようとの親心からのとりなしであった。

「あの者は借財のことばかり申しておるのでございます」とナースィルッ・ディーンがいうと国王は、

「ウーマール（叔父御）よ、デリーに戻ったら、そなた国庫に行かれ、あのものに金をあたえて下されよ」といわれた。その場にフダーワンド・ザーダもいて「世界の御主よ、あの者は金をよくつかう男でございます」ととりなしてくれた。国王はわたくしを天幕の中に召し、食事をともにせよといった。こちらは無我夢中であった。退出するときナースィルッ・ディーンが「ダウラット・シャー大侯にお礼を申すよう」といった。そのダウラット・シャーは「いや、フダーワンド・ザーダにお礼をいいなされ」といった。

やがて、国王が都に帰ってから、わたくしの借財のことも無事に片づいた。

*

前にもいったごとく国王はマアバルの叛軍と戦うために都を離れた。わたくしは借財もなくなり、気も軽く旅に出ようと思い、従者達に九カ月分の手当を先払いしたのであるが、国王の命で都に留まらねばならなくなり、誓約書を入れさせられた。国王はかつて前王朝の国王クトブッ・ディーン・ムバーラク・シャー（在位一三一六―二〇年）の従者であって、この人の墓を尊崇すること一とおりでなく、そこに詣でた際、故人のスリッパに接吻したり、頭に戴いたりするのを、わたくしも目撃した。そして、わたくしをその墓所の監督官に任じた。

いよいよ出発のとき、国王はわれわれ留守のものどもを召して、別れをつげた。そのときエジプトの法官の子息は「わたくしは世界の御主にお別れを申上げませぬ。お別れはいやでございます」といった。この言葉が彼に幸運をもたらし、国王は「よし、旅立ちの用意をせよ」といった。

次にわたくしの番であったが、国王と一緒に行っても仕合せとは思われなかったので、むしろ後に残る方がよいと考えていた。

「何か望みがあるか」といわれたので、懐中から覚書をとり出した。それには六カ条の請願が書いてあった。アラビヤ語で話せというので、

「世界の御主は、わたくしを法官にとりたてて下さいました。けれども実際はまだその任に就いておりませぬ。空しい肩書だけではいやでございます。」

「二名の輔佐とともに、その任についてよかろう。次は何ぞ。」

「クトブッ・ディーン王の御廟所をお預り申しておりますが、いかが致したならばよろしゅうございましょうか。すでに四六〇名の役人を命じましたなれど、かの廟の所属地の収入のみでは、その者どものの給与も払えませせぬ。」

国王は宰相に向かい、

「一〇万マン（マウンド）の穀物（小麦と米）をあたえ、廟所割り当の土地の収穫が入るまでの費用とさせよ」という意味のことをいった。

「次は何ぞ。」

「いつぞやたまわりました村を、売却致しましたところ、役所より、その金を返却するか、さもなくば世界の御主より、その必要なしとの許可状を頂いて持参せよとの請求を受け、そのため、わたくしの同行者どもは投獄されております。」

「いかほどに売却したぞ。」

「五〇〇〇ディーナールでございました。」

「それをそなたに贈りつかわそう。」

「また拝領の家屋の修繕を致さねばなりませぬ。」

国王は大臣に向かい「直してつかわせ」とペルシャ語でいった。

「まだ所望があるか。」

「それで結構でございます。」

「こちらから望むことがある。今後、負債をして、責めらるるようなことのなきよう致せ。いつもそなたのために、われにとりなす者があるとは限らぬ。わが与えたところを心してつかうがよい。アッラーも申された。『なんじの手を頸に縛るなかれ、さりとてことごとくは開くなかれ』（コーラン一七章三一節、吝嗇にすぎるな、さりとて浪費するなの意）『その費え、浪費にならず、吝嗇におちずして、中道を持するもの、（そは大慈悲なるものの真の僕なり）』（コーラン二五ノ六七）『食べよ、飲めよ、されど浪費するなかれ』（コーラン、七ノ二九）と。」

この言葉を聞いたとき、わたくしは国王の足に接吻しようとしたが、王はそれをさえぎり、手でわたくしの頭をつかんだ。わたくしはその手に接吻して、退出した。

自宅の修理にとりかかり、四〇〇〇〇ディーナールを費した。六〇〇〇ディーナールだけは、役所で出してくれたが、残りは自弁であった。また自宅の前に礼拝堂を建てた。

クトブッ・ディーン王の廟のことでも力を尽した。ムハンマド王は高さ一〇〇肱尺（約五〇メートル）の円蓋殿を建て、三〇の村落を買取って、その維持にあてよと命じられた。それからの収入の一〇分の一は、慣例に従って、わたくしの所得になるはずであった。

前にも述べたごとく、この廟には四六〇人の役僧、使用人などがいたが、あてがわれた食糧では不充分なので、わたくしは、毎日、自分の粉、肉、砂糖、バターなどを提供し、一般参詣人にまで振舞った。その噂は遠くまでひろまった。

サビーフ侯が、ダウラターバードにある国王のもとに行ったとき、都の様子を物語り、わたくしのことを「あのような人物がデリーに二人おりましたなら、飢饉で苦しむものはございますまい」といった。王は感動し、礼服をとどけてくれた。

＊

その後、国王が南方から帰り、ガンジス河畔でアイヌル・ムルクと戦ったとき、わたくしも従軍したことは既に述べたところである。そして無事に都に戻ったはよいが、遂に、国王の怒りを招くようなことをしてしまった。その原因はデリー郊外の洞窟に住むシハーブッ・ディーン長老をわたくしが訪れたことであった。わたくしは、単に洞窟を見たかったから行っただけのことであるが、後日、長老が投獄されたので、その子息達を訊問し、長老を訪れた人々の名前をいわしたとき、わたくしの名もその中にあった。国王はその奴隷四人に、謁見の場所において、わたくしの側を離れるなと命じた。こういう待遇を受けた人間で、死を免れ得たものはきわめて稀である。王の奴隷がわたくしを監視しはじめたのは金曜日であった。わたくしはアッラーの霊示により『われらには神あらば足れり。いみじき保護者にぞある』（コーラン三章一六七節。敵の集り来りて恐ろしきときも、信者はいよいよ信念を強めて言うには……とその前にある）というお言葉を繰りかえすことにした。その日、これを三万三〇〇〇回唱え、謁見所で夜を過した。そして五日の間昼は断食し、毎日コーランの全巻を読み、夜は少量の水を飲むだけであった。六日目に食事をとり、さらに四日間断食したが、遂に長老の死後、釈放されることを得た。いと高きアッラーよ、称えられてあれかし！

しばらくして、わたくしは国王に仕えることを断念し、当代無比の聖人カマールッ・ディーン・アブドルラー・アル・ガーリーに師事することになった。この人のことはすでに述べたが、あまたの奇蹟の主である。わたくしは私財を修行僧や貧民にわかち与え、ひたすら、この人に仕えた。師が一〇日から二〇日の間も、引きつづいて断食するので、わたくしもこれにならおうとした。しかし、師はこれを禁じ、神に身を捧げるにも、おのが身は労わらねばならぬと教え「げに、路を急ぎ、他に先んぜんとするものは、遠く行く能わず。しかもその馬を殺さん」という諺を示した。わたくしは、すべての財を棄て、着ている衣類をある托鉢僧に与え、その衣服をもらって身につけた。そうして五カ月の間、聖者とともに暮らしたが、この間、国王はシンド（インダス河流域地方）に行っていて留守であった。

わたくしの隠退のことを知った国王は、スィヴィスターン（スィーワスィターン）の行営から迎えをよこした。修行僧のみなりで行くと、この上なく愛想よく迎えてくれ、再び仕官せぬかといわれた。けれど、わたくしは辞退し、ヒジャーズ（アラビヤ）に旅する許しを頂きたいと願い出た。国王の許しを得て、そのもとを辞し、とある僧院に宿った。それはヒジュラ後七四二年ジュマーダー後の月の終り（西暦一三四一年一二月一〇日）のことであった。

それから数十日間、勤行の生活を続けた。五日も断食し、そのあとで、調味料なしで、少しばかりの米飯をとるだけだった。毎日、コーランを読誦し、神の御意のままに眠った。食物をとれば心が乱れたが、それをつつしめば安静を得た。こうして四〇日をすごしたとき、再び国王のお召しがあった。

＊

国王からはお召しとともに、男女の奴隷、衣服、金子などを下賜された。しかし、今まで着ていた青い木綿の短い服を脱いで、下賜の服に着かえようとしたとき、心からの嫌悪を感じた。そして、もとの綿衣を見るごとに心中に光のごときものを感じた。この青い綿服は大切に保存していたが、後に海上で異教徒のために奪われてしまった。

国王の御前に出ると、今までにない鄭重な待遇で、

「この度、迎えをやったのは、わが使節としてシナの王のもとに行ってもらうためじゃ。おんみが遠行漫遊を好むことはよく知りおるぞ」といった。そして一切の必要品をたまい、またわたくしに随行する人々を指名されたのである。

危難をかさねて

シナの皇帝はインドのスルターンに、男女の奴隷一〇〇人、カムハー（錦紗）五〇〇段、ただしそのうち一〇〇段はザイトゥーン（泉州）の町で製したもの、他の一〇〇段はハンサー（杭州）産のもの、五マン（マウンド）の麝香、真珠をちりばめた衣服五領、錦の箙（矢筒）五つ、剣五振を贈ってよこした。そしてカラージール（ヒマラヤ）山の片ほとりにある偶像殿（仏寺）を再建する許しを求めた。その寺があるのはサムハルという所で、もとからシナの人々が巡礼に来ていたのだが、インドのイスラム教徒軍が、ここを占領し、掠奪のあげく、破壊したのである。

贈物を受けたインド国王は、次のような返書をしたためた。

「ご所望のごとき件は、イスラムの教えの許すところではない。イスラム教徒の地域に寺院を建てることは、人頭税を払う人々にのみ許されることである。もし御身にしてその義務を果たされるならば、寺院の建造を許すであろう。よき導きに従うものには安泰あらん。」

そして相手の贈物に報いるためにそれ以上のものを贈ろうと、純血種の馬一〇〇頭とその装具、男奴隷一〇〇人、歌と舞踊に長けたヒンドゥー教徒の乙女一〇〇名、バイラミーすなわち木綿の衣服一〇〇領、これは一領一〇〇ディーナールもするたぐいなく美しいもの、それにジュッズと呼ぶ四色か五色に染めた絹織物一〇〇段、サラーヒーヤという織物一〇〇段、シーリーン・バーフ織一〇〇段、シャーン・バーフ織一〇〇段、カシュミールの羊毛織五〇〇段、ただしそのうち黒色、白色、赤色、緑色、青色のもの各一〇〇段ずつ、ギリシャの麻布一〇〇段、毛織の衣服一〇〇領、大型テント一張り、小テント六張り、黄金の燭台四基、七宝の銀燭台六基、黄金の盤六つに、同じく金の水差を添えたもの、銀の盤六つ、錦の礼服一〇領、ただし国王の衣裳箱中から選んだもの、頭巾六つ、これも国王用のもので、そのうち一つは真珠をちりばめたもの、錦の箙一〇領、そのうち一つはこれまた真珠をちりばめたもの、剣一〇振、そのうちの一振は鞘に真珠をちりばめたもの、同じく真珠を飾った手袋、最後に一五人の宦官、これらを選んだのである。またわたくしと同行を命ぜられたのは、学識高いザヒールッ・ディーン・アッ・ザンジャーニー将軍と宦官カーフールとであった。カーフールはシュルブダール（宮中のお酌役）の職にある人で、この度は贈物の係りであった。また乗船地まではムハンマド・アル・ハラウィー将軍が一〇〇〇騎を率いて護衛する命を受けた。シナ皇帝の使節一行もわれわれと同行したが、主だったものは一五人で、その長はトゥルスィーという人、その供人は約一〇〇名であった。

かかる大人数の旅行に要する費用は、「わが領土内にあるかぎり、すべて官給にせよ」という国王の命であった。ヒジュラ後七四三年のサファルの月の一七日（西暦一三四二年七月二二日）に門出をした。

＊

ティルバット、バヤーナ（またはビヤーナ）を経てクール（コイル、今のアリーガル）に着いたとき異教徒がそこから七マイルのところにあるジャラーリーの町を囲んだという報を受けた。その地に急行すると、今や交戦中で、町の住民は全滅しようとしていた。敵は、われわれの近づいたことを覚らなかったので、その不意を衝いて激しく攻めた。敵は騎士約一〇〇〇、歩兵三〇〇〇くらいであったが、ほとんどこれを皆殺しにして、その馬や武器を奪った。味方も騎兵二三名、歩兵五五名が殉教し、シナ皇帝への贈物を預った宦官カーフールもその一人であった。

国王にその死を報告し、回答のくるのを待つ間、コイルに滞在した。この間、異教徒は険しい付近の山寨(さんさい)から下りてきて、ジャラーリー付近を掠(かす)め、わたくしの同行者達は、連日、馬に乗り、土地の将軍と協力して賊を撃退したのである。

ある日、大勢の仲間と騎馬ででかけた。暑い時節だったので、とある果樹園に入って昼寝しようとしていた。突然、物音をきき、馬に跨(また)がったが、早くも、その辺の村落を襲いに来た異教徒の一群と遭遇した。それらを追い散らしている間に、味方もちりぢりになり、わたくしの傍にいるのはたった五騎となった。にわかにそのあたりの森の中から騎馬と徒歩の一隊が現われて、攻めかかったので、衆寡敵せずに逃げた。一〇騎ばかりがわたくしを追ってきたが、段々にあきらめて、三騎だけになった。路がないので、恐ろしく石ころだらけのところを逃げて行った。馬の前脚が石と石の間に挟ったので、すぐさま跳び下りて、はずしてやり、また鞍上にもどった。インドでは、みな、二振(ふり)の剣を帯びるのが常である。一つは馬の鞍に吊るものでリカービーと呼び、もう一つは箙(えびら)にかけておく。わたくしの黄金造りのリカービーが鞍から抜けて落ちた。馬から下りて拾い、肩にかけておいて、また馬に跨った。この間にも敵は追いせまってくる。大きな溝があったので、馬から下りてそこへはいって行った。それからは追手の姿を見なかった。

路は森の中に入ったので、わたくしはそこから谷間に下りて行った。どこに抜けられるかわからぬが、やみくもに進んでいると、にわかに四〇人ほどの異教徒が手に手に弓矢をもって、とりまいた。一斉射撃を受けてはたまらぬから、逃げようとしたが、鎖帷子(くさりかたびら)も着ていなかったことを思い、地にひれふして投降した。そうすれば、殺されぬとわかっていたからである。彼らはわたくしを捕え、シャツと上下の服だけを残して、すべて剝ぎとり、森の中の野営地に曳いていったが、そこは樹林に囲まれた沼のほとりであった。豌豆入りのパンをくれたので、それを食べ、水を飲んだ。

彼らのうちに、二名のイスラム教徒がいて、ペルシャ語で語しかけ、わたくしの身分などを訊ねたが、国王の命できたことはかくしておいた。彼らのいうには「この人達か、でなければほかの連中が、きっとお前を殺すに違いない。だが、とにかく大将に会っておけ」といって、首領にひきあわせた。わたくしは、しきりにその男の好意を得ようと努めたところ、結局、三人の男に預けられた。それは老人とその息子と意地悪な黒ん坊とであった。

この三人のいうところを聞いていると、わたくしを殺せという命を受けたことがわかった。その日の夕方、彼らはわたくしをとある洞窟に連れていった。神の思召しで、かの黒ん坊が瘧を発し、わたくしの身体に足をかけたまま苦しんでいる。老人とその息子は眠ってしまった。

夜が明けると、三人は相談し、わたくしに沼の岸に来いという合図をした。いよいよやられるとわかったので、老人を口説き、その好意を得ようと努めた。彼もわたくしを気の毒がっているので、シャツの両袖をちぎって、彼に渡し、わたくしが逃げた場合に、仲間からとがめられぬようにしてやった。

お午ころ、沼の岸辺で話し声がする。三人の番人は、他の仲間が来たと思いこみ、わたくしに一緒に来いと合図した。行って見ると、やってきたのは、昨日とは別の一隊で、三名の番人に一緒に来よといっている。しかし三名は断って、わたくしの前に坐っていたが、見ればその前に麻の縄がおいてある。「さてはこれでくびり殺す気だな」と思った。こうして一時間ほど経つと、昨日、わたくしを捕えた連中が三人やってきて、「何故まだ殺らぬか」といった。老人は黒ん坊を指して、「こやつが病気になりまして」と言い訳している様子である。やって来た三人の中に美しい容貌をした若者がいて、わたくしに、「助けてあげようか」というので「お願い致します」と答えると、「では行きなさい。」

わたくしは上衣を脱いで若者にあたえると彼も着ていた厚織りのマントをぬいで、わたくしにくれ、路を教えてくれた。

＊

この連中の気が変わって、また捕えられてはならぬと付近の竹藪に身をひそめて日の暮れるのを待った。夜になって、若者の教えてくれたとおりに行くと、とある泉のほとりにでた。喉をうるおし、真夜中まで歩き続けると、山の麓に出たので、そこで眠ってしまった。

夜明けとともに歩き出して、一〇時ごろ高い岩山に達した。その上にはアカシヤやスィドル（灌木の一種）が生えていた。スィドルの実をつんで食べたが、その棘に刺されたあとが今も腕に残っている。

山から下りた所は木棉畑で、唐胡麻（とうごま）も生えていた。またバーインが一つあった。バーインとは広い井戸で、石で畳んであり、水際まで階段づたいに下りることのできるもので、石造の小屋や石の腰掛などが周囲に設けてある。諸国の王侯は競って街道ばたにこういう施設をするのである。

わたくしはかのバーインで渇きを癒やしたところ、誰かが芥子菜（からしな）を洗ったと見えて、いくらかが落ちていたから、その一部を食べ、あまりはとっておいた。そして唐胡麻の木の下でぐっすり眠ってしまった。しばらくすると、甲冑をつけた騎士四〇人ほどが、井戸に立ち寄り、畑にはいりこんだものも何人かあったけれど、神の加護で見つからずに済んだ。その連中がやっと去ったと思うと、またまた厳重に武装した連中五〇人ほどが、井戸の近くに立ちどまった。その一人は、わたくしの寝ているところからすぐ近くの木の下まで近づきながら、こちらには気がつかなかった。あぶないので、木棉畑にはいり、日が暮れるまでいた。そのあたりの住民が井戸で、衣類を洗ったり、遊んだりしていたが、夜になると人声が絶えてしまった。

　そこで、わたくしは、かくれ場所から出て、月明りの中を、馬の足跡について進んだ。もう一つの円屋根をかけた井戸にたどりつき、水を飲み、芥子菜の残りを食べ、井戸の近くの小屋にはいると、鳥があつめた枯草がいっぱいあったので、いきなりその上に身を倒して睡った。枯草の下に何かうごめくものがあり、蛇だろうとは思ったけれど、疲れ果てていたので、気にもしなかった。

　夜が明けたので、広々とした道について行くと廃墟となった村落に出た。それから別の道に出て何日も何日もさまよった。ある日、樹木の茂った中に、池のあるところに出た。そこはまるで屋内のようで、池の岸にはすべりひゆに似たものやその他の植物が生えていた。わたくしは、そこに坐りこみ、アッラーが、たれか人家のある所まで連れていってくれるような人をお遣わしになるまで待っていようかと思った。けれど、やや気力も回復してきたので、再び歩き出すと、やっと牛の足跡を見つけ、やがて荷鞍と鎌を背にした牛と出会った。しかし人はついていなかった。ところでその道は異教徒の村々に行くものであることがわかり、他の道にそれたところ、またまた廃墟となった部落があった。そこには全裸体の黒人が二人いたので、恐れをなし、樹の蔭にかくれた。夜になってその部落にしのび込み、一軒の家にはいると、屋内に大甕（かめ）がおいてあった。これは穀物を貯蔵するに用いるもので、下部に人のはいれるくらいの穴がある。もぐり込んで見ると、底に藁が敷いてあったので、あり合わせの石を枕にして眠ってしまった。ところが、この甕の上には鳥がとまっていて、一晩中、翼をばたばたさせていた。恐らく怖がったのであろうが、わたくしとて気味はよくなかった。

　初めて捕えられたのは土曜日で、それからもう七日目になった。異教徒の村にはいって行ったが、賑かで、池もあれば菜園も見受けられた。食物を乞い歩いたけれど、どこでも断られた。村はずれにある井戸のほとりで、わさびの葉を見つけて食べた。それからまた部落にはいって行くと一群の異教徒を見たが、見張りのものが、わたくしに声をかけた。返事をせずに、地べたに坐ってしまった。ひとりが抜き身の剣を持ってやって来て、振上げて、斬ろうとしたけれど、わたくしは疲れはてていて、何する気力もなかった。その男は、斬りもせず、わたくしの身体をさぐったが、何もないものだから、両袖のちぎれたシャツをとりあげた。

八日目となり、渇きに堪えられなくなったけれど、水がなかった。住民の絶えた一部落に入ったけれど、池は見つからぬ。インドの村落には雨水だめがあるのが普通なのだが、それがないのである。やむなく歩きつづけていると、素掘りの井戸があって、植物を編んだものが下げてあるが、釣瓶がついていない。やむなく頭に巻いた布を、縄に結びつけ、それを井戸水につけては啜った。しかし、とても渇きはとまらぬので、靴を脱いで、縄の先に結びつけ、それで水を汲みあげたところ、二度目に結び目が切れ、靴は水中に落ちてしまった。

しかたなく、もう一方の靴を縄に結びつけ、やっと渇きを癒やすことができた。そして片方の靴を途中で二つに切って、上の方の部分を片方の足に結びつけたが、それには井戸の縄やそのあたりに落ちていたぼろ布をつかった。哀れな境遇を思いめぐらしながら、そんなことをしているところへ、突然、ある人物が現われた。見れば色はあくまで黒く、手には水瓶と杖を持ち、肩には袋をかついでいる。

「アッ・サラーム・アライクム」（平安御身の上にあるようという、イスラム教徒の挨拶）というから「御身にこそ平安があって、アッラーのご慈悲と祝福とを受けさせられませ」と答えると、その人物はペルシャ語で「どなたでしょうか」と訊ねた。「迷うたものです」「わたしもそうなのですよ」といい、水瓶を携帯の綱に結んで、水を汲みあげた。わたくしは飲ましてくれといった。するとその人は「しばらく辛抱して下さいよ」といいながら袋を開き、黒いエジプト豆を米と一緒に油揚げにしたものを一つかみ取り出してくれた。わたくしはこれを食べ、そして水を飲んだ。その人は身体を浄め、二ラカーの祈りを捧げたので、わたくしも同じようにした。名前をきくので、「ムハンマドと申します。あなたさまは」「はい、アル・カルブ・ル・ファーリフ（喜びの心というアラビヤ語）と申します」とのことであった。

何か縁起がよいぞと、わたくしの心は喜びに満ちた。

「どうぞ、わたしと一緒においで下さいませんか」「お願い致します」とわたくしはいって、しばらくは一緒に歩いたが、四肢は綿のようにつかれゆるみ、一足も歩けなくなった。それで地べたに坐ってしまった。「どうなされました」「あなたさまにお目にかかるまでは、歩けたのですが、お会いしたら、もう足が進まぬのです」「アッラーよ、称えられてあれかし！　かまいません、わたしの背にお乗り下さい」「とんでもない。あなたさまも、弱っていられる。とてもそれほどのお力はないのに……」「アッラーが力をあたえて下さいます。是非とも、そうして下さらねば困ります。」

わたくしは、やむなく、その人の背に乗った。すると、いうことには、

「『神あれば足れり。そはいみじき保護者にてあれば……』というコーランの一節を幾度でも繰りかえしていて下さいよ。」

わたくしはいわれたとおりにした。そうするといくら気を張っても、眼はおのずと閉じてしまった。やがて地に落ちたと感じたとき、初めてはっと気がついた。やっと目が覚めたのだった。しかし、あの人物の影も形もなかった。そして自分は、いつの間にか賑かな村里にきていた。進み入って見ると、そこはヒンドゥー教を奉ずる農民の村ではあるが、村長はムスリムであることがわかった。知らせを受けて、早速、村長がかけつけた。

「何という村ですか」ときくと、

「タージュ・ブーラです」という。なんと、ここから、わたくしの一行のいるコイルまでは、六マイルの道のりしかない。村長は、わたくしを自宅に案内して、温かい食事をさせてくれた。それから、わたくしが沐浴をすますと村長は、「コイルに来ているエジプト生まれのアラブ人が、わたしに預けた衣類とターバンがあるのですが」「持って来て下さいな。宿営地に帰るまでお貸し願いたいのです。」

持って来たのを見ると、それは実はもとわたくし自身のもので、コイルに着いたとき、あるアラブ人に与えたものであった。わたくしは奇異の感に打たれた。わたくしを背に負ってここまで連れてきてくれたのはいったい誰なのであろう。ふと思い出したのはエジプトで会ったアブー・アブダルラー・アル・ムルシディー聖者のことである。あの方は「そなたは、いつの日かインドに入り、わしの法弟ディルシャードに遇われるであろうが、弟はそなたをある苦難からお救いするにちがいない」といわれた。また、さきの不思議な人は「わたしはアル・カルブ・ル・ファーリフと申します」といったが、このアラビヤ語は、ちょうどペルシャ語のディルシャード（喜びの心）と同じ意味である。さては、あの人がアル・ムルシディー聖者の予言された方だったのだ。そういう聖者とめぐり会いながら、ほんのわずかしか一緒におれなかったのである。

＊

その日、わたくしはクール（コイル）にいる仲間にあてて、無事を知らせた。すぐ迎えの馬や衣類が来、一同も喜んでくれた。また国王からの返書も届いていて、殉教したカーフールの後任にはスンブルというジャームダール（宮中の衣裳がかり）の職にいる宦官が派遣されたこと、このまま旅を続けよという命令などが書いてあった。しかし、一行の人々は、カーフールが死んだり、わたくしがあのような目にあったのを、幸先悪しとして、あとに引きかえしたがっていた。けれど、わたくしの決心は固かった。人々は「国王もあなたをお許しになるに違いない。都に戻ろうではありませんか。すでにお留守の間に国王にあて、旅の中止願いを出しましたので、その返事のくるまで待つことに致しましょう」というのだったが、「待つことはなりませぬ。国王のご返書はどこで受け取っても同じことだ」とわたくしは答えた。そしてコイルを出発し、ブルジュ・ブーラ（ブリジュプール）を経てカナウジュに着いた。立派な町で、物価がやすく、砂糖の産が多い。この地に三日間滞在していると、国王の返書がきたが、それには「もし某（イブン・バットゥータ）の行方のわからぬときは、ダウラターバードの法官ワジーフル・ムルクがその後任として出発せよ」としてあった。

カナウジュから泊りを重ねてマウリーに着き、さらにマルフに至った。優良な小麦の産地で、粒が大きく、鮮かな黄色であり、シナのものを除けば、これに匹敵するものはない。またこの地はマーラワ族の本拠である。体格頑丈で長身、容貌秀麗だが、ことに婦人の美しさは素晴しい。

アラーブール、グワリオル、パルワン、アムワーリー、カジャルラー（カジュラーホ）等を訪れた。カジャルラーの近くに大きな沼があり、その中の島に一群のジョギー（ヨギ）が住んでいる。何か粘るもので頭髪をかため、延びるままにしているので、身の丈よりも長くなっている。禁欲断食などのため皮膚は真黄である。地下に穴をほり、その中にはいって空気の通る穴だけ残して入口を塞がせる。そして数カ月も出てこない事があるそうである。噂によれば、この人々は丸薬を製し、それを一粒服すだけで数日も、いな数カ月も生きることができるという。彼らの中には、一目見ただけで、相手を殺す力があるものもいるとの事で、とくに女の魔法使いに多い。こういう魔女をカフタールと呼び、人の心臓を食うといわれている。だから魔女に睨まれて死んだ者の胸を裂いて見ると心臓がないという噂である。デリーにいたころ、カフタールの一人が、子供を殺したというので、焚殺されたのを見た。すると男女となく、集まって来てその灰を集めていたが、これを身体にかけると、生涯、魔女の害にあわぬということであった。また癩病や象皮病にかかった者でも、これらのジョギーと一緒に暮らすと快癒するといわれている。多くのイスラム教徒が、その秘法を学ぼうとして、これに師事している。

またデリーにいたころ、ある日、国王からお召しがあった。参内して見ると、一室に多くの近臣や二人の魔法師と一緒におられた。「この方は遠国から来られたのだ。何か珍しいわざをして見せよ」と言葉がかかると、魔法師は「はーっ」と答え、その一人が蹲（うずく）まったかと見ると、すっと床から身体を浮かして、われわれの頭の上のところに、そのままの姿勢でとまっていた。わたくしは、全身に冷水を浴びたような恐怖心を感じて、意識を失って倒れた。国王が侍臣に命じ用意の薬をのませてくれたので、やっと意識をとりもどして坐った。ところが、かの魔法使いは、さっきと同じ姿勢で、宙に浮いていた。他の一人が、袋からサンダルを出して、怒ったようなふうで床をたたくと、それがまた空中に上っていって、宙に浮いた人物の頸をハタハタとたたいた。すると、その人は徐々に下降してきて、わたくし達の中に坐ってしまった。国王はわたくしに向かい、「宙に上った方が弟子で、下にいたのが師匠である。もしそなたのことが心配でなくば、唯今のよりもっと不思議な術を見せるよう命じたのだったが……」といわれた。

自宅にもどったものの、胸の動悸はやまず、遂に発病してしまった。しかし、国王から薬をとどけていただき、それを服すると快癒したのであった。

＊

チャンデリーを経てマルワの首府ジハール（ダール）に着いた。肥沃で、とくに小麦の産が多い。

ここからきんまの葉をデリーに送り出している。デリーまで二四日行程で、この間、マイル数を示した円柱がそちこちに立っているから、どのくらいの距離を歩いたか、また目的地まであとどのくらいあるかがすぐわかる。

ウジャインからダウラターバードに出た。国王の師傅（しふ）カトルー（クトルグ）汗の居城で、その支配はここから南方のテリンガーナに及び、三カ月行程の広さに及んでいる。名城デオギールは平野の真中に聳えたつ岩山の上にあって、革の梯子を登って行くようになっているが、夜間は取り外してしまう。この城中にある重罪者を投ずる洞窟には猫よりも大きな鼠が棲んでいて、猫も恐れて逃げてしまう。わたくしも、これを見てきもをつぶした。

ダウラターバードの住民はマルハタ（マハラッタ）族で、美人が多く、とくに鼻と眉に魅力がある。この地の異教徒は商業に長じ、主な商売は真珠のとりひきである。また葡萄と柘榴の産が多く、年に二回収穫される。土地が広く、人口も多いので租税の収入も莫大である。

ダウラターバードの市内には、歌手、歌姫の市場があってタラブ・アーバード（快楽苑）と呼ばれている。多くの店には絨緞を敷いた部屋に、大きな牀（こしかけ）を置き、盛装した歌姫が侍女達にかしずかれて坐ったり寝たりしている。また市場の中央には金色の音楽堂があり、木曜日ごとに、午後の祈りがすむと楽師の長が、部下や奴隷を率いて現われ、歌姫達も群をなして集まってくる。そして日の暮れるまで、歌いつ舞いつするのである。

ナダルバール（ナンドゥルバール）もマハラッタ族の町で、機械細工、医業、占星術などにすぐれている。生きものを虐めたり殺したりすることをいやがり、主に米と野菜、胡麻油で生きている。親族間の結婚は、七親等内のものは行なわない。飲酒は大罪の一つと見なされ、禁を破ったものは二四回笞でたたかれたうえ、三カ月のあいだ土窟に幽閉される。

次にサーガルを経てキンバーヤ（カンベイ）に着いた。大河に似た入海に臨んだ町で、入港の船舶は干潮のときは、泥の上にすわり、満潮になると浮ぶという有様であった。街なみはきわめて優美であるが、市民の大部分が外国の商人で、絶えず綺麗な住宅や、壮麗な殿閣などを建て、互いに競い合っているせいである。

カンベーからカーワーに赴いた。ここも入海にのぞみ、潮の干満がいちじるしい。次にカンダハール（ガンダール）に至った。異教徒の大きな町で、やはり入海にのぞんでいる。この地の王はジャーランスィーという異教徒で、イスラム教徒に服し、毎年デリーに貢物を送っている。われわれ一行をも、王自ら出迎え、自分は王城をあけて、われわれをそこに泊めるというほどの歓待ぶりであった。

わたくしたちは、この地から乗船した。船は六隻の船を持っているイブラーヒームのもので「ジャーカル」という名がついていた。これにシナの皇帝への贈物の一部である七〇頭の馬を積みこんだ。またイブラーヒームの兄弟の持ち船「マヌールト」に残りの馬と、われわれ一行の乗馬を積んだ。またジャーランスィー王がくれた一隻にザヒールッ・ディーンやスンブルおよびその連中の馬匹を乗せた。王は、さらに飲料水、食糧、飼葉（かいば）を心配してくれ、ウカイリーというグラーブ（ガリー船）に似て、もっと幅広の船に自分の子息を乗せて同行させた。この船は櫂（かい）が六〇本ついていて、戦闘の際は漕手が槍や石に当らぬよう布を張るようになっている。わたくしはジャーカル号に乗ったが、この方には五〇名の弓手と、五〇名のアビシニヤ生まれの戦士が乗っていた。アビシニヤ人はこの海での顔役で、一人でも船中におれば、インドの海賊らは憚（はばか）って襲ってこない。

二日の後、陸地から四マイルをへだてたバイラム（ベリム）という無人島に着き、貯水池から水を汲んだ。

その次の日にクーカ（ゴーゴ）の港に投錨した。折から干潮で、四マイルの沖にとまった。そこから小舟で行ったところ、町から一マイルのところで泥に突っこんでしまった。二名の同行者に助けられて泥の中を町に行こうとしたが、途中で上潮（あげしお）になったら大変だと心配してくれるものもあった。わたくしは泳ぎがうまくないのである。けれどまず無事に、町の見物をし、そこの礼拝堂で日没の祈りを済まして船に戻った。クーカの王ドンクールは異教徒で、表面はインド国王に服しているようなふうをしているが、実は逆心を抱いている。

さらに海上三日を経てサンダブール島（ゴア）に着いた。この島には三六の村と二つの町とがある。一方の町は古く、もう一つはイスラム教徒が征服してから建てたものである。われわれはこの島のすぐ傍を通りすぎて、陸地に近いもう一つの小島の近くに錨を下ろした。不思議な苦行者に会ったのは、その島であった。

その小島のブッドハーナ（仏寺）の壁にもたれて一人の苦行者が坐っていた。二つの仏像の間に身を置き、難行のあとがその顔に刻まれていた。言葉をかけたが、返事をしない。何か食物があるかと、まわりを見まわしたがなんにもなかった。わたくし達が、そんなせんさくをしているとき、突然に苦行者は大声を出した。すると、ココやしの実がころりとその前にころがりでたが、それをわたくし達の方へ差出した。びっくりして、金貨や銀貨を渡そうとしたが、受け取らなかった。いろいろの品を渡そうとしたけれど、どれも受取らぬ。駱駝の毛で織ったマントがその前にひろげてあったので、わたくしがひっくりかえして見たりしていると、持って行けというふうにおしつけた。ちょうど、手に貝の念珠を持っていたが、苦行者がそれに手をふれたので、渡してやると、指でまさぐり、嗅ぎ、接吻し、天を指さし、つぎにキブラ（メッカのカーバの方向）をさして見せた。同行者達にはなんの意味か合点できなかったが、わたくしには、この苦行者が、「わしはムスリムだが、島民にかくしているのだ」といっていることがわかった。この人はココやしの実で生きているのであった。別れにあたり、わたくしが、その手に接吻したところ、同行の人々からつまらぬことをすると非難された。この様を見た苦行者は、わたくしの手を執ってにっこりして接吻し、また来てくれと合図した。皆が出て行ったとき、一番あとに残ると、苦行者は、わたくしの袖をひき、金貨一〇枚を握らせた。皆と一緒になった際、「あの人はなんであなたの袖を引いたのか」ときかれた。「この金貨をくれたのだ」と答え、ザヒールッ・ディーンとスンブルに三枚ずつ分けてやった。そして、「あの人はムスリム教徒だ。天を指したのは、アッラーを知っていることを、キブラを指したのは預言者（マホメット）のことを知っているという意味だったが、おわかりでなかったのか。その証拠は念珠を受け取ったことだ」というと、皆は、また苦行者のところへ引きかえしたが、どこへ行ったのか、もはや姿は見えなかった。

間もなく出発し、翌日ヒナウル（ホナヴァル）に着いた。大きな入海にのぞみ、大船もその中に入ることができる。町は海から半マイルほど離れているが、雨季の四カ月間は海が荒れるので魚とりのためのほかは船出するものはない。

ここに着いた日、ヒンドゥー教の苦行者が、こっそりとわたくしを訪ね、金貨六枚を渡し、「バラモンから、あなたへの贈物です」といった。バラモンとは、さきの小島にいた苦行者のことであった。その一枚をお礼に渡そうとしたが受け取らなかった。あとで、二人の同僚に「お望みなら、分けて進ぜよう」といったが、二人とも辞退し、「実はあなたから頂いた六枚の金貨を二倍にして、あの苦行者のいた場所、二つの仏像の間に置いてきたのですよ」と打ちあけた。わたくしはかの人のことを思って驚きにたえず、贈られた金貨を大切にしまって置いた。

＊

ヒナウルの住民はシャーフィイー派のイスラム教徒で、敬虔で勇敢、よく海上で異教徒と戦うことで名高くなった。婦女子は縫のない布を身にまとい、その一端を腰に結び、残るところを胸と頭にかけている。彼女らは美しく貞節で、みな鼻に金の環を通している。いずれもコーランを暗記していることは、その特徴の一つで、少女達の学校だけで一三、少年らのものが二三カ所あるが、こんな例は他に見ないところであった。

ヒナウルの民は、農耕を行なわず、もっぱら海上貿易で生計をたてている。その王ジャマールッ・ディーン・ムハンマドはこの辺の海上一帯に勢力を張り、六〇〇〇の歩騎兵を擁しているから、ムライバール（マラバル）地方の民は、毎年、一定の貢物を納めている。この王は熱烈なムスリムであるが、異教を奉ずるハルヤブという大王に従っている。

このあたりの住民は、国王以下、すべて米を主食として、パンを食べない。わたくしは後に、この王のもとに一一カ月、マルディーヴ群島、セイロン島、マアバル（コロマンデル海岸）等で三カ年を過ごしたが、米ばかりで、ついぞパンを食べることがなかった。やむを得ず湯水で流しこんだものである。

この度は、わずかに三日間、この王のもとに滞在した後、別れをつげ、三日の後、胡椒の産地、ムライバール（マラバル）に至った。この国は海に沿い、サンダブールからカウラムまで二カ月行程の長さがある。この間、街道は樹だちの間を通じ、半マイルごとに木造の家があり、そこの腰掛には旅人が自由に休んでよいようになっている。またこれらの家の傍には井戸と、その守護神の像とがある。街道の治安はきわめてよい。それは胡桃一つ盗んでも死刑になるからである。果物が一つ路に落ちていても、落し主のほかは拾うものはない。ある人の話によると、あるヒンドゥー教徒が胡桃を一個拾った。それを聞いた知事は、地上に先の尖った杭を立てさせ、その先端より少し下に罪状を書いた高札を結びつけ、罪人を杭の先に突き差したので、腹から背に抜けた。こうして曝しものとして、世人の見せしめとしたそうである。

マラバル地方には異教徒の王が一二人いて、その中には五万もの軍隊を持つ有力なのもおれば、僅かに三〇〇〇の兵しかないのもある。しかし互いに相手を尊重して、弱肉強食というような関係はない。国境には木造の関門があって、国王の名が刻んである。何か罪を犯したものが、他の国の関門内に逃げこめば、もう追われることはない。たとえいかなる大国でも、その者の引渡しを強要することはできないのである。

最初に訪れたのはアブーサルール（バルセロール）で、次はファーカナル（バルクル）の町であった。その王バーサダオ（バース・デオ）は三〇隻の軍船を持っているが、これを預るムスリム教徒のルーラーという者は悪人で、海上で掠奪を行ない、商人達を剝ぎとっている。わたくし達がこの港に錨を下ろしたとき、国王はその子を人質に船によこしたので、われわれもその王宮に出かけ、三日間歓待を受けた。これは一つにはインド国王へ恭順の意を示すとともに、われわれ一行と取り引して利を得るためであった。

そこから三日の航海でマンジャルール（マンガロール）に着いた。ドゥンブという この地方で一番大きな入海にのぞんだ大きな港町である。ファールスやヤマンの商人達が盛んにやってくるのもこの地であり、胡椒や生姜の産が多い。

国王ラーム・デオは、この辺では有力な君侯の一人である。約四〇〇〇人ほどのムスリムが郊外に居留地をつくっていて、しばしば市民と戦うが、国王はこれら商人が大切であるから仲裁に立つのが常である。ここでも、王子を人質にとってから上陸し、三日間王宮の客となった。

次にヒーリーに向かい、二日後に到着した。大きな河の口に近く、入海にのぞんだ立派な町である。シナの船舶は、この港とカウラムとカーリクートにしか入港しない。わたくしは、この地の礼拝堂で、マクダシャウ（東アフリカのモガディシュ）生まれのサイードという法学者にあった。容姿麗わしく、性質善良で、いつも斎戒していた。その語るところによるとメッカに一四年、メジナに一四年暮らしたのち、インドとシナを旅してここに来たのだとのことであった。

＊

ヒーリーからジュルファッタンに行った。この間はわずかに九マイルである。その王クワイルは、マラバルでもっとも勢力のある王の一人で、多数の持ち船はウマーン、ファールス、ヤマンなどに通っている。

ダファッタンもその属領の港町で、バナナの産は世界一かと見受けられた。この地のバーイン（井戸）は長さが五〇〇歩、幅三〇〇歩もあり、赤い石で畳み、周囲には円天井をいただく石造小屋が二八カ所もあり、それぞれに石の腰掛が四基ずつあった。

次にブドファッタンに行った。ここも入海にのぞむ大きな港町で、檳榔樹が多く、その実をインド各地及びシナに送り出している。住民の大部分はバラモン階級で、イスラム教徒を憎んでいる。しかし、その郊外、海辺に近く、モスクが建っている。この地にムスリムはいないから、外国のムスリム達の避難所にもなっている。

次にファンダライナー（パンデラニ）に赴いた。大きな港町で、イスラム教徒はそのうちの三区を占め、各区にモスクがある。シナの船舶が冬を越すのはこの港なのである。

そこからカーリクート（カリカット）に赴いた。この地方の大港の一つでシナ、ジャワ、セイロン、マルディーヴ、ヤマン、ファールスの人々がやってくるし、各地の商人が集まっている。その港は世界一流のものである。

国王サーミリー（サムンドリー、海の王の義）は異教を信じ、高齢であるが、一部のギリシャ人のように髯を剃っている。僧院長はカージルーン（ペルシャ）の人シハーブッ・ディーンで、海上の守護にあたるカージルーンのアブー・イスハーク聖者に願をかけるインドやシナの人々は、この人にその供物を預けるのである。有名な船主ミスカールもこの地に住んでいて、莫大な富を持ち、その多数の持ち船はインド、シナ、ヤマン、ファールス（ペルシャ）などとの通商に用いられている。

シャーハ・バンダル（港の王の義、商人組合長）のイブラーヒームはバハライン島の生まれで、町の主な人々とともに出迎えてくれた。鐘鼓、ラッパ、旗幟などを船に乗せて現われたので、この地方に来てから初めて見るほどの華やかな港入りであった。けれどこの歓楽もやがて悲哀に変わったのである。

わたくし達が滞在していたころ、カリカットの港には一三隻のシナの船が来ていた。われわれもそれぞれ宿舎を割り当てられ、かの地に渡る日を待って、三カ月滞在した。シナ海を航行するには、もっぱらシナ船によるのである。

シナの船には三種類あって、最大のものを「ジュンク」、中型を「ザウ」、小型を「カカム」といい、もっぱらザイトゥーン（泉州）やスィーン・カラーンすなわちスィーヌッ・スィーン（広州）などの町々で建造されている。船中には甲板が四つあり、商人のための船室がある。その中には小部屋や調度類があり、鍵がかかるようになっている。船室にこもれば、同船の人々に見られることなく、目的地まで行ってしまうということもありうる。大船は一〇〇〇名の乗組員を持っている。すなわち水夫六〇〇名、戦士四〇〇名で、戦士の中には弓手、楯持ち、石油を投げかける弩手などがある。各大船には「半分（ニスフィー）」「三分一（スルシー）」「四分一（ルブィー）」という三隻の小型船が従う。船乗りは、その子供達をも船中に住まわせ、木箱で、野菜、生姜などを栽培している。船主の代理は王侯にも似たもので、上陸の際は射手、黒人などが、槍、剣、鐘鼓、角笛、ラッパなどを持って先導する。またその宿舎の門の両側には長槍を立てておく。シナの民の中には、多数の船を持っているものがあって、その代理人を諸外国に派遣している。世界中で、シナの人々ほど財宝を多く持っているものはないのである。

さていよいよシナに渡航する日がきたが、カリカットの王は、その港にいた一三隻のジュンク船中の一つをわれわれのために準備してくれた。船長はシリヤのスライマーン・ウッ・サファディーというわたくしの旧知の人であった。それで、

「わたくしには専用の船室をもらいたい。女奴隷達もいることだし、いつもあれらと一緒に旅をすることにしているから。」

「シナの商人達が、往復とも船室を借り切っております。わしの婿の室がありますから、それをご用立てしましょう。けれど、手洗所はついていませんよ。もっとも、それと別の室とを交換することはできるでしょう。」

わたくしは部下に命じて、携帯品を積み込ませ、男女の奴隷達も乗船させた。それは木曜日のことで、わたくし自身は翌日の礼拝をすませてからと思って陸上に残っていた。スンブル侯とザヒールッ・ディーンとは贈物を携えて乗船した。

金曜の朝、わたくしの従者の一人でヒラールという宦官がやってきて「ジュンクの船室が狭すぎて工合が悪いと思いますが」といった。船主にその事を話すと「いたし方がありませぬが、カカム（小型船）の方でよろしければ、お望みどおりの船室がありますよ」「その方でよろしい」と答えて、部下に荷物と女奴隷達を小型船の方に移せと命じたところ、午の礼拝の前にもうひきうつりが終った。

この辺の海は、毎日、午後の礼拝のころから波が荒くなるのが常で、誰もそのころは船を出さない。

大型のジュンク船隊はすでに出港し、残っているのは、贈物を積んだ船と、この冬をファンダライナーで越すことになっている一隻と、さっきのカカム船だけであった。

わたくしは、そのカカム船にも乗れぬから、翌土曜日まで、陸地で過ごしたが、すでに乗り込んだ人達の方でも会いにこれないのである。その夜は毛せん一枚しいて寝るほかなかった。土曜日の朝になって見ると、ジュンクもカカムも沖に押し流されていた。ファンダライナーに行こうとしていた方のジュンクは、暗礁に打ちつけられて大破し、乗組の一部は死に、残りは辛くもまぬがれることができた。この船には、ある商人からひどく愛されていたうら若い女奴隷が乗っていた。「誰でもよい。あの女を助けてくれたものには金貨一〇枚を出すぞ」と商人は叫んでいる。見ると、その乙女は船尾にあった板につかまって海中をただよっていた。フルムズ生まれの水夫が、その声に応じて荒波にとび入り救い上げてきた。けれど約束の金貨は辞退し「アッラーの思召しに従っただけだよ」といっていた。夜になると、贈物を積んだ方のジュンクも暗礁に打ちつけられ、乗組の全員が死亡した。

夜が明けてから、わたくし達は、それらの死体を探し歩いた。ザヒールッ・ディーンは頭蓋骨を割られ、脳漿が四散していたし、スンブル侯の方は大きな釘が一方のこめかみに突きささり、反対側に抜けていた。わたくし達は、そのなきがらに祈禱をささげて、埋葬した。

カリカットの王も姿を現わしたが、腰には臍から膝までとどく大きな白布を巻き、頭には小さなターバンを巻き、裸足であった。年若い奴隷に日傘をさしかけさせ、海ばたに火を焚いてその前に立ち、家来どもは、群衆が海から打上げられたものを盗まぬよう、なぐりつけていた。マラバル地方の風習として、難破船があるごとに、引き揚げた品物は国庫の所有となるのであるが、ここだけは別だ。漂流物は所有主に渡すことになっている。この地が富み栄え、外国商人が多数来るのはこのためである。

カカム船の船頭は、ジュンクの運命を見るや、帆を揚げて、わたくしの全財産と男女の奴隷を載せたまま沖に出てしまった。わたくしは岸辺に残され、自由の身にしてやったもとの奴隷がただひとりつき従っているだけであった。この男も、わたくしのなりゆきを見て、見棄てて去ったので、残ったのはかの不思議な苦行者からもらった一〇枚の金貨と地べたに敷いた毛せん一枚だけであった。居合わせた人々が「あのカカム船はきっとカウラム（クィロン）の港に入るにちがいない」といったので、その町まで行こうと決心した。

＊

カリカットから、そこまでは陸を行き、河を行きして一〇日行程である。一人のムスリムを雇って毛せんを持たせた。河上を行くときは、夕刻、舟を下りて岸辺の村落で泊るのがこの地の慣習である。案内の男はイスラム教徒でありながら、休息の時間には異教徒どもと一緒に酒を飲み、酔っぱらってわたくしにくだを巻く。どうにも腹にすえかねた。

五日目にクンジャー・カリーに着いた。山の上にあるユダヤ教徒の部落である。一〇日目にカウラムに着いた。マラバル地方でのもっとも立派な町の一つで、その商人はスーリーという名で知られ、なかなか富裕である。またイスラム教徒の商人も多数いる。ここはマラバルの町々のうち、もっともシナに近く、かの地の人も多数やってくる。国王ティーラワリーは異教徒だが、イスラム教徒を尊重し、盗賊悪徒はきびしく罰している。ある日王は郊外を馬で遊行していた。果樹園のそばを通りかかると、マンゴーの実が路傍に落ちていた。王は行列に加わっていた自分の女婿が、それを拾うのを見るや、たちどころに、死刑を申し渡した。そして、その胴体を真二つにし、半身を路の右側、他の半分をその左側にさらし、マンゴーをも二つに割って、そのそばに置いたとのことである。

わたくしは、しばらく、このカウラムの僧院に滞在したがカカム船の消息は杳としてわからない。そのうちに、わたくし達と同行し、カリカットでジュンクの一隻に乗りこんだシナ皇帝の使節達がこの町にやってきた。かれらの船も難破したのであるが、シナの商人達から衣服をもらい、いまや故国に帰るところであった。

わたくしはカウラムからデリーなるスルターンのもとに戻り、贈物の運命などを報告しようと思った。しかし、これをもってわたくしをとがめる口実とし、「何故、贈物につき添っていなかったのか」などといわれることを怖れ、ヒナウルの王ジャマールッ・ディーンのもとに行ってカカム船の行方を知るまでそこにいようと思った。カリカットまでひきかえすと、インド国王の船隊がきていた。アラブ人サイイド・アブル・ハサンという将軍がその司令官であった。この人はデリーの王宮ではパルダ・ダール（奥殿の門衛官）の職にあり、国王から大金を預り、フルムズやアル・カティーフ地方でできるだけ多数のアラブ人を徴募してこよとの命を受けていた。それというのも、国王のアラブ人好きから出たことである。

この将軍に面会すると、カリカットで冬をすごし、それからアラブ地方に向かう予定だとのことであった。スルターンのもとに帰ることについて相談したが、将軍は賛成しなかった。将軍と同船でカリカットを出帆したけれども、はや航海によい季節は終ろうとしていた。午前中だけ航行し、午後は錨を下ろして、翌日を待つのであった。途中、四隻の戦船と遭遇し、こわかったが、格別損害は受けなかった。

ヒナウルに着き、その王のもとに身を寄せ、毎日コーランを読んでいた。夜明けの祈りの後から正午すぎまでに全巻を読み終り、沐浴して、再び読みはじめ、日没ころに終り、かく毎日二回ずつ繰りかえして三カ月間続けたのである。

ヒナウルの王ジャマールッ・ディーンは船五二隻を艤装していたが、目的はサンダブールを襲うことであった。かの島の王とその子とのあいだに不和が起こり、王子のほうはジャマールッ・ディーンに書を送って、もし自分の国を攻めてくれるならば、イスラム教に帰依し、王の妹と結婚すると約束した。わたくしも、このジハード（イスラム教徒は異教徒と戦うことをジハードと呼ぶ）に参加すべきだと思い、コーランを開くと、真先に目に触れたのは、「神は（不信者との戦にて神を）助くるものを助けたまわん」（二二章四一節）の一句である。そこへ午後の祈りのため王がはいってきたので、「わたくしも従軍いたしたく存じますが」というと「それでは遠征軍の将にしよう」とのことである。さきのコーランのお告げの話をすると、大いに喜び、今までは自身では行かぬつもりだったのが、親征の決意を固めた。そうして軍船の一隻に乗りこみ、わたくしも同行した。

出発は土曜日で、月躍には早くもサンダブールの入海に入った。かの地の住民は戦備をととのえ、石火矢を据えつけていた。その夜は沖合で過ごし、夜明けとともに鐘鼓、ラッパ、角笛などが鳴りひびき、一斉に船を進めた。敵は石火矢を撃ちかけてきた。王のそばにいた一人が石にうち倒されるのを見た。船中のものは楯と剣を持って水中におどりこんだ。王はウカイリーという型の小舟に移り、わたくしも他の者に遅れじと水中に飛びこんだ。近くに、船尾の方が開いた帆船が二隻あったが、その中には馬が載せられていた。これは、騎士が、これに乗りこみ、武装し、馬に乗って上陸することのできるように造られたものであった。味方の騎士達は、この船で、それぞれ武装をととのえたのである。

アッラーのお許しにて、サンダブールは屈服し、勝利はイスラム教徒軍の上にくだった。われわれは白刃をかざして、市内に突入し、異教徒の多くは、その王の宮殿に逃れ入った。味方はそれに火をかけ、かれらが逃れ出てくるところを捕えた。しかし、ジャマールッ・ディーン王は彼らの命を許し、女や子供を返してやった。その数は約一万で、町の外れに住まわせ、王自身はかの宮殿に入り、近臣らにその付近の家屋をあてがった。王はわたくしにレムキーという名の捕虜の女をくれたのでムバーラカ（祝福されし女）と名づけた。その女の夫が、買い戻したいといってきたけれど、わたくしは承知しなかった。王はまた王宮の宝庫にあったエジプト製の布のゆったりした外衣（わたいれ）を着せかけてくれた。それは異教徒の王の宝蔵の中でみつけたものだった。

それから三カ月あまり、サンダブールで、王とともに暮らしたが、シャアバーンの月（第八月）の中ごろ、旅立の許しを乞うと、また帰ってくるという約束のもとに許してくれた。

海路をヒナウル、ファーカナル、マンジャルール、ヒーリー、ジュルファッタン、ファンダライナー、カリカットなどの曽遊の地を経てシャーリヤートという美しい町に行った。同名の織物の産地であるが、そこに長く滞在した後、カリカットに戻った。カカム船に乗った奴隷たちのうちの二人が、この町に来て、わたくしがいつも心にかけていたあの身重の女奴隷の死んだこと、ジャワの首長が他の女奴隷達を横領してしまったこと、荷物は異国人どもに奪い去られたこと、そしてわたくしの一行はシナへ、ジャワへ、ベンガルへとちりぢりばらばらになったことなどを伝えた。

この知らせを得て、わたくしはヒナウルからサンダブールにかえり、ムハルラム（正月）の末からラビーウ後の月（四月）の二日まで滞在した。この地の異教徒の王は、われわれのため逐われていたが、今や逆寄(さかよ)せに攻めてきた。そして異教徒どもはことごとくそのもとに奔(はし)った。付近の村落に駐屯していたヒナウル王の軍はわれわれを見棄て、異教徒はひしひしと取り囲んできた。形勢危急をつげたとき、わたくしはこの町を脱出してカリカットに戻った。そして、西南方の洋上にあるディーバトル・マハル（マルディーヴ群島）に行こうと決意した。

*

そこまでは船で一〇日であった。この群島は天下の奇観である。島数は約二〇〇〇だが、それがそれぞれ一〇〇に近い小島からなる群に別れ、それぞれ環状をなしている。これらの群島にはみな門のような入口があり、船はそこからでないとはいれない。ここに近づいた船は、土地の水先案内を雇わねば、とても他の島々に行けない。島と島とは接近し、一島を離れると、次の島のやしのこずえが現われてくるほどである。もしこの迷宮のような群島の中で迷うと、どの島にも着岸できず、風に送られて、マアバルかセイロン島の方に流されてしまう。

群島の民はすべてイスラム教徒である。いくつかの地方に別れ、それぞれカルドゥーイー（長官）の支配を受けている。その主なものは、パーリープール、カンナルース、マハル（王のいるところで、これが群島全体の名にもなっている）、タラーディーブ、カラーイドゥ、タイム、タラドゥムマティー、ハラドゥムマティー、バライドゥ、カンダカル、ムルーク、スワイドなどである（瀛涯勝覧(えいがいしょうらん)には溜山国として現われ、沙溜、人不知溜、起泉溜、麻里奇溜、加半年溜、加加溜、安都里溜、官瑞溜が挙げてある。溜とドゥは同じで、インド語ドヴィパすなわち島の義である）。スワイドから黍に似たものがとれるほかは、大体穀物はないので、島民の主食はカルブル・マース（鰹）という魚ややしの実である。この魚の肉は赤くて脂がなく、羊肉に似た臭がする。これを釣ると、四つ切りにし、ざっと煮てから、やしの葉の籠に入

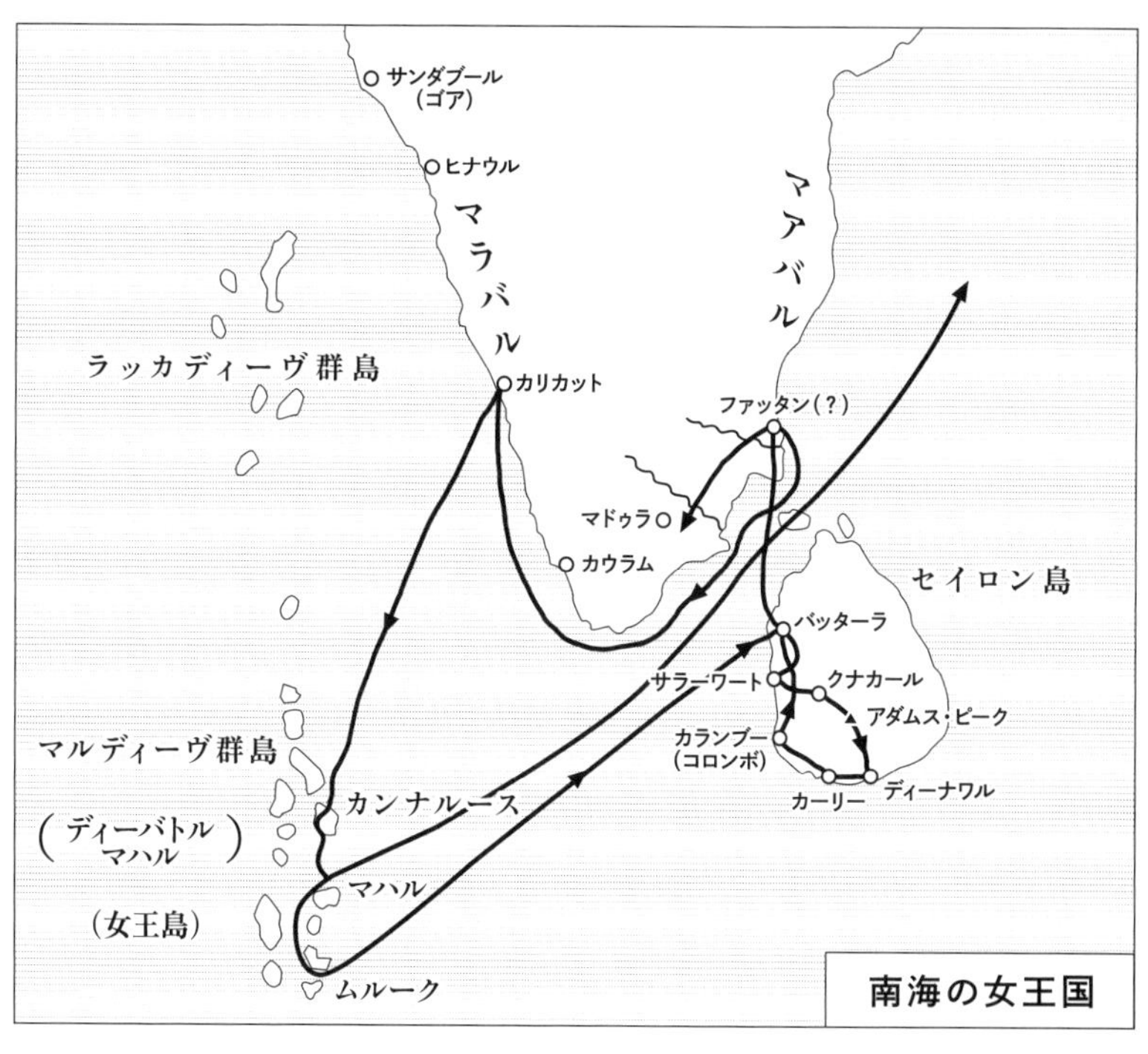

南海の女王国

れて燻製にする。よく乾いてから食べ、またインド、シナ、ヤマン等に輸出する。

　ココやしは素晴しい植物で、その実から乳と蜜と油がとれる。やしと前述の魚とを食べると無比の強い精力を得る。またジャンブ、シトロン、レモン、蓮芋などもあるが、島民は蓮芋の粉で一種の素麺をつくり、やしの乳で煮る。これはもっとも珍味で、わたくしは大好物として、よく賞味したものだった。

　島民は誠実で敬虔、身体はか弱く、争闘や戦争の習慣をもたず、祈りがその武器である。あるとき、わたくしが盗みをした男の右手を切り落せと命じたところ、その場に居合わした者の多数が気絶した。しかし、インドの海賊はこの島の民を掠めると祟りがあると信じて、決して危害を加えない。どの島にも立派なモスクがあるが、たいていは木造である。島民はすこぶる清潔で、毎日、二回入浴するが、これは暑熱のはげしさと発汗の多いためである。また白檀などの香油をふんだんに用い、アフリカのマクダシャウ（モガディシュ）から輸入した麝香を身体に塗っている。

衣服は腰と肩に布を巻き、頭にはターバンを巻くものもあれば、マフラを被るものもある。

途上では法官や主教に会うと肩に巻いた布を外し、背をあらわして敬意をしめす。花婿が新婦の家に行く日には、新婦の家では門から奥の間まで木綿の布を敷き、その左右に宝貝を積んで歓迎する。花嫁が新郎の家に行くときとか、島民が王様を迎えるときなども同じことをする。

貴賤となく裸足で歩いているが、街路は掃き清められ、両側に樹木がならび、あたかも樹園のうちを行くようである。しかし、屋内に入るときは、玄関のところに置かれた壺の水で足を洗わなければならぬ。

島民の慣習の一つとして、よその船が来るとクンドゥと呼ぶ小舟で出迎える。その際、きんまとカランバ（青いやしの実）を携え、船中のこれぞと思う者に差し出す。これを受け取ったものはその島民の家の客となり、商品をその家に預けること、あたかも近親の一人ででもあるかのごとくである。遠来の客がこの地で妻をめとろうと思えば、自由にできるが、出発のときは離別する。この地の婦人は決して異郷には出ないためである。妻を迎えない者には、その宿の主婦が食事の世話をしてくれ、出発のときは餞別の品までくれるが、その労にたいしてはちょっとした贈物でもすれば満足している。島の産物のうちにカンバルや宝貝がある。カンバルとはやしの繊維で、麻よりもすぐれ、シナ、インド、ヤマン等に輸出する。インドやヤマンの船は、その縄で船板を縫い合わせて造る。これはインドの海の底には岩が多く、鉄釘でうちつけた船では、これに当たったとき壊れるが、やし索で縫ったものは弾力があって割れないからである。

島民の通貨はワダア（宝貝）である。海中からとり、海岸に掘った穴に埋めておくと、肉が腐って、白い貝だけになる。一〇〇箇をシャー、七〇〇箇をファール、一万二〇〇〇箇をクッタ、一〇万箇をブストゥーという。四ブストゥーが金貨一ディーナールであるが、一〇ブストゥーぐらいまで下落することがある。島民はこの貝をベンガルの民に売って米に代え、またヤマン人にも売る。ベンガルでは通貨に用いるが、ヤマンでは砂礫の代用にして船の重しに使うのである。黒人の故郷（アフリカ）でも、これを通貨にしている。

＊

婦人は顔を蔽うことなく、下半身に腰巻をつけただけで、市場やその他を歩いている。後にわたくしが、島の法官となったとき、この風俗をやめさせようと努めたが、成功しなかった。装身具は腕輪で、誰も両腕に多数つけているから、腕から肘にかけて腕輪でかくれるほどである。材料は銀で、金の腕輪は王の妃達やその近親者のみが用いる。またくるぶしにも環をはめ、金の頸飾りをも用いている。

この島の女達は、よく夫の世話をし、いっさい人手を煩わさない。食事の世話から、手洗い、入浴などを手つだい、眠るときは蒲団までかけてくれる。ただ一つ、決して夫と食事をともにせず、長年連れそっていても、妻がいったい何を食べているか夫にはわからぬのである。

この群島での珍しいことの一つは、ハディージャという女王の支配下にあることである。その夫は宰相（ワージル）の職にあって国政を左右しているが、命令はすべて女王の名で発せられる。女王の軍隊は約一〇〇〇人で、外国人もあれば島民もあり、毎月米を給与されている。

はじめ、わたくしはヒナウルのイブラーヒームという人の船でカンナルース島に着いたが、その後あちこちの島に寄りながら女王のいるマハル島に投錨した。どこかのモスクに身を寄せるつもりでいたところ、海岸にいた一人の奴隷が「是非とも宰相のところにおいでにならなければ」といった。いまこの島では法官がなくて困っていると聞いたし、わたくしとしては、ここからマアバル、セイロン、ベンガルを経てシナに行くつもりだったから、ひきとめられては事面倒と、船長にはわたくしのデリーでの経歴など口留めしておいた。さて女王の面前に通されたとき、船長は布一〇段を献じて敬礼し、その足もとにも布をなげた。これがこの島で最上の敬意を表する方法なのである。それから宰相にも敬礼し、同じく布を投げ、そのようにして順々に下のものに移っていった。誰かがわたくしのことを「この人は誰か」と訊ねたが、船長は「さあ、よく存じませぬが……」と答えていた。

きんまと薔薇水を持って来てすすめたが、これが歓待のしるしであった。

一〇日ほど滞在していると、セイロンからの船が着き、顔見知りのペルシャ人やアラブ人のダルウィーシュ（托鉢僧）がいて、わたくしの素姓を宰相の従者どもにしゃべってしまった。

ラマダーンの月の九日に、宰相の女婿が死んだが、宰相は娘を自邸に引きとり、婿の居宅をわたくしにくれた。これはこの島でももっとも立派なものの一つであった。

わたくしは托鉢僧達を招待しようと思って、宰相に話したところ、この島では珍しい羊を五頭、米、雞、バター、香料などをとどけさせ、当日は宰相自身で出かけてきた。それで大官連もみなきて布を投げて敬意を表したので、それが一〇〇枚にも上った。宴が終るとコーランの読誦があり、次は歌ったり踊ったりになった。わたくしは庭に火を焚かせ、僧達はその上を踏み歩き、また真赤に燃えた炭火を菓子でも食べるように口に入れるものもあった。

夜がふけて宰相が帰るというので見送って行った。国有の果樹園のそばを通るとき、

「この果樹園をあなたにあげよう。この中に家を造らせるから、お住みになるとよい」といった。

その次の日、宰相のところから、一人の美人が連れられてきた。使者の口上は、「宰相の申されるには、この乙女がお気に召したら、差し上げたいとのことでございます。もしおいやならば、マルハタ（マハラッタ）族の娘をお届けしようと申しております。」

わたくしはマルハタ（マハラッタ）族の女が好きなものだから「その方を所望致します」と答えておいたところ、果たしてその一人を送ってよこした。その名をグリスターン（バラの園というペルシャ語）といい、ペルシャ語をあやつるので、ひどくわたくしを喜ばした。この群島の住民はわたくしにはいっこうわからぬ言葉をはなしている。

その次の日、宰相は、またマアバル（コロマンデル海岸）生まれの女奴隷を送ってよこしたが、その名はアンバリー（龍涎香のような）というのであった。

そうしておいて、次の日の夜、宰相自身がわたくしを訪ねて、様子はどうかときいたりした。従者の一人が持参の包みをあけると、絹の反物や、真珠や宝石を詰めた箱がでてきた。「これは王宮からもってきたが、あなたに差し上げる。あなたから女どもにおやりになるといい」といった。

提督の職にあるスライマーンという人が、その娘をわたくしの妻にしてくれといってきた。そこで宰相の許可を求めに使いをやると、もどってきていうには、

「宰相は機嫌が悪く、ご自分の娘の服喪が明け次第こちらにお輿入れさせたい思召しでした」とのことである。宰相の娘はすでに二人の夫と死別したひとであるから、そういう縁起の悪い女をこちらにまわされては困ると思い、お断りすることにした。

そのうちに、わたくしは熱病にかかり、ひどく苦しんだ。この島に来るものは必ずこの熱病にかかることになっている。

わたくしは島を去ろうと決心し、宝石を売って、宝貝を求め、船を雇ってベンガルに行こうと思った。宰相の邸に暇乞いに行くと、法官がでてきて「宰相はこう申していられる。もしあなたがこの島を去られる思召しならば、これまでに差し上げたものを返していただきたい。それからならば差し支えないといわれております。」

「いただいた宝石の一部で、すでに宝貝を求めましたから、それを勝手にご処分願いましょう」といって帰ってきた。

しばらくすると法官がやってきて、

「宰相の申されるには、黄金を差し上げたのであって、貝ではなかったとのことでありますが。」

「よろしい。貝を売払って、金をお返し申しましょう。」

そこで商人どもの所へ使をやり、宝貝を買いもどしてくれるよう交渉させたが、すでに宰相から差しとめの命令が出ていた。宰相はこうして、わたくしを引き留めようという魂胆だったのである。

しばらくすると、宰相の腹心のものがきて「宰相から、この地におとどまりになるのならば、何なりとお望みのものを差し上げるとのご伝言です」とのことであった。わたくしは心中に、「彼らの権力の下にあるのだから、機嫌よくいてやれば無事にすむ。さもなくば力ずくで抑えられるにちがいない。これは、気をよくして留まるにしくはない」と考えたものだから、

「有難いことです。宰相さまのお世話になりましょう」と答えた。

宰相はこの由を聞いて喜び、迎えをよこした。その室に入ると、立ち上って、わたくしを抱き、「あなたと親しくしていただこうと思ったのに、お逃げなさろうとするものだから」といった。わたくしが言い訳すると、いやもうよろしいといった。そこで、

「この地においていただくについては、実は条件がございます。」

「承知、承知。何なりと仰せられるがよい。」

「どうも歩くことが苦手でございます。」

この島では宰相以外は誰も馬に乗らぬのである。それで後に、わたくしが馬をもらって乗り歩くと大人も子供も、ぞろぞろつきまわった。こまって宰相に訴え出るとドゥンクラという銅鼓をたたいて人を集め、あとをつきまわってはならぬと命令した。話はもとにもどって、歩くが苦手といわれて宰相は「轎にお乗り下さると結構なのだが、おいやなら、種馬と牝馬が一頭ずつあるにより、どちらなりと、お好みの方を差し上げよう」といった。

わたくしはさっそく牝馬を頂戴した。また衣服類数着をもらった。そこで、

「宝貝を求めましたが、どう致したものでございましょう。」

「誰か部下のものをやり、ベンガル地方で売らせるがよかろうと思う。」

「そう致しますから、どなたかを手伝いによこしていただけませんでしょうか。」

「よろしい。」

そのとおりに事が運んだのはよかったが、その船が途中で暴風にあい、帆柱も飲用水もその他一切の積荷を棄てて、漂流したのちに、セイロン島に着き、わたくしが派遣したアブー・ムハンマドというものは一年もたってから戻ってくるという始末であった。

*

ラマダーン明けの祭となった。宰相はわたくしに衣服を贈り、うちつれて式場に行くことになった。宰相の通る沿道は装飾され、地面には布を敷き、その両側には宝貝が積み上げてあった。道筋にあたる大官連の家では、門前にやし、檳榔（びんろう）、芭蕉などを植え、枝から枝に綱を張って青いやしの実を下げ

ておいた。家長達は門前で出迎え、宰相が通りかかると、その足もとに絹や木綿の布を投げた。宰相の奴隷達は、これらの布や、宝貝を集めてあるく。宰相は山羊の毛織のゆったりした袍を着、大きなターバンを巻いて徒歩ですすみ、頭上には四つの日傘をさしかけさせていた。宰相だけはサンダルを履いているが、他はみな裸足である。音楽隊が先に進み、兵隊が前後を護衛し、大声に「アッラーフ・アクバル」とよばわっていた。

＊

まもなく、わたくしは提督スライマーンの娘を娶る約束を結び、宰相のもとに使いをやり、王宮で結婚式を挙げたいと願い出たところ、同意してくれた。そして慣習どおり、きんまと白檀を贈ってよこした。

式の当日、皆が集まっていたが、提督も花嫁も姿を見せない。迎えをやったが、それでもこなかった。もう一度迎えをやったところ、娘が病気だと言い訳してよこした。宰相はこっそりとわたくしに向かい、

「娘が承知しないのだ。ごく我儘な女だからね。客はみな集まっていることだし、どうだろう、女王の義母にあたるひとをもらわれては。女王のなくなった父親のつれ合いなのだが……。」

その女王の義母というひとの生んだ娘が宰相の息子の妻なのである。わたくしは、

「どうか、よろしくお願いいたします」と答えた。宰相が結納の費用を出してくれ、数日後、結婚式が行なわれた。これは気立ての優しい、もっとも善良な婦人であった。

この女と結婚すると、宰相はいや応はいわさず、わたくしに法官の職を押しつけてしまった。

この地の貴族で、女王の即位の前、一時、国王の位を奪ったこともあるアブダルラーという人があ

った。スワイドの島に流されていたが、わたくしがこの島に渡ってから、宰相のとりはからいで許されてマハルに戻ってきた。わたくしは初めはこの人と懇意にし、たびたび訪問もしたし、この人の義理の娘を妻に迎えたりした。しかし、ふとしたことから、アブダルラーとわたくしとは互いに反感を抱くようになった。島民が宰相と会ったときは、人差指を地にふれ、それを接吻してから、自分の頭上に置くのである。この敬礼法をアブダルラーにも行なっているので、わたくしは、今後、アブダルラーに対し、そういう礼を行なったものは厳罰すると触れ歩かせ、本人にもそういう敬礼を要求してはならぬと通告した。これで不和はますます深刻となった。またわたくしは、その後さらに二人の妻を迎えて、都合四人になったが、みな権勢のある家の娘達であったので、アブダルラーや島の人々はわたくしを畏れ憚るようになった。わたくしと宰相との仲をさくような中傷が盛んに行なわれたが、その張本人がアブダルラーであった。

そのためいろいろ面白からぬ事が起こり、遂には宰相まで、わたくしを責めるようになったので、いよいよこの地を去ろうと決心した。そして負債を支払い、荷物を海辺に近いモスクに移し、妻達を離別した。ただし、ひとりの妻は身重になっていたので、九カ月の期限を定め、それまでに再び来るつもりであるが、もし約束を守らなかったら、自由に行動してくれといった。そのころのわたくしの考えではマアバルの王が、自分の義兄弟であるから、その軍を借りて、この地に還り、アブダルラー一味を抑えるつもりで、島の大官二名ともその約束をした。

また女王の義母にあたる最初にもらった妻は、あくまでも一緒にくるといってきかなかった。女王はなんとかしてこの人を引き留めようと思い、

「お持ちの宝石類はみな税関の収入でもとめたものです。ここをお去りならば返していただかなければなりません」といってよこした。これらは大変に高価なものであったのに、妻はみな使いの者に持

たせて女王のもとにやってしまった。

いよいよ船出のときがくると、宰相はわたくしを抱いて泣き、その涙が足もとに落ちるほどだった。また、その夜はわたくしの姻戚の人たちや友人らが叛乱を起こしはせぬかと心配し、夜っぴて警戒していたそうである。

ある島まできたとき、妻は悲しみに堪えず、あとに戻りたいといったので、離別し、その去るにまかせた。

途中立ち寄った小さな島の一つには、たった一軒の織匠の家しかなかった。夫婦と子供とで、何本かのやしと小舟一隻を持ち、魚をとったり、他の島々と往来したりしていた。またバナナの木が若干あったが、鴉が二羽だけいて、飛びまわっていた。わたくしは心からこの人々の境遇を羨み、「もしこの島が自分のものだったら、現世を去るときまでのんびりと隠者の暮らしをするのだがなあ……」などと思ったことである。

ムルーク島に七〇日滞在し、イブラーヒームの船でマアバルに向けて出発した。それはヒジュラ後七四五年のラビーウ後の月の中日（西暦一三四四年八月二六日）のことであった。それから四カ月してマハルの宰相ジャマールッ・ディーンが死んだ。その時、女王はその種をやどしていて、夫の死後に産み落した。そしてアブダルラーが女王の夫となったとのことである。

それは後のこととして、わたくし達の船はマアバルまで三日で行けるはずのところを、九日も海上におり、サイラーン（セイロン）島に着いた。サランディーブの山があたかも雲の柱のごとく天表に聳えていた。この島に近づいたとき、水夫たちは、

「この港に入るのは心配だ。アイリー・シャカルワティー（アールヤ・チャクラヴァルティ）という王の領土だが、何をするかわからぬ人間で、その持ち船は海賊を働いている」といった。

それで入港を恐れたのだけれど、風がふきつのってきて難破の恐れがあったので、わたくしは船長に、「わたくしを陸に揚げてくれ。王にかけ合ってあなたの安全を保証してもらおう」といった。

上陸すると異教徒がとりまいて「どこの者か」と訊ねた。マアバル王の義兄弟にあたるもので、これから訪ねて行くところであり、船中の荷は王への贈物だと答えた。

このことを土地の王に報じたので、その招きを受け、都バッターラ（プッテラム）に出かけた。城壁に囲まれた、小さいけれど美しい町である。海岸は流れてきた肉桂樹で蔽われ、それらが小山のように積み重なっている。マアバルやマラバルの人々は無料で持ち去るが、その代りに王に布やその他の贈物をする。ここからマアバルまでは一昼夜で行けるのである。

この地の王は異教徒ではあるが、わたくしを心から嬉しげに迎え、「ご同船の方々に安心して上陸していただきたい。出発の時までは大切におもてなしをしようぞ。マアバルの王とは同盟のよしみがあるのでな」といった。

わたくしは三日間、この王のもとにいたが、かれはペルシャ語を解し、わたくしの諸国物語を大変に面白がった。

ある日、その部屋に入ると、領内の海でとれた沢山の真珠を役人に選り別けさせていた。「いままでに真珠の漁場を見られたことがおありかな」「ペルシャの海で見ました」「ああ、あそこのことはすでに聞いたことがある」といって、いくつかの真珠をとりあげ、「あそこには、これくらいの真珠があるだろうか」「いや、みなこれより劣ったものばかりでございました。」

これを聞いた王は大満悦で「これをそなたにとらせよう。遠慮せず、何なりと欲しいものは望むがよいぞ。」

「ご当地に参って以来、あの名高いアダムの足跡を見たいものと、それだけが望みでございます。」

この地の人々は人類の祖（アダム）のことをバーバー（父）、エバのことをマーマー（母）と呼んでいる。

「それはたやすいことだ。誰か案内のものをつけてあげよう。」

「わたくしの乗って参った船は安全にマアバルに出帆させて頂き、わたくしが出発のときは王様のお船でお送り願いたいのですが。」

「よろしい。それも承知したぞ。」

このことを船長に話すと「お帰りになるときまで待っております。たとえ一年かかろうともかまいません」といった。

王はわたくしに輌をあてがい、奴隷達に舁かせ、毎年聖跡に巡礼を行なっている苦行者四人をつけ、さらに、これに三人のバラモン、一〇名の家来、人夫一五名をそえてくれた。

バンダル・サラーワートを経てだんだん奥地に入ると多数の象がいたが、巡礼者には危害を加えない。これもみな初めて参詣路を開いたアブー・アブダルラー・イブン・ハフィーフ長老の功徳の致すところである。

この地方きっての大王のいるクナカールに着いた。二つの山のあいだの窪地にあって、宝石の海という入海に臨んでいる。この地の王クナールは白い象を持っていて、その額に大粒の宝石をつけ、祭礼のときなどに乗る。わたくしが白象を見たのは世界でここだけである。バハラマーンという素晴らしい紅玉はこの町にしか産しない。あるものは湖底からとれるが、これがもっとも貴重とされている。しかしセイロン島内、至るところから紅玉が出る。その他黄玉、碧玉なども出る。値が一〇〇ファナムに達するものはすべて国王が買い上げ、それよりやすいものは発見者の所有となるのが慣習である。一〇〇ファナムは金六ディーナールに換算される。

アイリー・シャカルワティー王のもとで見たルビーの椀は人の掌くらいもあって、それに沈香の油が入れてあった。わたくしが驚歎すると、「これよりもっと大きなものもあるわ」といっていた。

　サランディーブ山（アダムス・ピーク、約二五二九メートル）は世界でも最高の山の一つで、洋上を九日行程も離れたところから遠望することができる。登って行くと、雲が眼下を流れて眺望をさまたげる。山上には二つの路があり、一つは「父の路」もう一つは「母の路」と呼ばれている。前者は険阻、後者は登りやすいけれども、往きには父の路を通らねば巡礼を果たしたことにはならぬと思われている。

　古人が岩壁に刻んだ階段のようなものがあって、それを登って行くのであるが、ところどころに鉄の杭がうってあり、鎖がついているから、それに摑まって攀じ登ることができる。こういう鎖は一〇カ所にあり、もっとも高い所にあるものは「シャハーダ（告信）の鎖」と呼ばれている。それはここまできて下界を見下ろすと、めまいがして、思わず「アッラーのほかに神なく、マホメットはアッラーの使徒なることを証言します」と唱えるからである。それから先の路は手入れがゆきとどいていない。一〇番目の鎖から七マイルで、ヒドルの洞窟に達する。その側に池があり、ヒドルという魚がたくさんいるが、これは取ってはならぬものである。巡礼の人々は、この洞窟に荷を置いて、さらに二マイル登攀するとアダムの足跡のある山頂に達する。

　われらの祖アダムの足跡は、広々した場所に高く立つ黒色の岩の上にある。岩上の凹みがそれで、長さ一一シブル（一シブルは二二から二四センチ）である。シナの人々がかつてこの地を訪れ、岩上の足跡の親指のところとその周囲の部分を切り取り、これをザイトゥーン（泉州）の町の寺に寄進してしまった。この岩には九つの孔があり、異教徒の巡礼達が黄金、宝石、真珠などを入れていく。イスラムの托鉢僧達が、ヒドルの洞窟まで来ると、先を争って登るのは、孔の中のものを取るためである。わたくし達は、いくつかの小石と少量の金を見つけただけで、それも案内人にやってしまった。ヒドルの洞窟に三日とまり、朝夕、足跡を訪れるのが慣例なので、わたくし達もそのとおりにした（注：仏教徒はこの足跡を仏陀のものとしている）。

帰りには母の路を通った。ディーナワルという港町に着き、次にカーリーという町を経てカランブー（コロンボ）に至った。ここはセイロンでもっとも美しく、また一番大きな町の一つである。コロンボから三日を費して、プッタラムに帰り、王に挨拶した。船長イブラーヒームは約束のごとく待っていてくれたので、その船でマアバル（コロマンデル海岸）に向け出帆した。

＊

風がふきつのり、船に水が打ちこむようになった。ついに暗礁に吹きつけられ、もう少しで船は粉砕されるところであった。やっとそれをまぬがれたけれど、死を間近かに見た。乗客は持ち物を海になげ棄て、互いに別れの言葉をかわした。帆柱を伐って海に投じ、水夫達は板で筏を造った。陸までは約六マイルほど離れていた。わたくしは筏に移ろうと思ったが、二人の側妾とそれと同じ数の道連れがいた。この二人の道連れは「あなただけ乗って、わたし達をお残しになるのか」といった。わたくしは自分の命より、友人の方が大切だと思っていたので「二人とも乗りなさい。それから、お前も……」と寵愛している女を指した。すると、もう一方の女は「あたしは泳ぎが上手だから、船の綱に身体をゆわえて、あの人達と泳ぎますわ」といった。二人の道連れが筏に移った。それはムハンマド・アッ・タウザリーと、エジプトの某とであった。水夫達は筏に綱を結びつけ、互いに励ましあって泳いでいる。側妾の一人は筏に乗り、もう一人は泳いで行った。わたくしは、貴重な道具類、宝石、龍涎香（りゅうぜんこう）などを筏に積んだだけで、自身は船に残っていた。風の工合がよくて筏は無事に岸に着き、船長は板子にすがってこれまた陸地に泳ぎついた。水夫達は四つの筏を組みはじめたが、できあがらぬうちに、とっぷりと日が暮れ、船は水びたしとなった。わたくしは艫に上って、朝までいた。

夜が明けると、異教徒どもが小舟を漕ぎ寄せて、陸に連れて行ってくれた。そこは、マアバルの海岸であった。

この国の王は、そこから二日行程のところで、異教徒と戦っているとのことなので、その人にあてて書信をしたためた。さきほどの土人達は、われわれを林中に案内し、モクル（やしの一種）の実で西瓜に似たものなどを持ってきてくれた。またすこぶる美味な魚をも馳走してくれた。

三日経つと、王からの迎えの将軍が騎兵や歩兵をつれてやってきた。一台の轎と一〇頭の馬をもってきたので、わたくしと友人達、船長、それに妾の一人が馬に乗り、もう一人は轎に乗った。ハルカートゥーで一泊し、女達や同行者の一部をそこに残し、王の宿営地に向かった。

マアバル王ギヤースッ・ディーン・アッ・ダームガーニーの夫人は、わたくしがデリーでめとった妻の姉妹であった。

この人にマルディーヴ群島でのいきさつを話し、一軍を派遣するようすすめた。それというのも、かの島にいたころ、前にも述べたごとく軍司令官や海軍の提督と内々で相談し、「いまに自分はマアバルに渡り、義兄弟にあたるその王から一軍を借りて戻ってきてここを征服し、自らその総督となるつもりである。そのときは船に白い旗を立ててくるから、島の方でも直ちにこれに応じて蜂起してくれ」といってあったためである。

マアバル王も、わたくしの奨めで、遠征の決意を固め、船の準備を命じた。そして、島の女王の妹と婚約を結ぶつもりで、わたくしに書類などを作らせた。

「五日もしたら、あの島に出かけられますよ」などといっていたが、水師提督のホージャ・サルラクから「どうして、まだ三月はかかります」といわれ「それならば、あなたも、わたしと一緒にファッタン（パッタン）に来られるがよい。討伐を終ったら、あそこから都マドゥラにかえり、それから島に赴けばよかろう」といった。

さて、そのファッタンに向けて出発したが、途中は樹木や竹の原始林で、人の通れぬほどの茂りかたであった。王は軍中の人々には、上下を問わず斧を持たせ、障害物を伐り払わせた。露営地が定まると、部下とともに騎馬で密林に入り、朝から正午ころまで、樹を伐り倒させ、昼食をして、また夕方まで伐木を続ける。林中にひそむ異教徒をひっとらえ、女子供まで露営地につれてくる。この露営地の周囲には二重に柵をめぐらし、これをカトカルと呼び、外側の柵の外では人の身長の半分ほどの高さの台上で篝火を焚き、終夜、歩哨をおいて異教徒の夜襲に備えていた。歩哨たちにはまた葦の束を持たせておき、敵襲があれば一斉にこれに火を点じ、昼のように明るくしておいて、騎兵が突進するのであった。

そして翌朝は捕虜の異教徒を四隊にわけ、これを柵の四つの門のところにつれて行き、男は尖った杭に刺して殺し、女は斬殺し、その髪を杭に縛りつけ、幼児まで殺して死体をころがしておいた。そうしてから、天幕をひき払い、別の密林に進み入るのである。こういう残虐なことをしたればこそ、神はギヤースッ・ディーンの死を早められたのである。

遂にファッタンの港町に着いた。そのとき王は、とある苦行者から強精の丸薬をすすめられ、これを多量に服したため病気となっていた。それでも水師提督ホージャ・サルワル（サルラクと同一人か？）を呼び「群島遠征の船のことにもっぱら心を用いてくれ」といっていた。そして半月ほどして都ムトゥラ（マドゥラ）に向かった。

わたくしも、半月ほど遅れてその地に行ったが、街幅の広い、デリーに似かよったところであった。そのころマドゥラには伝染病がはやっていて、かかったものは二、三日で斃れ、長く持つものでも四日目には息をひきとった。外に出ると、至るところ、患者と死人とで充満していた。健康だという保証つきで一人の女奴隷を買ったところ、その次の日には死んでしまった。王の母も妃も、その子達も病み、王自身は郊外の河のほとりに居を移していた。わたくしもそこまで行ったところ、間もなく人々が騒ぎ「王が死んだ」とののしりかわしている。「いや、亡くなられたのは王子様だ」という者もあった。真相をただして見ると、やはり王子が亡くなられたのであった。ただひとりの子息であったから、これは王にとって痛手だった。間もなく王の母君もこの世を去った。

それから数日してギヤースッ・ディーン王その人も死んだ。嗣子（しし）がないので、甥のナースィルッ・ディーンが王位に就き、人々は忠誠を誓い、詩人達は頌詩を捧げた。

前王の葬儀が鄭重にとり行なわれ、四〇日間にわたって供養が行なわれた。大臣の更迭（こうてつ）があって、提督ホージャ・サルワルがこれに任じられ、ホージャ・ジャハーンと呼ばれることになった。

新王は、前王がわたくしのために準備してくれた群島遠征の船隊を、わたくしの指揮下に置くよう命じた。ところが、わたくし自身がこの致命的の疫病にかかり、死は免がれぬものと思われた。この地方にふんだんにある羅望子（タマリンド）の実を用いてみようという霊感を得たので、一ラトルほど煎じて飲んだところ、三日間下痢が続き、アッラーの加護で快癒を得たのである。

わたくしはマドゥラにいるのがいやになり、王に旅立ちの許しを請うた。

「どうして行ってしまわれる。群島に出発するまで、もう一カ月しかないではないか。先君がそなたにして差し上げよといわれたところは、ことごとく整えてあげるゆえ、それまでご逗留願いたい。」

しかし、わたくしは辞退し、その代りファッタンの港でどの船になりと乗りこめる許可状をもらって出発した。折しもファッタンにはヤマンに向かう船が八隻とまっていた。その一隻に乗りこんだのであるが、海上で四隻の戦船（いくさぶね）と遭遇し、しばらく交戦すると、相手は退却した。無事カウラム（クイロン）に着いたが、まだ健康が充分に回復していないので、そこに三カ月滞在した。

＊

ヒナウルのジャマールッ・ディーン王を訪れようと思って、船出したところ、ファーカナルとヒナウルの間で異教徒の船隊に襲われた。こちらも奮戦したけれど、相手は軍船一二隻を持っていて、衆寡敵せず、遂に捕えられてしまった。わたくしが万一の場合に備えてとっておいた品々、すなわちセイロンの王からもらった真珠や宝石を始め、そちこちの富者や聖者から恵まれた衣類、旅の必需品などをあげて奪い去られ、残ったのは下袴一つであった。賊は同船の乗客や水夫の持ち物をもすべて取り上げたうえ、われわれを陸に上げてしまった。わたくしはカリカットに行き、とある礼拝堂に入ると、一人の法学者が衣類を、また法官がターバンを、一人の商人が、他の衣服をめぐんでくれた。

マルディーヴ群島の消息を得たのもこの地であった。わたくしが、かの島を去ってから大臣が死に、わたくしの政敵アブダルラーが女王ハディージャと結婚した。わたくしが身重のままで残してきた妻の一人は、男の子を生んだそうである。

にわかにかの島に渡りたくなった。けれどアブダルラーとの不和のことが思い出された。それでコーランを開くと、次の一節が目に映った。

「天使らかれらのもとに降（くだ）りていわん。『恐るるなかれ、悲しむことなかれ。なんじらに約されし楽園をたのしめよ』と。」（四一章三〇節）

わたくしはアッラーの祝福を祈って出発し、一〇日の後マルディーヴ群島に着き、カンナルース島に上陸した。島の代官の世話で舟を世話してもらい、ハラリー島に渡った。女王が妹達と舟遊びや、海水浴をしたりするところである。この地で女王の妹や、その夫である前大臣の子ムハンマド、女王の義母で、わたくしのもとの妻であった人などと会った。ところが、誰かがわたくしの来たことを、今の大臣アブダルラーに報じたので、何のために、また誰と一緒にきたかなどの調査が行なわれた。二歳になる男の子を連れに来たものらしいと報じたものがあったので、その子の生母が大臣のもとに訴え出て、連れて行かせないでくれと懇願した。大臣は「連れて行くというなら、仕方のないことだ」といい、わたくしを都マハルに招き、王宮の望楼のすぐ前の家に置いた。これは、動静を監視するためである。この家でわたくしは留守の間に生まれた子と対面したが、つらつら考えれば、この島で暮らすのが、この子にとっては一番幸福だと思われたので、その生母にもどしてやった。五日間滞在したが、長居は無用と思われたので、出発の許しを求めた。そのとき初めて大臣アブダルラーがわたくしに会うといい出した。王宮に行くと、わたくしをその傍に坐らせ、同じ盤で手を洗った。これは彼が他の何人ともしないことであった。そしてよもやまの話をしたのちに戻ってきたが、あとから衣類や数ブスター（一ブスターは一〇万箇）の宝貝を贈ってよこしたりして、申し分のない態度を示した。

わたつみの女王の島を去った。四三日間の航海ののちバンガーラ（ベンガル）に到着したのである。

南海より黄河の国へ

バンガーラ（ベンガル）は広大で、米の産地である。世界中で、この地方ほど物価の安いところを、わたくしは見たことがない。しかし湿気が多く、ペルシャの人々は「財宝に満ちた地獄」と呼んでいる。

最初に訪れたのはスドゥカーワーン（チッタゴン、すなわちチャーティーガーオン）という大海に臨んだ大きな港町で、ガンジスの河口に近いところにあった。

ベンガルの王はファフルッ・ディーン、一にファハラーという人で、外国人、ことに托鉢僧やスーフィー（イスラム教神秘派）の行者たちを大切に待遇していた。スドゥカーワーンはその都だが、この人はインド国王に叛いていたから、わたくしは後難を恐れて、会いに行かなかった。そしてカーマルーの山地（アッサム地方のカームループ）に向かい、途中一カ月を費した。重畳たる山脈がのびて、はるかにシナや麝香鹿のすむチベットにつらなっている。この山地の民は、トルコ族に似ていて、はげしい労働に堪えるから、奴隷としては他の種族のものの数倍の価値がある。また魔術にふけっていることも有名である。わたくしが、この山国まで出かけたのは、そこに住む聖者ジャラールッ・ディーン・アッ・タブリーズィー長老に会いたかったからである。

これは当代のもっとも不思議な人物であり、あまたの奇蹟でよく知られている。なんでもカリフ、ムスタアスィム（在位一二四二―五八年）を見たことがあり、その人が蒙古軍に殺されたときもバグダードにいあわせたとわたくしに語ったほどであるから、非常な高齢にちがいない。四〇年間、斎戒生活を続け、一〇日間もつづいて断食し、夜ごとに起きたままでいた。痩せて長身、頬にはほとんど髯がなかった。多くの山地の民がこの人に導かれ、イスラムの教を奉ずるようになった。

聖者の居処（今のシルヘット）から二日行程の処まで行くと、その弟子が四人出迎えに来た。その話によると聖者には弟子達に向かい、

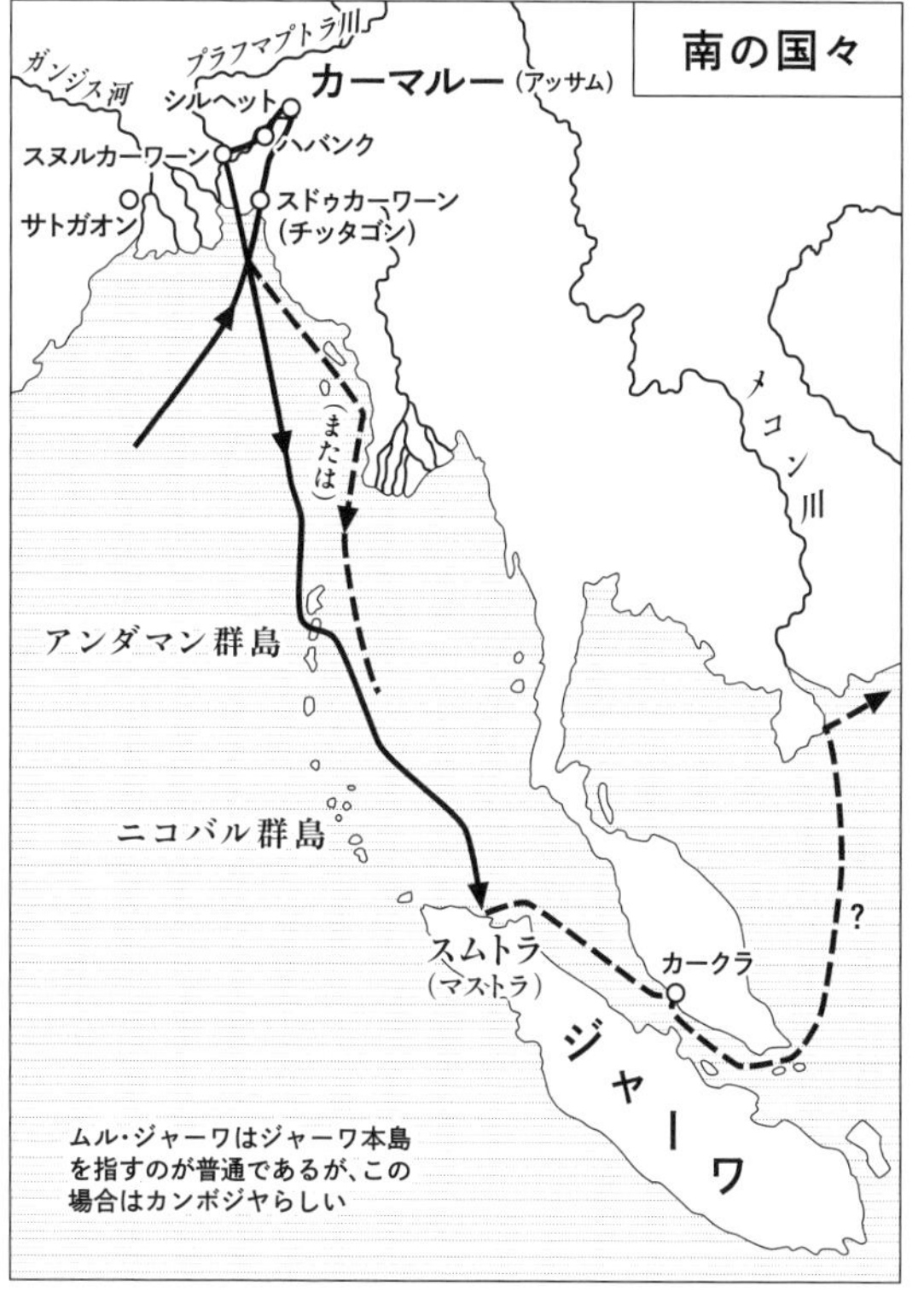

「西の国の旅人が来られた。迎えに行きなさい」といわれた。それでこうしてでてきたのだとか。そして聖者はこのことを霊感によって知られたらしいとのことであった。

聖者の僧院は洞窟の外にあり、その辺には耕地はないけれども、土地の民は、ムスリムも異教徒も、いろいろなものを持ってきては捧げるので、それで弟子や旅人達を養われている。聖者自身は、一頭の牝牛を飼

っていて、一〇日目ごとにその乳を飲まれるだけである。

わたくしがはいっていくと、聖者は立ち上って抱いてくれ、いろいろと故郷や旅の話をさせた。そうして、

「あなたはアラブ族きっての旅行者でいられる」とほめた。その場にいた弟子達が、「師よ、ペルシャ人中でもそうでございましょう」というと、「そうじゃ、ペルシャ人中でもたぐいない旅行者でいられる。大切にもてなして進ぜるよう」といった。

僧院に導かれ、三日間歓待を受けた。

初めて聖者にお目にかかったとき、山羊の毛のゆったりした衣をつけていられるのを見て、心中に羨しく感じ「あれを下さるとよいけれどなあ」と思った。さて、別れをつげた際、聖者は立ち上り、洞窟のひとすみに行って、かの衣を脱ぎ、わたくしに着せかけ、また頭上の高帽をぬいで、これもわたくしに下された。そして自身はつぎはぎだらけの服を召された。弟子達の話によれば、聖者は、平常はこのような毛織の衣をつけられることはないのだが、とくにわたくしの到着の日に出して着られ、「西の国の人が、この衣を所望されるであろうが、異教徒のある君侯がとりあげて、われらの法弟のブルハーヌッ・ディーン・アッ・サーガルジーに贈るであろう。これは本来、あのひとのために作られたもので、正当な持ち主の手に入るわけなのじゃ」といわれたとのことである。わたくしは「これは長老ご自身で着せて下さったもので、まことに有難く思っているのです。そういうことならばこの御衣を着たままでは異教徒にあれ、ムスリムにあれ、いかなる君主の前にも出ないことに致しましょう」と答えた。

それからずっと後に、わたくしはシナに入り、ハンサー（杭州）の町に着いたが、雑沓のため一行とおし隔てられてしまった。その際に、この衣を身につけていた。とある街路を行くと、某大官が行

列美々しく通りかかり、ふとわたくしに眼をとめた。そして呼び寄せて、手を執り、いろいろと訊ね、そのまま大将軍の邸宅に連れて行った。帰ろうとするのを、おしとどめて将軍にひきあわせたが、ここでまたイスラム諸国の君主についてきかれたのである。それに答えていると、将軍は、わたくしの衣にじっと目をそそぎ、気に入ったらしかった。初めの大官が「それを脱がれよ」と命じたが、これにさからうことはできなかった。将軍はそれを取り上げてから、代りに礼服一〇領、装具をつけた馬一頭と相当額の金をやれと命じた。わたくしの心は納まらなかったけれども、異教徒の君侯にとりあげられるであろうという聖者の言葉が思い出され、奇異の感に堪えなかった。翌年、わたくしはハーン・バーリク（大都、今の北京）にあるシナの皇帝（元の順帝）の宮殿を訪れた。ある日、ブルハーヌッ・ディーン・アッ・サーガルジー長老の僧院に行くと、折から読書中であったが、なんと、あの衣を着ていられるではないか。驚いて、手にとって眺めていると「どうして、おあらためなさる。さては、見覚えがおありじゃな」「はい。これはハンサーの将軍にとりあげられた品に相違ありません」「この衣は法兄のジャラールッ・ディーンが、わたしのために造ってくれたもので、『これこれの者の手を経てそなたの手元にとどくであろう』という手紙もきている」といって、書簡を示した。わたくしは感歎のほかはなく、今までの経過を話すと、「法兄ジャラールッ・ディーンの霊妙さはそれ以上のものである。けれど、はやあの方もアッラーのみもとに召されましたぞ」といった。死の前日、弟子達を集めて別れをつげ、正午の祈りを終えてひれふしたままこの世を去ったのである。

＊

聖者のもとを辞して「青い河」（メグナ）のほとりのハバンクの町に行った。そこから船で河を下ること一五日間でスヌルカーワーンに着いた。ファフルッ・ディーン王の命で、このあたりの川船は托鉢僧に対しては全く運賃をとらぬのみでなく、旅費のないものには別に一切の必要品を支給してくれる。

スヌルカーワーンの港にジャワ行きのジュンクが来ていたので、それに乗り込み、一五日後にバラフナカール国（アンダマン？　ビルマのアラカンとする説もある）に着いた。ここの男達はみな犬に似た口もとをしているが、女たちはまことに美しい。しかしヒンドゥー教をも、他の宗教をも信ぜぬ未開のやからである。男はほとんど全裸であり、女は木の葉で身体を蔽っている。言葉は特異なもので、慣れたものでないと通じない。船がつくと独木舟を漕ぎ寄せ、バナナ、米、きんま、檳榔、魚などを持ってくる。

この国の王がでてきたが、象に乗り、山羊の皮衣を、毛の方が外になるようにして着ていた。頭には種々の色の絹布を三枚巻き、手には竹の投槍を持っていた。二〇名ほどの家来を連れていたが、みな象に乗っていた。入港の船は、その王に男女の奴隷、象にかける布、王妃が帯や足の指につける黄金の飾りなどを納めなければならぬ。さもないと魔法をつかって、海が荒れ、船が沈んだり、沈みかかったりするのである。

この人々と別れ、さらに海路を行くこと二五日でジャーワ島（スマトラ）に着いた。半日行程ほどをへだてたところから、早くも島影がのぞまれたが、青々として美しい。その樹木はおもにココやし、檳榔、丁子（ちょうじ）、伽羅、マンゴー、ジャンブ、オレンジ、龍脳などである。この地の民と交易するには錫や、シナの砂金を用いる。

船が入江に着くと、島の人々は、小舟に乗り、やしの実、バナナ、マンゴー、魚類などを持ってやってきた。これらの贈物には、こちらも応分の礼をするのが慣例である。水軍の副将もわれわれの船にやってきて、商品を検査し、上陸を許可した。そこはサルハーという大きな部落で、王のいる町まで四マイルをへだてていた。

王はわたくし達の到着の報を得て、ダウラサ将軍を迎えによこした。わたくし達は王宮の馬で都スムトラ（スマトラ）に乗りこんだのである。

スルターン（王）はアル・マリク・アッ・ザーヒルというシャーフィイー派のイスラム教徒である。しばしば異教徒と戦う敬虔な人物で、金曜日ごとに徒歩で祈りに行く。

王宮に近づくと、沿道の両側には槍が立ててつらねてあったが、これは、ここで下馬せよという合図であった。謁見の間に入ると副王が出迎え、手を床に突いて挨拶した。

それから副王専用の別室に導かれ、王から贈られた衣服をつけ、米飯やビールのようなものを供された。最後にきんまが出た。これが退出せよとの合図なので、それをとって戻ってきた。

園中の木立に囲まれた木造の家に導かれたが、ダウラサ将軍が二人の女奴隷と二名の下僕をつれてきて「国王より、これはわが身分相応の贈物にて、とてもインドのムハンマド王などのものにくらべられるようなものではないと申せとのことでございます」という口上であった。ダウラサ将軍はかつて使節としてデリーに来たことがあるので、わたくしとは顔馴染みであった。

「いつ国王にお目通りがかないますか」と訊ねると「この国のならいで、遠来の客は到着の三日後、疲れもとれ、心持も落ち着いたとき、お会い願うことになっております。」

四日目は金曜であったが、ダウラサ将軍が来て「国王には本日、祈りのあと、礼拝堂でお目にかかります」といった。

礼拝堂に行くと、王は左右に法官や学者達を従え、自分も法学者の服をつけていたが、わたくしをその左がわに坐らせ、デリーのムハンマド王のことや、旅のことなどいろいろと問われた。

スマトラ王のもとに留まること一五日であったが、順風がふきはじめたので旅立ちの許しを求めた。まことに、シナに渡るには一定の時期があるのである。王はわれわれのために一隻のジュンクを準備させ、必需品を整え、その侍臣を船に派遣して、われわれのために宴を開いてくれた。この国の海岸にそって航海すること二一昼夜でムル・ジャーワ（普通では今のジャワ島）に着いた。ここは異教徒の国で、その長さは二カ月行程もあり、種々の香料の産地である。

＊

その途中、まずカークラ港（マレイ半島の西岸）に入ったが、海賊や叛乱に備えた相当数のジュンク船を見た。その町は美しく、石造の城壁をめぐらしてあるが、三頭の象がその上をならんで歩けるほどの幅がある。郊外でまず目についたのは、象が伽羅木を運んでいることであった。われわれの国で普通の薪を買うよりやすいくらいで、一般の民家で燃料に使っている。しかし外国人に売るときは一駄につき、木棉の衣服一領を要求する。この地方では、絹よりも木棉の方が高価である。

ムル・ジャーワの王は異教徒である。わたくしはその人が王宮の外で、敷物もなく地面に坐っているところを見た。大官達がこれに侍し、徒歩の軍隊がその前を行進していた。この国では馬を持っているのは国王だけである。一般民は象に乗り、戦争にもこれを用いる。進みよって敬礼すると、王は地に敷物をのべさせ、それに坐らせようとした。通訳官に「王様が地面にこうしていられるのに、どうして敷物に坐れましょうか」というと、「いえ、これが王のならわしで、謙遜の意を示されるわけですが、あなたさまは賓客で、（インドの）大王さまのお使いでもありますから、大切に致すのはあたりまえでございます」と答えた。

王はインドの王のことなどを訊ねられたが、あまり詳しいことは問わず、「賓客として、三日の間ここにおられよ。その後におたちなさるがよかろう」といった。

王と会見していたとき、手に製本屋の使う道具に似た刀を持った男が現われ、それをおのれの頸部にあてて、長い間しゃべったが、わたくしには何のことかわからなかった。それから両手で刀をつかみ、猛烈な勢いで自分の喉をかき切ったので、首は地に落ちた。わたくしが唖然としていると、王のいうには「そなたの国にも、こうするものがあるか」と問うた。かようなことは初めて見た旨を答えると、王は笑うて「これらは、余の僕(しもべ)であるが、余に対する忠誠の念から自殺するのである」といい、この者を運んで、焚いてやれと命じた。その火葬には大官連が参列し、遺族には手厚い扶養料が与えられた。

その場に居合せたある人の話によれば、自殺した男は全く王を慕うあまりにこうしたので、その人の父も今の王の父君のために自殺し、その祖父もまた現王の祖父君のために同様にして死んだということであった。

＊

三日後、また海上にでた。三四日の後にカーヒルの海、すなわち「静かな海」に入ったが、赤っぽい色をしていた。これは近くの陸地のせいだと思われている。風もなく、波もなく、その広大さにかかわらず、なんの動きもない。これに備えてシナのジュンクはそれぞれ三隻の小船をつれていて、漕いだり、牽かしたりして進むのである。本船でもラアラー、ラアラーとかけ声して二〇挺ほどの大きな艣をこぐ。そして美しい声で歌う。

この海を三七日間で渡ったが、あたり前なら四〇日から五〇日で越せればよい方だとされている。そして着いたのがタワーリスィーの国であるが、これはその国王の名前である。まことに広大な国で、王はシナの皇帝に劣らぬと自負し、多数のジュンクを擁して、シナの人々と戦い、遂に彼らに和を請わしめたが、その条件はこちらに有利であった。この国の住民は偶像教徒で、容姿うるわしく、トルコ族に酷似している。一般に肌は銅色で、勇敢である。婦女も馬に乗り、よく弓をひき槍を投げ、いささかも男子に劣らずに闘う。

わたくし達はこの国の港の一つであるカイルーカリーに投錨した。ここにはもと王子が住んでいたとかで、船長は贈物を持って上陸したが、すでに他の州の総督に転じたあとであり、今では王女ウルドジャーが治めていた。

翌日、船長以下おもな人々に対し王女からの招待があった。船長はわたくしにも行くよう勧めたけれど、異教徒の食物を摂ることは許されないので断った。皆が王女のもとに行くと「そなたたちのうちに、ここに来ぬものがあるかや」といった。船長が、

「ただひとりだけバハシー（かれらの言葉でイスラムの法官）が船に残っております」というと、王女は「ここに呼んできてたもれ。」

護衛の兵達が、船長の部下達と一緒にきて、

「王女さまのご命令ですぞ。」

行って見ると、王女は大きな椅子に坐り、侍女達がとりまき、おもだったものは白檀の椅子に腰かけていたし、前方には男達もいた。王女の椅子も白檀に黄金の板をとりつけたもので、上から絹の幕が下っていた。広間のうちには彫刻をほどこした木の台が置かれ、大小さまざまの金の壺が置いてあった。船長の話によると、砂糖と香料で製した飲物がはいっていて、食後に飲むのだが、香ばしくて甘く、気息を爽かにし、消化を助け、精力を強くするとのことであった。

わたくしが敬礼すると、王女は「フーシュミーサン、ヤフシーミーサン？」といった。「ご機嫌い

かが」というトルコ語である。そして、自分の傍にわたくしを坐らしたが、この王女はアラビヤ語を巧みに書くことができた。侍女に「墨つぼと紙をもちや」といい、それがくると「ビスミルラーヒル・ラハマーニル・ラヒーミ」（大慈大悲の神のみ名によりてというアラビヤ語で、コーランにしばしば現われる）と書き、「これなあに？」ときいた。「テングリ・ナーム（神の御名）でございます」と答えると、「フーシュ（そのとおり）」とうなずいた。どこから来たのかというので、「インドから参りました」と答えると、「あの胡椒の国かや」とききき、「はい、そのとおりで」というと、さまざまのことを訊ねたのち、「ぜひともあの国を攻めて、あたしのものにしたいな。そんなに富んで軍兵がたくさんいると聞くとぞくぞくしちゃうわ」といったので、「おやりなさいまし」と答えて置いた。すると王女はわたくしに衣服類、米を象に二駄、牝牛二頭、牝羊一〇頭、シロップ四斤、マルタバーン四箇をくれた。マルタバーンとは大きな陶器の瓶で、中に生姜、胡椒、シトロン、マンゴーなどの塩漬けがはいっていた。航海に備えて準備したものである。

船長の話によると、ウルドジャーの軍中には多くの勇婦がいる。男女の軍を率いて敵国に攻めこみ、いくどとなく勇ましい働きをした。あるとき王女の軍が苦戦に陥り、多数の味方が殺され、まさに総崩れになろうとした。そのとき王女は単身敵陣に突き入り、いく陣かを突破して敵の王にせまり、一突きに刺し殺したので、敵軍は逃げ走った。王女は敵の王の首を槍に突きさして戻ってきたので、敵王の一族は多額の財宝をもって、その首をつぐない戻した。また姫の父なる王は、この町をあたえ、その兄に代って治めさすことにしたという。また同じく船長の話によると、国内の諸公子がウルドジャー姫を妻にと所望したが、「あたしと仕合して打ちまかす人でなければいや」と答えた。けれど逆に姫に負かされてはたまらぬと誰一人仕合を挑むものはないとのことである（この国が今のどこかにつき諸説がある。安南、トンキン、フィリッピンなどなど）。

タワーリスィーの国と別れて一七日、この間順風に恵まれて、よい航海を続け、遂にスィーン（シナ）の国に到着した。果実、穀物、金、銀などあらゆる富に恵まれた広大な国で、その点では世界中にシナにならぶものはない。アービ・ハイヤー（生命の水）またはサルー（黄）河という大河が流れている。

＊

まず上陸したのはザイトゥーン（刺桐城、すなわち泉州府）であった。しかしこの地にはザイトゥーン（アラビヤ語でオリーヴ）は見当たらぬ。壮麗な町で、カムハー（錦紗）や、緞子を産するが、これらは町の名をとってザイトゥーニーヤと呼ばれ、杭州やハーン・バーリク（大都、北京）製のものより優秀である。ザイトゥーンの港は世界でもっとも大きなものの一つ、いな、世界最大のものであろう。わたくしは約一〇〇隻の大型ジュンクを見た。小さなのにいたっては数えられるものでなかった。大きな湾が海から陸地に入り、大河と合している。この町では、他のシナの町々と同じく、どの市民も庭や畑を持ち、その真中に家を建てていること、わが故郷のシジルマーサの町と同じで、このためにシナの都市はひろびろしている。

イスラム教徒は離れた別の町に住んでいる。わたくしがここに着いたとき、使節として贈物を持ってインドに赴き、われわれと一緒に出発し、その人のジュンクも沈んだあの将軍を見かけた。この人はわたくしに挨拶し、税関長（提挙市舶）に知らせてくれたので、税関長はわたくし達を立派な家に泊めてくれた。イスラム教徒のカージー（法官）をつとめているアルダビールの人タージュッ・ディーンや、イスラム主教（摂思廉……シャイフル・イスラーム）のイスファハーンの人カマールッ・ディーン・アブドルラーや主な商人達が訪ねてくれた。それらの中に、タブリーズの人シャラフッ・ディー

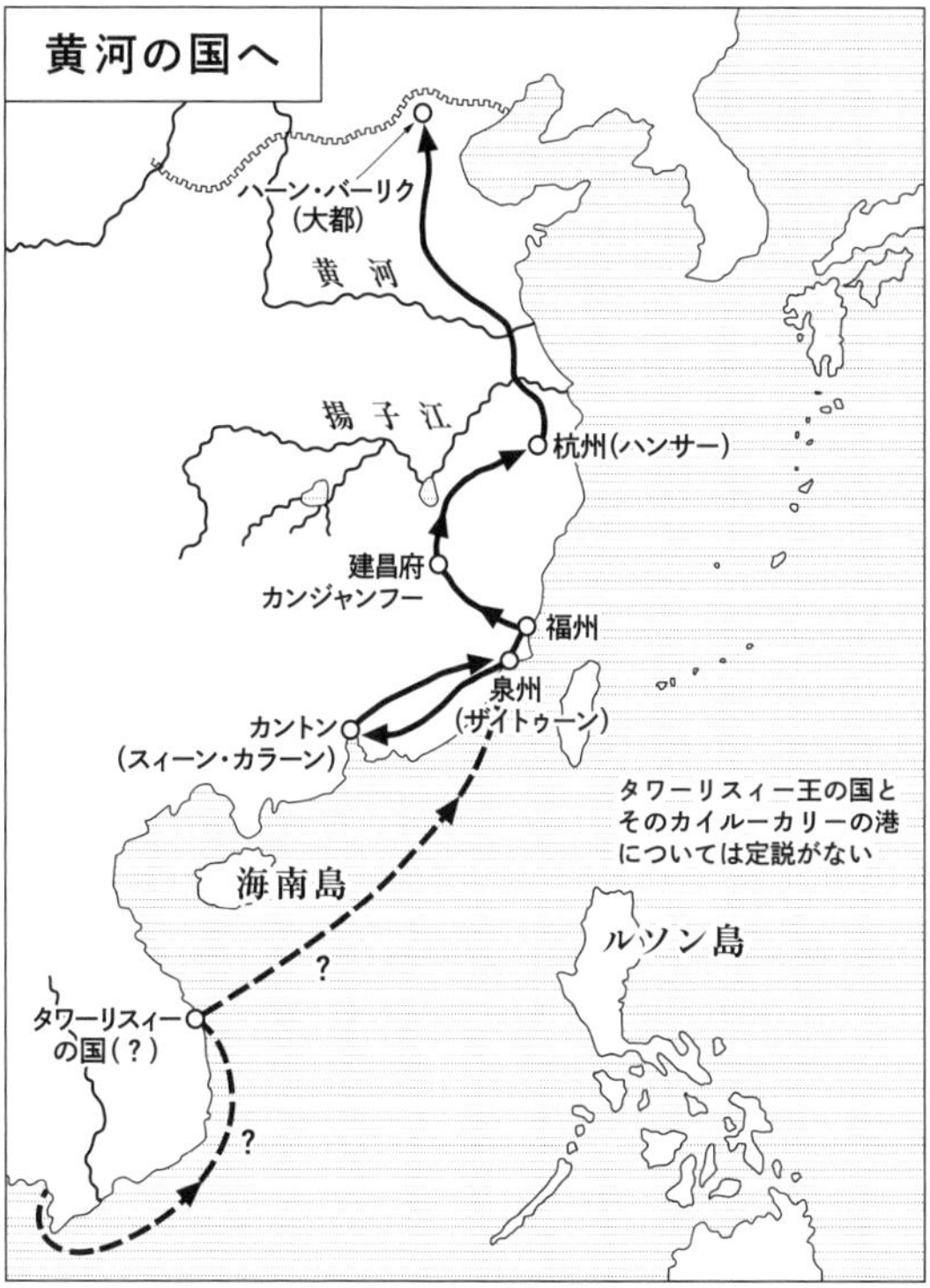

ンもいた。この人は、わたくしがインドに着いたとき金を貸してもらった商人達の一人で、まことにやり方の立派な人だったし、コーランをよく読誦し、多くの書物を読んでいた。これらの商人は、異教徒の国に住んでいるので、ムスリムがくると大喜びをし「イスラムの国から来たのだ」と口々にいって、自分の財産の一部を喜捨してくれる。それでその旅人は、彼ら商人の一人ほどにも金持になる。泉州に住む著名の長老達の中に、カージルーンの人ブルハーヌッ・ディーンという人があって郊外に僧院を持っている。商人達がカージルーンのアブー・イスハーク聖者に供物をするときは、この人に預けるのであった。

税関長はわたくしのことを知り、「カーン」すなわち彼らの皇帝に、わたくしがインド国王のもとからきたことを書き送った。わたくしは税関長にスィーヌッ・スィーン、すなわちスィーン・カラーン（広州）まで案内してくれるものを派遣してくれと頼んだ。カーンの返書がくるのを待つ間に、同じくその支配下にあるかの地を見るためであった。税関長はわたくしの請いを入れ、その部下をよこして、わたくしと同行させてくれた。河上を故国の軍船に似た船で旅したが、この地の船では船頭達がみな胴の間に立って漕ぎ、船客は船首と船尾の方にいる点が違う。日蔭をつくるために、船の上に、土地に出る植物で作った布を張ってある。この布は麻布に似ているが、もっときめの細かなものである。

この河上を二七日間旅した。毎日、正午すこし前に、どこかの部落の前に投錨し、必要品を買い、正午の祈りをする。夕刻は他の部落に上陸した。こうしてスィーン・カラーン、すなわちスィーヌッ・スィーンに着いた。ザイトゥーンと同じく、ここでも陶器を製しているが、アービ・ハイヤー(生命の河)が海に流れ入るのもこの地である。それで「二つの海の交会地」と呼んでいる。都市の中でももっとも大きいものの一つで、その市場もきわめて立派である。ことに陶器市はもっとも大規模で、陶器をシナ各地やインドやヤマンなどに積出している。

市の中央部に壮麗な寺院があって、九つの門があり、各門の内部に柱廊と、そこに住む人が腰かける台がある。第二門と第三門との間に盲人、病弱者、手足などの不具者などがいる部屋のある場所がある。これらはこの寺に寄進された慈善財産から食事や衣類を支給してもらうのである。他の門と門の間にも、この種の施設があって、病院、炊事場、医者や使用人達の宿舎などがある。自活力のない老人はここで養われ、衣料をも支給されるとのことであった。困窮の孤児や寡婦の場合も同じである。この寺院は、シナのある皇帝が建て、この街と隣接の諸村落や果樹園などを慈善財産として遺贈したのである。同皇帝の肖像は、寺院の中にあり、シナの人々はこれを拝みに出かける。

この都市の一隅にイスラム教徒の町があり、大礼拝堂、僧院、市場などもあれば、カージー(法官)やシャイフ(長老または主教)もいる。ところでスィーンのいたるところの町には、イスラム教徒に関する最高の裁定を下すシャイフル・イスラーム（イスラム大師）と、教団の法律事務を裁くカージーとがいる。

この町でスィンジャール（イラークの都市）、出身のアウハッドゥ・ディーンの家に厄介になった。徳望もあり、莫大な財産もある有力者だった。前後一四日間滞在している間に、法官を初めムスリム達からの贈物が次から次へときた。彼らは毎日宴会を開き、一〇吋（約五メートル）ほどの長さの美しい舟に歌手をのりこませて出かけるのだった。スィーヌッ・スィーンからむこうには、異教徒のにせよ、ムスリムのにせよ、町というものはない。またこの都市とゴッグとマゴッグの城壁との距離は六〇日行程もあって、そのあたりには人を捕えると食べてしまう遊牧の異教徒が住んでいるとの話である。それがため、その人々のいる地方まで行くものはない。わたくしは、この町で、一人として大城壁まで行った者を見たこともなければ、そこまで行った者を知っているという人にも会ったことがなかった。

スィーン・カラーンに滞在中、この町には二〇〇歳を越したという大長老がいて、食わず、飲まず、行ないすまし、しかも壮者をしのぐ元気であることや、郊外の洞窟に住んで修行に余念のないことなどを聞いた。その洞窟まで行って見ると、果たして入口のところにいた。痩せて、銅色、苦行のあとを面にとどめ、髭はなかった。挨拶すると、わたくしの手を執って、嗅ぎ、通訳に向かい、「この仁は世界の向こうのはてから来たひとだ。わたし達がこちらのはてにいるように……」といい、今度はわたくしに、

「そなたは不思議な目にあわれたことがある。むかしある島の寺で、仏像の間に坐っていたもののことを思い出しはせぬかな。そなたに金貨一〇枚をわたしたもののことを……」

「いかにも」と答えると「わたしだったのだよ」といった。

その手に接吻すると、しばらく考えていたが、洞窟の中に入り、そのまま出てこなかった。いま話したことを後悔したのかもしれない。わたくし達は大胆にも、洞窟の奥にはいって行ったが、その姿は見えなかった。ただその仲間の一人が、いくらかの紙のバーリシュト（鈔……紙幣）を持ってそこにいて、「これで何か召上れ。そして出ていってもらいましょう」といった。「あの方にお目にかかりたいのですが」というと、「一〇年ここにいようが、会えはしない。誰かに秘密を知られたが最後、二度とはその人の前に姿を現わさぬのが、あの方のならわしじゃ。でもここにいないと思ってはいけない。それどころか、あなたのすぐそばにいられるのだ」と答えた。

驚いて帰り、この物語を法官、主教、アウハッドッ・ディーンなどにすると、皆は「あの人は異国の人が来るといつもそういうことをする。いったい、どの宗教を奉じているのか誰にもわからぬのだ。さっき、あなたが、その仲間の一人と思いこまれたのは、実は長老その人だったのだ」と語り、かの人が五〇年の間この地を離れていて、一年前に戻ってきたこと、王侯大官達が訪れて身分相応の贈物をすること、旅僧たちが毎日会いに行って、それぞれの徳に応じたものをもらってくること、しかしその洞窟には何もしまってはないことなどをも話してくれた。また、かの人が昔の話をし、預言者マホメットのことに及ぶと、「もし、わたしが彼と一緒にいたら、援けてやったろう」ということとか、ウマルとアリーの二人のカリフを褒め、ムアーウィヤトの子ヤジードを罵り、その父ムアーウィヤトをも責めることなどをも話してくれた。

アウハッドッ・ディーンはまた次のような物語をした。

「わたくしもあの方に会いに洞窟まで行ったことがあります。あの方はわたくしの手を執られましたが、たちまちに立派な宮殿にいるような気がし、あの方は玉座に坐り、王冠を戴いていて、左右には美しい侍女達がならび、そこにある流れにはしきりなく果物が落ちているように思われました。わたくしも林檎を一つとって食べようとすると、やはりそこは洞窟の中で、あの方がすぐ前にいられ、わたくしのことを笑っていました。それからひどい病気にかかり、何カ月も寝ましたが、あれ以来、あの方のところへ参ったことはございません。」

この土地の人々は、かの老人はムスリムだと思っているが、誰一人その祈っているところを見た者はいない。断食といえば、いつもそれを続けている。法官は次のようにわたくしに語った。「ある日、あの老人に祈りのことをいうと『わたしのすることがおわかりか。わたしの祈りは、お前さんのとは別だよ』と答えた」……ほんとうに何もかも不思議な話ばかりである。

＊

老人と会った次の日、ザイトゥーンに向けて帰路に着いた。帰って数日すると、カーン（天子）から、都へ来させよ、途中では公費により立派な待遇をせよという命令がとどいた。また水路なり陸路なり自由に選ばせよ、ということであったが、わたくしは河路を舟で行くことにした。大官連の旅に用いる立派な舟を準備してくれた。総督は自分の部下を同行させ、法官やイスラム教徒の商人等と協力してたくさんの必需品を支度してくれた。国賓として旅を続け、一つの村で昼食し、別の村で夕食するというふうにして、一〇日行程の後、カンジャンフー（江西省建昌府という説が有力だが、福州府とする説にも若干の根拠がある）に着いた。大きな美しい町で、広々とした平野のただ中にあり、果樹園にかこまれている点はダマスクスのグータの緑野を偲ばせるものがあった。

われわれが到着するとカージー（法官）、シャイフル・イスラーム（長老）、商人達が旗、太鼓、笛、ラッパなどを持って出迎え、楽師達をも連れていた。また馬を連れてきて、われわれを乗せ、自分達は先に立って歩いた。ただし、法官と長老は乗馬であった。土地の長官も下僚を率いて出迎えたが、皇帝の賓客はこの人々にとってきわめて大切なのである。カンジャンフーに入った。四重の城壁があり、第一と第二の間には、バスワーナーン（パースワーナーン）と呼ばれる人々、すなわち昼夜、町の警護にあたる皇帝の奴隷達が住んでいる。第二と第三の城壁の間には騎兵とこの地を支配する将軍が住んでいる。第三の城壁の内部にはイスラム教徒が住み、わたくし達はそこの長老ザヒールッ・ディーン・アル・クルラーニーの家に入った。第四の城壁の内側にはシナの人々が住んでいるが、四つの区のうちでこれがもっとも大きい。ひとつの城門から他の城門までの距離は三マイルから四マイルで、今のべたような人々は、すべて果樹園、住宅、菜園などを持っている。

ザヒールッ・ディーンの屋敷に滞在していたとき、ある日、イスラム教徒の間に声望のある某法学者の大船が到着した。家人はその人物をわたくしにひき会わす許しを求め、

「サブタ（モロッコのセウタ）のキワームッ・ディーン先生でございます」といった。この名を聞いたとき、わたくしは驚いたが、その人物がはいってきて、型のごとく挨拶をしてから、よもやまの話に移ったとき、はたと思い当るところがあった。それで思わずじっと彼をみつめていると、

「そのようにご覧なさって、わたくしをお見知りのように存ぜられますが……。」

「いずれからおいでなさいました。」

「セウタでございます。」

「おお、わたくしはタンジャから参ったものです。」

その人はあらためて挨拶し、はらはらと涙を流した。わたくしの方も、ともにむせび泣いた。

「もしやインドにおいでになったことはありませんか」と聞くと、

「はい、デリーの都に参ったことがございます」と答えた。これを聞くや、わたくしはこの人のことを思い出した。そして、

「ではアル・ブシュリーさんですね。」

「はい、さようでございます。」

叔父にあたるアブル・カースィム・アル・ムルシーと一緒にデリーに来た人なのだ。あのころはまだ髭のない若者だったが、熱心な学徒で「ムワッター」（イスラム法学の大家マーリク・イブン・アナスの名著）を暗記していたものだった。わたくしが、この人のことをインド国王に知らせたため、金三〇〇〇ディーナールを下賜され、長くかの地に留まるようにとのお言葉を受けた。しかし、辞退してこのシナの地にやってきて、非常な名声と莫大な富とを得たのである。約五〇人ほどの下僕と、それと同数ほどの侍女を持っているとわたくしに語り、下僕二人、侍女二人をわたくしに贈ったほか、さまざまの品をくれた。後年わたくしはアフリカの奥地の黒人の国で、この人の兄弟とめぐり遇った。なんと二人は互いに遠くに離れていることであろう！

＊

カンジャンフーに一五日間滞在したのち、また旅を続けた。シナの国にはまことに結構なところもあるけれども、わたくしの気には入らなかった。いや、異教がこの国を支配していることを思えば、わが心ははなはだ楽しまなかった。一歩、宿から出ると、あまたの不都合なことを目撃する。それがつらいから、たいていは宿所に閉じこもって、やむを得ぬときのほかは外に出ないようにした。たまたまこの地でイスラム教徒に会うと、家族や近親者に会ったような気がした。法学者アル・ブシュリーは親切にも、わたくしがカンジャンフーを出発した際は、四日間も一緒に旅をして、バイワム・クトルー（鄱陽（はよう）？　またはトルコ語バヤーン・クトルーかともいう）まで送ってきてくれた。小さな都会で、シナの軍人や商人が住んでいる。イスラム教徒の家は、ただ四軒あるだけで、みなこの法学者の弟子である。そのうちの一軒に三日間泊ったのち、法学者に別れをつげて出発した。

いつものごとく河上をゆき、とある村里で昼食し、他の部落で晩餐をとるというふうにして、一七日の旅の後に、ハンサー（行在、すなわち杭州府）に到着した。この名はアラビヤの女流詩人ハンサーの名に似ているが、本当にアラビヤ語なのか、それとも単にアラビヤ名に似ているのであるかわたくしにはわからない。これは、わたくしが、この地表上で見た最大の都会であった。その長さは歩いて三日かかるほどであるから、旅人はこの町を（通過するに）歩いては泊り、歩いては泊りするのであった。シナの生活様式については いままで述べたごとくだが、ハンサーの市民も、それぞれ庭園と住宅を持っている。この都市は、後にあげるような六区に別れている。わたくし達が到着すると、そのカージー（法官）のアルハルッ・ディーンおよびシャイフル・イスラーム（長老）、エジプトから来たウスマーン・イブヌ・アッファーンの子達などが出迎えてくれた。ウスマーンの子達はハンサー在住のイスラム教徒中の有力者であった。彼らは旗、太鼓、ラッパ、角笛などを持っていた。またこの都市の軍司令官も護衛兵とともに出迎えた。

市内に進み入ったが、六つの区に別れ、それぞれ城壁に囲まれ、その外に大城壁がめぐらしてあった。第一市区には駐屯の兵士とその司令官とが住んでいる。法官やその他の人々の話によると、その数は一万二〇〇〇で、徴集した兵達である。その夜は、軍司令官の家で過し、翌日、ユダヤ人門というのから第二市区に入った。ここはユダヤ教徒、キリスト教徒、太陽を崇拝するトルコ族などが住み、その数も多い。この市区の長官はシナの人で、到着後第二夜はその人の邸にとまった。三日目に第三区に入ったが、そこにはイスラム教徒が住んでいる。ここは美しく、市場もイスラム諸国におけるごとく整えてあり、またモスクもそちこちにある。われわれが着いた時刻にはちょうど、ムアッジンらが正午の祈りを信徒らに呼びかけていた。

ここではウスマーンの子達の家に泊った。ウスマーンはミスル（エジプト）出身の豪商であったが、この町を愛して永住したのである。それで町もまたその人の名で知られている。彼は子孫に家格と名望とを伝えた。その子達は父に倣って、托鉢僧らをもてなしたり、貧窮者を救ったりしている。ウスマーニーヤという僧院を持っているが、立派な設備で、多くの慈善財産（ワクフ）を持っている。そこには一群のスーフィー（行者）が住んでいる。この町の大礼拝堂を建てたのもウスマーンで、慈善財として多額の金をこれと、前記の僧院に遺贈したのである。

この市区には多数のイスラム教徒が住んでいる。一五日、彼らのもとに滞在した間に、わたくし達は、昼も夜も、新しい宴会にのぞんだ。彼らはそのご馳走に豪奢をつくすことをやめなかった。また毎日、わたくし達とともに馬に乗り、市中のいろいろの場所に出かけては気晴らしをさせてくれた。ある日、わたくしを連れて、馬で第四の市区に赴いたが、そこは政庁のあるところで、大将軍クルタイの邸宅もあるのである。城門をはいったとき、仲間にはぐれ、某大官につれられてクルタイ将軍のところに行った。このとき聖者ジャラールッ・ディーンからもらった毛織の衣を将軍のため取り上げられたことはすでに話したごとくである。

この第四の市区は、もっぱら皇帝の奴隷や使用人が住むためのもので、六つの市区中もっとも壮麗であり、三筋の河が貫流している。その一つは大河からひいた運河で、食糧品や燃える石（石炭）などを小舟で、この運河により市内に運んでいる。また遊覧の舟も浮んでいる。ミシュワル（城塞または御殿）はこの市区の中心部にあり、まことに大きなもので、その中央に政庁がある。その周囲を城砦がめぐり、その内側の廊下には工匠達が坐って立派な衣裳や武器などをつくっている。クルタイ将軍がわたくしに話してくれたところによると、これらのムアルリム（親方）の数は一六〇〇人で、それぞれ三、四人の徒弟を持っている。すべてカーン（皇帝）の奴隷達であり、足には鎖をつけられ、宮殿の外側に住んでいる。これらは城内の市場に行くことは許されているが、城門外に出ることは許されないとのことであった。

将軍は、毎日、これらを一〇〇人ずつに分けて検閲し、一人でも欠けていれば、その隊長に責任を負わせる。それぞれ一〇年間勤めれば、そのかせをはずしてやるのが慣例であるが、その場合は、鎖に縛られずにそのまま続けて勤めるか、どこか好きな処へ行くか、どちらでも好きな方を選んでよいのである。ただし、それもカーンの領土内だけで、国外へ出ることは許されない。五〇歳に達すると、すべての労役を免除され、国費で養われる。もっともシナでは、すべて、この年齢、またはそれに近くなると、国費で養われることになる。六〇歳に達したものは、小児と同様に見なされ、法律は何の刑罰をも科さない。シナでは老人はすこぶる尊重され、みな「アーター」と呼ばれるが、それは「お父さん」の意味である。

クルタイは、シナの大将軍であるが、その邸宅にわれわれを招き、宴会を開いてくれた。宴会のことを彼らの言葉でトワ（トウィ）と呼んでいるが、町の主だった人々も列席した。イスラム教徒の料理人を呼び、家畜を屠り、料理をつくらせた。かくも高い身分にありながら、将軍自ら料理をすすめ、肉を切ったりしていた。この人のところに三日間おったが、その子息をしてわれわれを運河（西湖か?）に案内させた。ハルラーカ（火船、柴を積み敵船を焼くに用いる）に似た船にわたくし達を乗せ、将軍の子息は楽師や歌手達を連れて別の船に乗った。歌手達はシナ語、アラビヤ語、ペルシャ語などで歌っていた。将軍の子息はペルシャ語の歌に心酔しているらしく、やがて自分もこの言葉の詩を吟詠した。また幾度となくこれを繰りかえして歌わせたため、遂にわたくしも聞き憶えてしまった。それは可憐な声調で、次のようなものだった。

ター・ディル・ビミフナト・ダーディーム
ダル・バハル・イ・フィクル・ウフターディーム
チュン・ダル・ナマーズ・イスターディーム
カヴィー・ビミヒラーブ・アンダリーム

（悲しみに　心ゆだねて　それからは
憂愁の　あら海のなか　落ちしごとよ
祈りをば　いざ捧げむと　すぐ立てば
聖龕(せいがん)の　おん前にいて　胸はやすらか。）

さまざまの人が、思い思いに船に乗って運河に集まってきた。多彩の幔幕(まんまく)、絹の日傘、それに船そのものもあでやかに彩色してあった。その人々はやがて、手に手に蜜柑やシトロンをとって投げ合いつつ、戯戦を行なった。たそがれどき、わたくし達は将軍の居館に戻って、その夜をすごした。楽師達がきて、まことに妙(たえ)なる歌謡を歌うのであった。

同じ夜、カーンの奴隷である幻術師がでてきた。将軍が「何かそなたの不思議な術を見せてくれい」というと、いくつか穴のあいた木のまりをとり出した。その穴に長い革紐を通しておいて空中に投げあげた。すると、眼に見えぬほどのところまで上ってしまった。われわれは城塞の真中にいて、折から大暑の候であった。幻術師の手には革紐の端しか残らぬようになったとき、その弟子の一人に、これにつかまって空中に登ってゆけと命じた。弟子の姿はたちまち見えなくなった。幻術師は三度まで呼んだが返事がない。そこで、いかにも怒ったようなふうで、刀をとり、紐につかまって上るかと見ると、これまたたちまちに見えなくなった。やがて、地上に少年の手を投げおろし、つぎに足を、その次にはもう一方の手を、もう一方の足を、胴体を、頭を、というふうに順々に投げおとした。それからのち、喘ぎ喘ぎ下りてきたが、その衣類は血だらけであった。そして将軍の面前の地に接吻し、シナ語でしゃべった。将軍が何か命ずると、少年の肢体をひろい、一つ一つ継ぎ合わしておいて、一蹴りすると、少年はひょっこりと立ち上った。わたくしは全く仰天し、胸は激しく動悸をうつこと、インド国王のところでこれに似たものを見たときと同様であった。誰かが薬をくれたので、やっと気分が直った。法官アフハルッ・ディーンがわたくしの側にいて「なんの、なんの、本当は上りもしなければ、下りもせず、身体を切ったわけでもない。みんな幻術なのですよ」といった。

＊

その翌日、城門をくぐって第五の市区に入ったが、これが六市区中で最大のものであった。一般民衆が住み、市場も立派である。ここには腕のよい工匠達がいる。ハンサーウィーヤという織物のできるのもここである。この町で造る美しい品々のうちに「ダスト」と呼ぶ皿がある。これはカサブ（籐か竹）の小片を巧妙な技術で編み合わせ、つやつやした赤い塗料（漆）をひく、一組が一〇枚であるが、きわめて精巧なので、重ね合わせると、これを見るものは一枚だけだと思うほどである。これらを一まとめにして入れる容器がついている。同じ材料で、大皿もつくる。その驚くべき特徴の中には、高い所から落しても割れないし、熱い料理を入れても変色もしなければ、色がさめることもないことなどがある。これらの品はこの地からインド、ホラーサーンその他の国々に輸出している。

この市区の長官の家で一夜をすごし、翌日カシュティーワーナーン門すなわち「船頭」門を通って第六の市区に入った。ここには、船頭、漁夫、船大工、大工すなわちドルードガラーン、騎射兵、歩兵などばかりが住んでいるが、みな皇帝の奴隷達で、他の人々は住んでいない。しかし、これらだけでも大変な数である。この市区は大河の岸にあり、わたくし達は、その長官の客として一夜を過した（変わった名前はたいていペルシャ語。ときにトルコ語がつかわれている）。

クルタイ将軍は、われわれのために一隻の船を整え、食糧その他の必需品を積み込ませた。また至るところで、国賓として待遇されるように、その部下をつけてくれたのである。やがて、この町に別れをつげたが、これがスィーン（華南）の最後の都会で、これから先はハターー（キタイ、華北）に入るのである。

＊

ハターは世界でもっともよく開発された国で、全土をあげて一カ所として荒蕪地はない。もしそういう所があれば、その地の住民から、もしそこに住民がいなければその近隣地の民からハラージュ（地租）をとりたてる。果樹園、村落、田園が、河（大運河？）のほとりにたち並んで、ハンサー（杭州）からハーン・バーリク（大都、北京）まで続き、その間は六四日行程である。この地方にはムスリムの居住しているものはなく、たまたまおればそれは旅人である。その理由はイスラム教徒の永住に適せず、これという都会地がないからだ。村や、田圃ばかりで、至るところ果樹や甘蔗などである。世界中で、イラーク地方のアンバールからアーナまで四日行程の地域を除けば、これに似たところは見たことがない。毎夜、わたくし達は、どこかの村落に泊り、もてなしを受けた。

こうしてハーン・バーリクに到着した。別にハーニクーともいい、カーンすなわちスィーンとハターに君臨するシナの人々の大スルターン（天子）の都なのである。彼らの慣習に従いハーン・バーリクから一〇マイルのところに船をとどめ、提督達に報告書を出したところ、入港の許可があった。船着場に入り、それからその市街に上ったが、世界最大の都会の一つであった。しかしシナの他の都市とはことなり、園圃は城壁内にはなく、異国の町々におけるごとくその外側にあるのである。皇帝の住む市区は城塞のごとく、その中央部にあるが、これについてはのちにのべよう。わたくしはブルハーヌッ・ディーン・アッ・サーガルジー長老の家にとまった。インド国王が四万ディーナールを贈って、自国に招いたところ、その金を受け取って負債を払ったけれども、同国王のもとに行こうとはせず、シナに向かって旅立ったと前にも話したのは、このひとなのである。カーンはこれを領内に住むイスラム教徒全部の上にすえサドルッ・ジャハーン（世界の主の義）と敬称していた。

カーンとは称号で、名はパーシャーイ（ペルシャ語のパードシャーか?）、この地表上、異教徒にして、この人ほど広大な領土を持っているものはない。

その宮殿は、その居処と定められた市区の中央部にあり、ほとんど全部彫刻を施した木で造られ、その構えは驚くほど見事であり、七つの門がある。

わたくし達がハーン・バーリクの都に着いたとき、カーンは留守で、その従兄弟のフィールーズとの戦いに出向いていたのである。このフィールーズはハター地方のカラーコルム及びビシュ・バーリグ方面に拠って叛いていた。都からその地方までは三カ月ほどよく開拓された地方を旅するのである。サドルッ・ジャハーン（ブルハーヌッ・ディーン・アッ・サーガルジー）の話によれば、カーンは大軍を召集したが、それは騎兵一〇〇部隊で、一部隊は一万人であり、その長はアミール・トゥーマーンと呼ばれているそうである。そのほかに皇帝の親衛兵や侍臣などが五万騎もあり、歩兵は五〇万人であった。皇帝が進発したとき、諸王は、ヤサークの掟にそむいたという理由で、皇帝を廃そうと決議した。ヤサークとはかのイスラム世界を侵略した彼らの祖先タンキーズ・ハーン（成吉思汗）の定めた法である。そこで、叛いた従兄弟の方についてしまって、カーンに、退位してハンサー（杭州）を領地とするよう勧告状を送った。カーンはこれを拒絶し、かれらと戦って敗れ、殺されてしまった。

わたくし達が都について数日すると、この知らせがとどいた。すると市街は飾りたてられ、人々は太鼓や笛、ラッパなどをならして、一カ月ほども遊び興じた。そのころやっとカーンの死骸と、その一族、寵臣などのうち殺されたもの一〇〇人ほどのなきがらが運ばれてきた。人々はカーンのために大きなナーウースを造ったが、これは地下の家である。これに立派な絨緞を敷き、カーンの遺骸をその武具とともに安置した。また宮殿内の金銀の食器類だとか、四名の宮女と、親衛兵中もっとも名のあるもの六名に酒をみたした壺を持たせてそこに入れた。それからその家の口を塞いで、土をかけ、小高い丘のようにした。次に四頭の馬を連れてきて、この墓のほとりを走らせ、動かなくなるまでそうさせておいた。そこで墓の近くに大きな木柱を建て、これにさっきの馬を吊りさげたが、あらかじめ馬の尻から木を突き差し、その先が口から出るようにしたのである。前に述べたカーンの近親の人々の遺骸もそれぞれこういうナーウースに、武具、その家の食器類などとともに葬られた。そのおもなものは一〇人であったが、どの墓にも三頭ずつ馬を吊るし、その他の人々の墓には、みな一頭ずつであった。

信用のおける人の話によるとアフリカの黒人の国にも生きた人を死者とともに葬る風習があって、王が死ぬと、大きな地下室をつくり、その寵臣や奴僕及び大官達の子のうち男女あわせて三〇人ほどを一緒に入れる。このさい殉葬される人々の手と足をくじいて置くということである。

さて前に述べたごとくカーンが殺されたとき、その従兄弟のフィールーズが帝位につき、カラーコルムの町を都に選んだ。その理由は、その従兄弟であるトルキスターンやマー・ワラーン・ナハル（河向こうの地の義、アム河以北のトランスオクシヤナ地方）の王達の領土と近いためであった。やがて、前のカーンを殺す陰謀に加担しなかった諸王が、新しい皇帝に叛き、街道を塞いだので、混乱はようやくひどくなってきた。ブルハーヌッ・ディーン長老やその他の人々も、混乱がこれ以上ひどくならぬうちにスィーン（華南）に戻るがよいと勧めてくれた。そしてフィールーズの派遣した総督のもとに一緒に行ってくれたので、総督は部下三名をわたくしに同行させるとともに、いたるところで不自由のない待遇を受けられるよう書類を作ってくれた。わたくし達は河（大運河）をハンサーまで下り、そこからカンジャンフーに至り、次にザイトゥーンに着いた。あたかも、インド行きのジュンク隊が準備を整えており、その中にはジャーワ（スマトラ）のザーヒル王の船も一隻あって、乗組員はイスラム教徒であった。その船長はわたくしを知っていて、喜んで迎えてくれた。

柘榴みのるアンダルシヤ

一〇日ほどは順風に送られていたが、タワーリスィーの国に近づいたころ、空はかき曇り、篠つくような雨になった。それから一〇日間は日の目を見ることなく、見知らぬ海に来てしまった。船乗達は怖れてシナに引きかえそうとしたが、それもできなかった。こうしていったいどの海にいるのかわからぬまま四二日間を過した。四三日目の夜が明けたとき、約二〇マイルほどかなたに山が見え、風はその方に向けまっすぐに船を吹きつけて行った。船乗達は仰天し、「まだ陸地には遠いし、このあたりの海には島などないはずだ。風に吹きつけられたら、もうおしまいだ」といっている。みんなは、いまさらのごとく神にすがったり悔い改めたりしている。わたくし達もアッラーに祈り、預言者のとりなしを願った。商人達はさまざまの供物をすることを約束し、それをわたくしが文書にしたためてやった。

やや風は収まり、日の昇るころ、雲表に聳え立つ山の姿がはっきりのぞまれ、太陽はこの山と海との間に輝いていた。この光景には驚いたが、見れば船乗達は、さめざめと泣きながら、互いにこの世の別れを告げ合っている。

「いったいどうしたことか」とたずねると、

「山だとばかり思っていたのが、実はルッフ（ルクまたはロック、巨鳥）だった。おれたちを見たら最後、皆殺しにするだろう。」

もう船から一〇マイル足らずしか離れていなかった。そのとき、いと高きにおわすアッラーは、絶好の風を送り、反対の方向に船を転じさせたもうたので、われわれは遂に巨鳥ルッフを見ず、果たしていかようの姿形のものであるかを知るに至らなかった。

それから二カ月の後に、スムトラ（スマトラ）の町に着いた。あたかもザーヒル王は遠征から帰り、多数の捕虜を連れてきたところで、わたくしにも少女二人、少年二人を贈ってくれた。そして、わたくしは王子とその従姉妹との結婚式に参列する機会を得た。

＊

この島に滞在すること二カ月の後、あるジュンクに乗りこんだ。王は多量の芦薈（ろかい）、龍脳香、丁子、白檀などを土産にくれた。それから四〇日してインドのカウラムに到着した。ちょうどラマダーンの月も終るころであった（西暦一三四七年正月）。

それからカリカットに行って数日滞在した。最初はデリーの都に戻るつもりだったが、成行きが心配になったので、再び船に乗り、二八日の航海の後にアラビヤのザファールに着いた。それはヒジュラ後七四八年のムハルラムの月（西暦一三四七年四月末ころ）のことであった。かつてこの地を訪れたときはアル・ムギースという王が治めていたが、いま、ふたたびきて見れば、その子ナースィルの代となっていた。

また海に出てウマーンのマスカットに着いた。小さな町で、カルプル・マース（鰹（かつお））がたくさんとれる。

クライヤート、シャッバ、カルバなどの諸港を経てカルハートに着いた。みなウマーン地方にあるけれども、対岸のフルムズ国の一部となっている。

フルムズに三日いたのち、陸路をカウラースターン、ラール、フンジュバールを経、カルジーに着き、ジャマカーン、マイマン、バッサーを通ってシーラーズに出た。大法官マジュドッ・ディーンを再び訪れたが、すでに盲目となっていた。

シーラーズからマーイン、イスファハーン、トゥスタルを経てバスラにでた。みな曽遊の地である。マシュハド・アリー（ナジャフ）に詣で、クーファ、ヒルラを訪れ、サルサルからバグダードに着いたのが七四八年のシャッワールの月（西暦一三四八年正月）であった。

それからアンバール、ヒート、ハディーサ、アーナ等の町々を訪れた。このあたりは、この世でももっとも美しく豊穣な地方で、町々をつなぐ街道は人で溢れ、一つながりの市場かと思うばかりであった。これに比較できるのは、シナの大河（大運河）の沿岸のみであろう。

ラハバはシリヤの入口で、そこからスフナの町に行った。住民の大多数はキリスト教徒で、温泉が湧いている。タドモル（パルミュラ）を訪れた。詩人ナービガ（六世紀ころのアラビヤの詩人）が、

　　かれら磐石と円柱とをもてタドモルを築きぬ

と歌ったごとく奇巧をきわめたもので、ジン（妖精）がソロモン王のために築いたと言い伝えられている。

*

満二〇年を経て、再びダマスクスにきた。ここに身重の妻を残したまま去ったのである。インドにいたころ、男の子を生んだという便りがあったので、故郷モロッコのミクナーサに住む親元に金四〇

ディーナールを送っておいた。いまダマスクスに着いて第一に心にかけたのは、あの子の消息を得ることであった。礼拝堂に入ると、幸運にも主教ヌールッ・ディーン・アッ・サハーウィーに遭ったので、挨拶したが、わたくしを思い出さなかった。名乗ってから、子供のことを訊ねると、もう一二年も前に死んだということであった。またザーヒリーヤ学園に、ふるさとのタンジャの法学者がいると教えてくれたので、いそいでその人を訪ね、父親や近親の人々の消息を聞こうと思った。その人のいうところでは、わが父にはすでに一五年前にこの世を去られたが、母の方は在世中であるとのことであった。

その年の暮までダマスクスに滞在した。飢饉で、パンの値が暴騰していた。ヒムス、ハマー、マアッラ、サルミーン、ハラブ（アレッポ）を歴遊したが、七四九年のラビーウ前の月（西暦一三四八年六月初め）に至り、ガッザ（ガザ）に悪疫（黒死病）が起こり、わずか一日の間に死者が一〇〇〇人を越したという報が、アレッポの宿に達した。ヒムスに戻ると、すでにその地も疫病に襲われていて、わたくしの着いた日に三〇〇人ほどが死んだ。ダマスクスにもどると、ここも同じで、一日の死者二四〇〇人に達した。アジュルーンからエルサレムに行くと、その地の悪疫はすでに終熄していたけれども、かつて親しくした長老達はたいていはアッラーのみもとに去っていて、残っているものはほんのわずかであった。

数名の同行者を得て、ハリール（ヘブロン）に着き、アブラハムの墓に詣で、それからガッザ（ガザ）に行ったが、悪疫にやられて、市街はほとんど廃墟のごとくであった。土地の法官の話では八〇人の公証人のうち、生残るは四分の一のみで、毎日の死者が一一〇〇名に達したという。

陸路をディムヤット（ダミエッタ）に至り、ファーラス・クール、サマンヌードと泊りを重ねてアブー・スィールに着き、とあるエジプト人の僧院に宿った。そこへ一人の托鉢僧が来て、われわれに挨拶した。食物を差出すと「いえ、ただお目にかかるために参りましたので」といって受け取らない。そして一晩中、坐拝したり、ひれ伏したりしていた。わたくし達が、夜明けの祈りをすましても、かの僧は僧院の一隅に坐っていた。院長が食物を持ってきて呼んだが返事がない。近よってみたら、もう息が絶えていた。

それからアレクサンドリヤに赴いたところ、ここにも悪疫がはびこり、毎日一〇八〇名に達する死者を出したあとで、人口はまばらになっていた。次にカイロに着いたが、ここでも疫病のさかりには一日に死者二万一〇〇〇名に達した由で、かつて親しんだ長老達はみなあの世の人であった。

国王も、曽遊のころにいたアン・ナースィル・ムハンマドは死んで、その子ナースィル・ハサンの代であった（この間に六人の王がこもごも位に就いている）。

カイロからナイルを遡ってサイード地方（上エジプト）に向かい、アイダーブまで行った。そして船でジュッダに渡り、ヒジュラ後七四九年シャアバーンの月の二二日（西暦一三四八年一一月一五日）に聖市メッカに入った。

大祭に参加してのちシリヤの巡礼団に加わってメジナを訪れ、アル・ウラー、タブーク、エルサレム、ヘブロン、ガッザを経て、またカイロに戻った。そのとき、ふるさとモロッコのマリーン朝中興の英主アブー・イナーンの名声高く、天下の人々がその鐙（あぶみ）に接吻せんものをと王宮の門前に集まってくると聞き、また故旧なつかしの心に駆られ、遂に帰郷の決意を固めた。ああ、ふるさと……。

お護（まも）りかけてもらったところ……。

その土にはじめて肌のまみれたところ……。

チュニスの人の小さな商船で西の国へ急いだ。それは七五〇年サファルの月（西暦一三四九年四―五月）のことであった。

＊

わたくしはジェルバ島に上陸して滞在した。船はわたくしをおいてチュニスに向かったが、途中で敵のために分捕られたそうである。別の小船でカービス（ガベス）に行き、そこで預言者の誕生日を祝い、さらに海路をスファックスやブルヤーナに行き、こんどは陸路をアラブ人達とともにチュニスまで来たが、ずいぶん、不愉快な旅であった。このとき、チュニスの町はアラブ人に包囲されていた。この町に三六日滞在する間、いくどもその王アブル・ハサンの王宮を訪れた。

カタロニヤ（スペイン）人達とともに船でチュニスを出てサルダーニヤ（サルディニヤ）島に着いた。キリスト教徒の島で、多くの城砦がある。この地の人々はもしわれわれが出港するようなら、追ってきて捕虜とするつもりらしいとの情報を得たので、アッラーに二カ月間断食の願をかけ、無事にこの島から脱出のかないますようと祈った。そしてことなく出航し、一〇日後にタナスに、ついでマーズーナ、ムスタガーニム、ついにティリムサーンに入港した。それから進んでアズガンガーンの近くまで来たとき、徒歩のもの五〇人ほどと騎馬のもの二名とに襲われた。こちらも応戦の覚悟をきめ、旗をひるがえした。先方から和睦を申し込んできたので、事なくすんだ。次にターザーの町に着いたとき、母親が疫病で死んだという知らせを受けた。都ファース（フェズ）に帰着したのは七五〇年シャアバーンの月の終りの金曜日（西暦一三四九年一一月一三日）であった。

ふるさとにもどり、アブー・イナーン王の前に立てば、その威厳はイラーク王のそれを、美しさはインド王のそれを、優雅な態度はヤマン王のそれを、勇気はトルコ族の王のそれを、温容は東ローマ皇帝のそれを、敬虔さはトルキスターン王のそれを、知識はジャーワ王のそれを忘れさせるのである。

わたくしはこの王のしろしめす気高い国に旅の杖を棄てた。山海万里、やはりこの地に優る国はな

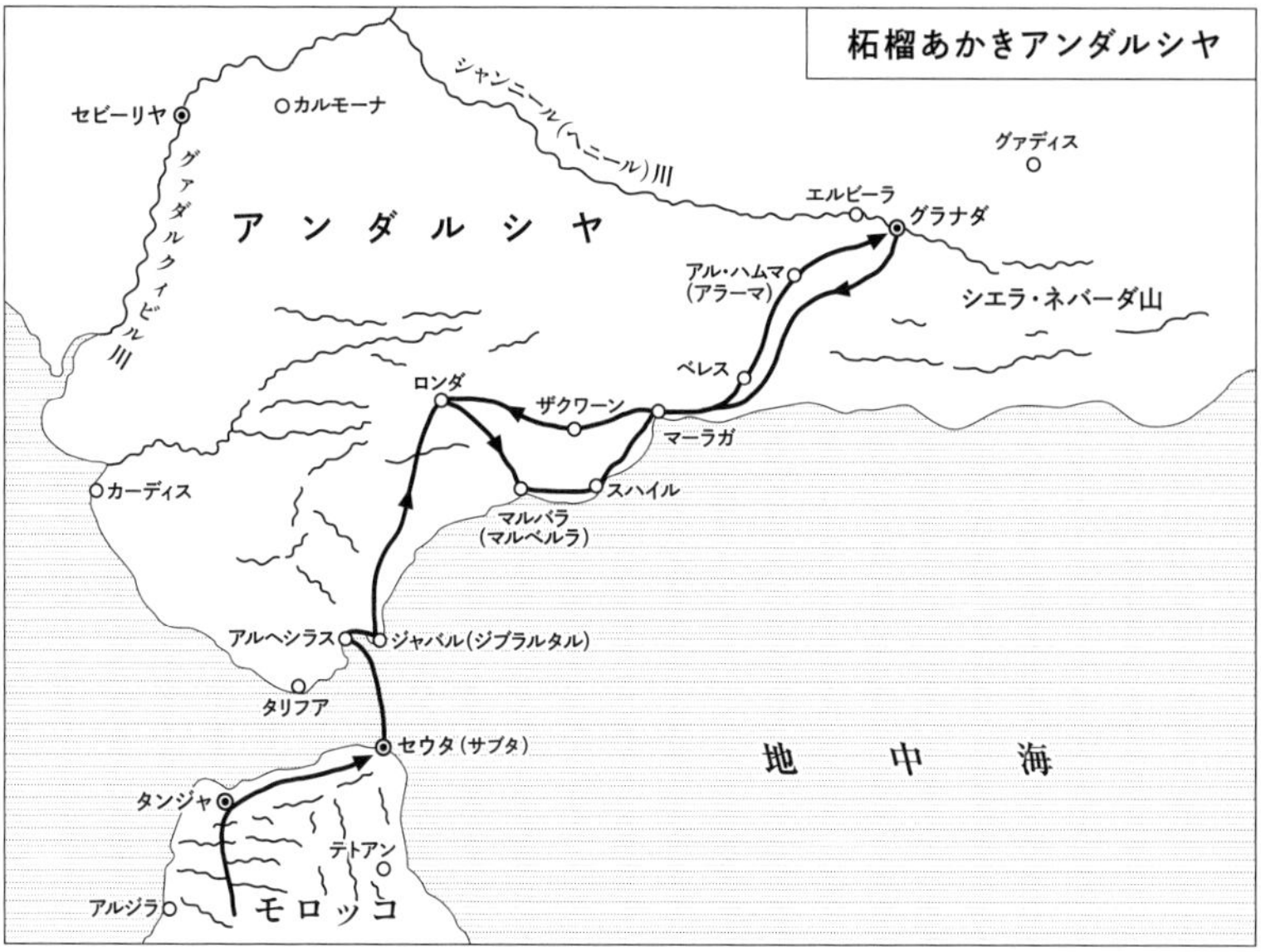

柘榴あかきアンダルシヤ

いことがわかったからである。

＊

フェズの都にしばらくいた後、母親の墓に詣でようと、ふるさとの町タンジャ（タンジェル）に帰った。それからサブタ（セウタ）に移って何カ月かを暮らしたが、そのうち三カ月は病気していた。しかしアッラーのお恵みで快癒したので、異教徒に対するジハード（聖戦）に加わろうと思い立ち、セウタから、小さな船で海を越えアンダルス（アンダルシヤ）に赴いた。

それはキリスト教徒の暴君アドフーヌス（アルフォンソ一一世）が死んで間もなくの時であった。かれはジャバル（ジブラルタル）を一〇カ月も囲み、アンダルシヤに残ったイスラム教徒の土地をことごとく奪い去ろうとしたのであったが、突然にアッラーはその命を召され、かれは疫病で斃れたのであった。

最初に見たのは「征服の山」（ジブラルタル）であった。先人の残した防塞の設備などを見て、最後の日までこの地を死守する人々のうちに加わろうと思った。かつて（西暦七一一年）イスラムの武将ターリク・イブン・ジヤードはここを足掛りとしてスペインの征服を行なったので、この山もまたジャバル・ターリク（ターリクの山……ジブラルタル）または「征服の山」（ジャバル・ファトフ）と呼ばれてきたのである。いまもターリクの築いた城壁の残りがあって、「アラブの壁」とよばれている。

ジブラルタルから、ロンダに行った。イスラム教徒にとって屈強の要地である。父方の従兄弟のアブル・カースィム・ムハマンド・イブン・バットゥータがこの町の法官を勤めていた。

五日後、マルバラ（マルベルラ）に向かったが、途中の路はすこぶる険阻で障害物が多かった。ここは海に臨んだ小綺麗な町だった。おりから騎兵の一隊がマーラカ（マーラガ）に行くところだったので同行しようと思いながら、遅れてしまった。あとから出発してスハイルというところまで行くと、馬が一頭、溝の中に死んでいて、その少し先に魚を入れた籃（かご）がころがっていた。何だか不安になったけれども前方に監視兵の望楼があるので、「敵が現われたのなら、塔の番兵が合図してくれるはずだ」と思いかえした。

とある民家に入ると、そこにも馬が死んでいた。そのとき、後方から叫び声がするので、道をとってかえし、同行の人と一緒になると、そこにはスハイルの守備隊長もいて、次のようなことを知らしてくれた。「敵の軍船が四はい沖に現われ、一部が上陸してきたが、折悪しく監視兵が望楼にいない時のことだった。マルベルラから来た一二名の騎兵隊が、これと遭遇し、一名は殺され、一名は逃げ、残りは捕えられた。一人の漁夫が騎兵隊と一緒にいたが、これも殺された。」

わたくしが見た魚籃はその男のものだったのである。

守備隊長の勧めで、その夜はスハイルの城塞にとめてもらった。敵の軍船は、まだ付近に投錨している。翌日、隊長自らマーラガまで護衛してくれた。

マーラガはアンダルシヤの主邑の一つで、壮麗な町である。地の利に加えるに海の便を兼ね備え、果物その他食糧品が豊富である。その柘榴は「紅玉のムルスィー」と呼ばれ、世界に比類のないもの。葡萄、無花果、巴旦杏なども多量に産する。また金色の美しい陶器をつくり、よほどの遠国まで輸出している。

＊

マーラガからバルラシュ（ベレス）に向かったが、この間は二四マイルである。マーラガと同様に葡萄や無花果などの名産地である。それから温泉の所在地アル・ハムマ（アラーマ）を経てガルナータ（グラナダ）に赴いた。アルダルシヤの都であり、都市中での花恥かしい新婦である。そのあたりは名高いシャンニール（ヘニール）をはじめ多くの川が流れ、四〇マイルにわたる世界でもたぐいなくよい土地である。花園、果樹園、牧場、菜園、城砦、葡萄畑などが八方からグラナダをとりかこんでいる。もっとも秀麗な場所の一つは「ダムウ（涙）の泉」とよばれる山上で、菜園や花園がつらなっている。

わたくしが訪れたとき、グラナダに君臨していたのはアブル・ハッジャージュ・ユースフ（ナスル朝第七代、在位一三三三—五四年）であった。病床にいられたので、お目にはかかれなかったが、母后よりは金貨を贈られた。

グラナダから、もとの途をマーラガに戻り、ダクワーン城に向かった。水利がよく、果樹の多いところである。ロンダ、バヌー・リヤーハの町を経てジブラルタルに至り、往路と同じ船でセウタに帰航、さらにアルジールに数カ月滞在したのち、サラー（サレー）を経てマルラーケシュ市に行った。

驚くべき高塔があったので、登って見ると全市が一望の下に展開して見えた。広大でまことに美しい町ではあるが、惜しいかな大部分は荒れはてていて、その点バグダードに似ている。

サハラの奥地へ

サラー、ミクナーサなどの町々を経て、都フェズに帰った。わが君に暇乞いしてスーダーン（黒人の国の義、ここではサハラ砂漠の奥地、チャード湖、ニジェル河畔方面をさす）に向かって旅立った。

まず着いたのはシジルマーサという美しい町であった。なつめやしの多いことは、バスラに似ているが、その品質はこの地のものの方が優れている。法学者アブー・ムハンマド・アル・ブシュリーの家の客となったが、この人の兄弟とはシナのカンジャンフー（建昌府）で会ったことがある。この兄弟、なんとお互いに遠く離れていることであろう！　またこの町で、駱駝数頭を買い求めた。

ヒジュラ後七五三年の聖なるムハルラムの月の初め（西暦一三五二年二月一八日）諸国の商人の組織した隊商に加わってシジルマーサを出発し、二五日後にタガーザーという不毛の地にある部落に着いた。珍しいことには人家もモスクも岩塩でつくり、屋根は駱駝の皮であった。樹木はなく、ただ見る一面の砂原であるが、そこを掘ると大きな塩の板が層をなしており、あたかも、板形に切って、地中に重ねて埋めたように見える。一頭の駱駝でやっと、この板を二板運べるだけである。

タガーザーに住んでいるのは、塩を掘るマッスーファ族という奴隷民だけで、ダルアやシジルマーサから運んできたなつめやし、スーダーンのアンリーという粟の一種、それと駱駝の肉などで生きている。このアンリーは塩と交易されるが、黒人は岩塩を適当に切り通貨として用いている。

タガーザーに一〇日間滞在したが、水は塩辛いし、それに今まで見たこともないほど蠅が多く、ほんとに辛く苦しかった。しかしこれからさき一〇日間は砂漠で、ほとんど水がないから、ここでしこんでいかなければならぬ。

それでも、わたくし達はこの砂漠の中で雨水の溜りをいくつか発見した。ある日など、二つの岩山のあいだに池を見つけたのであるが、その水は実に美味であった。心ゆくまで飲み、衣類を洗ったりした。この砂漠にはまた虱（しらみ）が多く、旅行者は襟に水銀をふくませた糸を巻いておかねばならぬほどである。そうしていると虱は死んでしまう。

ターサラフラーに着くと、雨水が地下にためてあった。ここで三日間休養した。このあいだに皮袋を修理して水をつめ、そのまわりに厚い布を縫いつけて蒸発をふせぐのである。また、この地からタクシーフというものを派遣することになっている。タクシーフの役をつとめるのはマッスーファ族のもので、砂漠のかなたのイーワーラータンまで、隊商の到着を知らせる手紙を持って先行するのである。手紙をもらった方では、宿泊の準備をし、水を持って四日行程のところまで出迎えに来る。時にはタクシーフが途中で遭難して、手紙がとどかぬこともあるが、その場合は隊商全部、または大部分が滅び去るような悲惨事が起こる。この大砂漠には悪魔がはびこり、もしタクシーフがひとりきりだと、これをもてあそび、ばかし、迷わして死に至らしめる。ほんとに、ここには路も足跡もなく、風のまにまに流れる砂があるだけである。いまここに砂の山々があっても、しばらくすると他の場所に動いているという有様である。

タクシーフをつとめる人々は、いくどとなくここを往復した猛者（もさ）どもで、きわめて明敏な頭脳をもっている。驚いたことに、われわれ一行の雇った先達の一人は片眼で、もう一方の眼も病んでいた。しかし砂漠の路には誰よりも精通していた。そして出発後、七日目に、はるかかなたに出迎えの人々の焚く火が見え、一行は狂喜したのであった。

そこまで行くと、輝かしくも美しい草原となり、胸はふくらみ、心はのんびりとなる。盗賊の心配もないが、ただ多数の野牛がおって、しばしば群をなして接近してくるので、犬や弓矢で狩ることができる。しかしその肉は渇きを強くさせるので、食べぬ人が多い。珍しいことには、その胃袋に水がはいっている。マッスーファ族のものが、それをしぼって飲んでいるところを目撃した。またこのあたりには蛇も多い。

出迎えの人達から水をもらって、馬にも飲ませ、再び荒野に進み入ったが、恐ろしく暑くなった。今まで経験したところとは全く違った暑熱であった。そしてイーワーラータンに着いたのがラビーウ前の月の一日で、シジルマーサを出てから満二カ月の後のことであった。ここはスーダーンすなわち黒人の国のはじまるところである。この町を治める代官はファルバー・フサインという人であったが、ファルバーとは副王とか代官などの義である。

商人達は商品を広場に積み、黒人を頼んで見張りをさせ、自分達はファルバーのもとに赴いた。彼は屋根のようなものの下に、絨緞を敷かせて坐り、衛兵は槍や弓矢を持って背後に控えていた。商人達がその前に立つと、総督は何か通訳を介して言葉をかけた。これは軽蔑のあまりわざとそうするのである。このとき、わたくしは、彼らの教養のなさや白人に対する無礼な態度などを見て、つくづくこんなところまで来たことを後悔した。

イーワーラータンの監察官が隊商に加わってきた人々を宴会に招待した。わたくしは辞退したが、皆に勧められて、しぶしぶ出席した。挽き割りの黍（きび）に、少しばかりの蜜と酸乳をまぜたもの、これを瓢箪を二つ割りにしたものに入れて持ってきた。一同これを飲んで、もう帰りかけるから、「黒ん坊ども、これだけで皆をよんだのか」とたずねると、「そうとも。奴らにとってはこれが最上のご馳走なのさ」。ここにおいて、わたくしには、あやつらは全くとりえのない者どもだということがよくわかったので、一時はこのまま帰ろうかと思った。しかし、やはり彼らの王とやらのいるところを見に行こうと決心した。

イーワーラータンに五〇日ほどいたが、いや暑いのなんのってお話にならぬ。住民の大部分はマッスーファ族で、女達はまことに美しく、男達よりも優れてもおり、気質もよろしい。これらはみなイスラム教徒で、規則正しく祈りをし、コーランを読誦する。男達は父の名を名乗らず、母方の叔父の名をあげて、その甥と称している。子がない場合は姉妹の子に財産を譲る。

＊

黒人の王の都マールリーまでは急いで二五日行程の道である。わたくしはマッスーファ族の案内者を一人雇った。このあたり、治安はきわめてよいから、多勢の道連れはいらぬ。三人だけ同行者があったが、街道にそい、多くの大樹（バオバブ樹）が続いていた。その一本だけで、一群の隊商を樹蔭に休ませ得るほどであった。また幹が腐って空洞となり、雨水がたまって井戸のようになったものもあって、旅人達が渇を癒やすによかった。またその中に蜜蜂が巣をつくり、蜜がとれるものもあった。そういう空洞の中にはた織が道具をすえつけて働いているのを見かけびっくりしたことがある。

これらの樹木の中には、すもも、林檎、桃、杏子（あんず）などに似た果物の実るのもあるが、別の種属のものである。また長い胡瓜に似た形の実のなるのもあり、熟すと割れて、粉のような中身を出す。これを煮て食べたり、市場で売ったりしている。土人は地中から蚕豆（そらまめ）に似た実を掘り、油揚げにして食べる。また粉にひき、すももに似た甘い果物と一緒に油で揚げて一種の菓子をつくる。その種（たね）をつぶして油をしぼり、炊事、燈火、油揚げなどに用いたり、身体に塗ったり、土にまぜて家の壁を塗ったりする。

旅人は食物や路銀を携帯する必要はないが、岩塩、ガラスの装身具、香料類などを持たなくてはならぬ。これらでもって沿道の村々で食糧と交換すればよい。イーワーラータンから一〇日で、ザーガリー村に着いた。ワンジャラータとよばれる黒人の商人達が住んでいる。

ザーガリーを出て大河の岸に出た。ナイルである（今のニジェル河）。カールサフーの町はその岸辺にある。ここから河を下れば、カーバラとザーガに至るが、それぞれその酋長があり、マールリーの王に臣属している。ザーガの民はすでに昔からイスラム教に帰依し、学問に熱心である。ザーガからさらに河を下ればトゥンブクトゥ（ティンブクトゥ）とガウガウを経てムーリーに至る。リーミー族の国で、マールリー王の支配地はそこまでである。さらにユーフィーまで下ると、黒人の大王の一人が都しているが、まだ白人でそこまで行ったものはない。あえてすれば黒人に殺されてしまうからである。

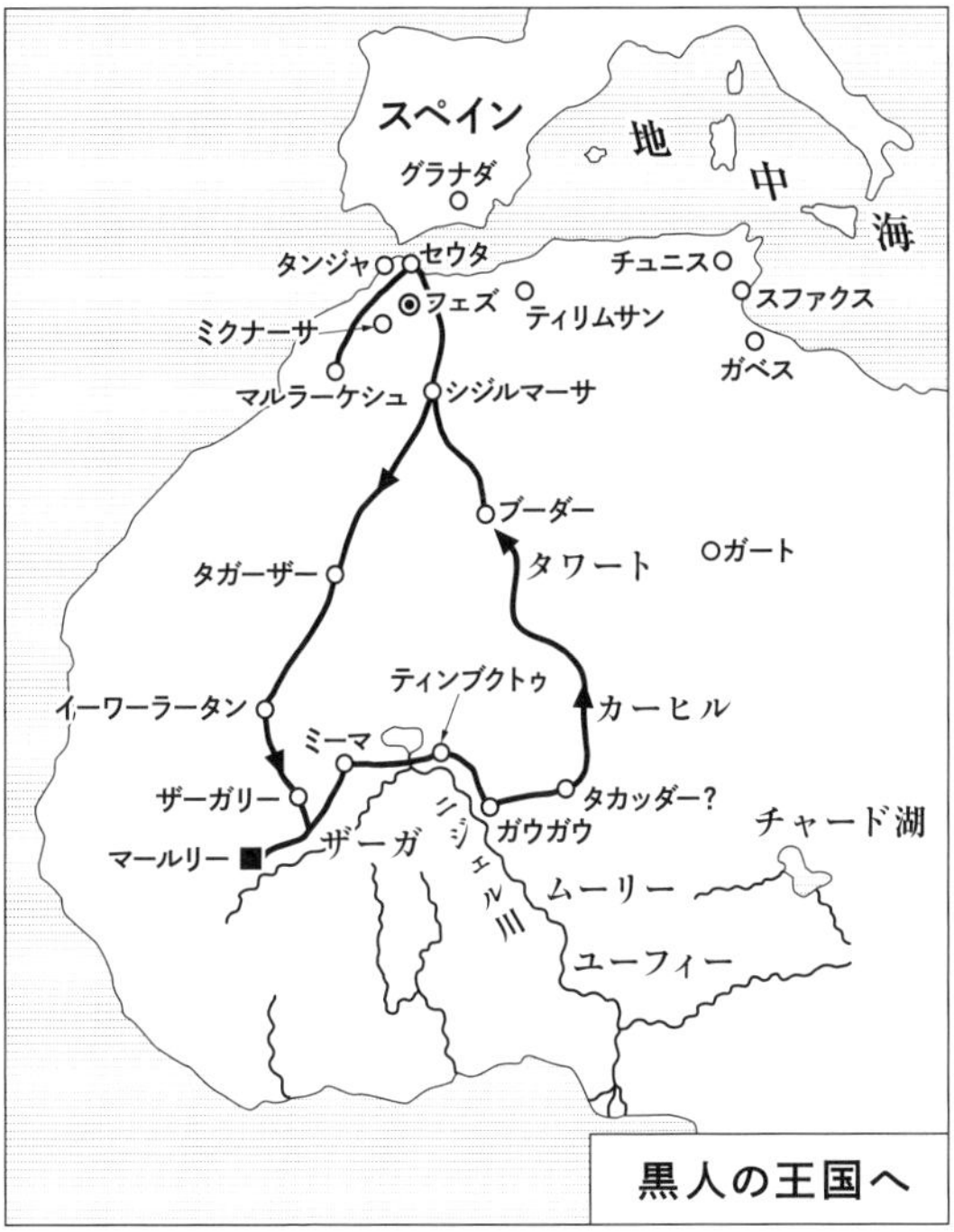

カールサフーからサンサラ河に至った。そこからマールリーまで

黒人の王国へ

は約一〇マイルである。前もって許可を得なければ、これから先には進めないのであった。

マールリーは黒人の王の都であるが、白人の居留地もあるので、わたくし達はそこに宿を定めた。一〇日ほどして後、蓮芋に似たカーフィーというもので製した濃い粥を食べた。この地の民が何よりも好物としてもいるのであるが、翌日から、わたくし達六人がみな病気となり、遂に一名は死んでしまった。わたくし自身は朝の祈りに出かけ、その最中に意識を失ってしまった。あるエジプト人が、バイダルという薬を飲ませてくれた。それは何かの植物の根の粉末に茴香(ういきょう)と砂糖を交ぜ、水に入れてかきまぜたものである。これを飲むと、食べたものをすっかり吐き、多量の黄色い液をも出し、命をとりとめた。しかし二カ月ほど病んでしまった。

マールリーの王はマンサー・スライマーンで、マンサーとは王を意味する。けちな人物で、とても相当なものなど貰えるものではなかった。病気が癒えてのち、この王からの贈物がとどいたと大騒ぎするので、恐らく礼服に相当の金子かと思ったところ、丸パン三箇、牛肉の揚げもの一きれ、凝乳をつめた瓢簞とそれだけであった。わたくしは笑いがとまらず、今さらのごとく彼らのけちさ、あさはかさにあきれたのである。

それからさらに二カ月も滞在したが、王は何一つくれるではなかった。この間、しばしば王宮に出かけて大官連と近づきになった。通訳官のドゥーガーが「王に何なりと仰せられることがあらば、お取り次ぎ申しましょう」といってくれたので、ある日、王の御前につっ立ち上り、「世界各地を旅して、多くの国王を知りました。ご当地に参って、はや四カ月になりますが、まだ賓客として待遇もしてくれなければ、何も頂戴してはおりません。他の王様達にあなたさまのことを何と申したらよいでしょうか」というと、「お前などとはまだ会ったことはないぞ」と答えた。そこで法官達が立ち上って「いえ、すでにこの方はご挨拶に参りましたし、王様も食物をおやりなされました」といった。王はそこで、やっと、宿舎をあたえ、滞在の費用も出してやれと命じた。

君主に対し黒人ほど服従の意を示し、卑屈な態度をとる人間はない。国王が謁見の間で、誰かを呼ぶと、呼ばれた方は、着物を脱いで、古ぼけたのに替え、ターバンをとって穢(きたな)い球帽をつけ、下袴をたくしあげ、おどおどしてはいってくる。両肘をしたたかに地面にうちつけ、祈りをするような恰好に這いつくばい、王の仰せに耳をすます。もしこちらから何かいって、王がそれに答えると、その者はおのが着物をぬぎ去り、埃(ほこり)をつかんで自分の頭や背にぶっかける。わたくしはこの有様を見て、よく目をつぶさぬものだなあと感心した。

黒人には長所もあれば短所もある。不正行為が少なく、国内の治安がよくととのい、在住の白人の財産を保護し、その死後もこれを没収することなく確実な者に保管させ、正当な相続人の現われるのを待つ。またイスラム教の戒律を厳守し、コーランの諳誦に熱心で、子供などがこれを怠ると足に枷(かせ)をつけ、憶えてしまうまではずしてやらない。かつて立派なみなりをした若者が鎖に繋がれているのを見たので、「人殺しでもしたのだろうか」というと、その若者は笑い出した。そばにいた人が「いえ、コーランの諳誦をさせるために縛ったのです」といった。これらが美点である。

とがむべき点を挙げると、まず侍女、女奴隷、一般の少女まで、全裸体で平気で男性の前に姿を現わすということがある。王宮で食事を頂いたときも、給仕の女性二〇名あまりは全くの裸であった。

国王の前に出るとき、あらゆる女性は裸体となるが、王女などまでそうである。ラマダーンの終りに、一〇〇名あまりの女奴隷がそういうふうで食物をささげて王宮から出てくるのを見た。相手に敬意を表し、自分が礼儀正しいことを示すために、自ら埃や灰を頭にぶっかける。自然に死んでいたけものの肉や、犬、驢馬などまでを食べることもその一つである。

＊

ヒジュラ後七五三年ジュマーダ前の月の一四日（西暦一三五二年六月二八日）にこの都に入り、七五四年ムハルラムの月二二日（一三五三年二月二七日）まで、満八カ月あまり（イスラム暦では毎月の日数は三〇日か二九日）滞在した。アブー・バクルという商人とともに、この地に別れを告げ、ミーマ街道に出た。馬はたいそう高価なので駱駝に乗ることにした。ナイル（実はニジェル河）から出ている大きな疏水のところまででたが、船がないと越せないし、それも夜でないと駄目である。月光をたよりに、その岸辺に着いたが恐ろしい蚊の群れであった。

そのとき岸辺に近く、一六頭の巨大な動物がいるのを見た。初めはこのあたりに多い象かと思ったが、見ているまに河中にはいってしまったので驚いた。アブー・バクルに「あれはなにか」と訊ねると、「河馬が草を食べに出てきたのです」という。頭は馬に似て、もっと大きく、脚は象に似ていた。その後ティンブクトゥからガウガウまで独木舟（まるきぶね）で旅したとき、再びこのものを見た。かれらは河水の中を泳ぎ、時々頭をあげてフーッと息を吐く。舟の人々は、これを恐れ、溺れまいとして岸辺に近く逃げるのだった。

土地の人々は銛（もり）に強い綱をつけたものをこれに打ちこみ、岸辺に引き寄せて殺し、その肉を食べる。だから岸辺にはその骨がたくさんころがっている。

疏水を船で下り大きな部落についた。そこはファルバー・マガーという黒人の総督の駐在地であった。この人はかつて、今のマールリーの王の先々代であるマンサー・ムーサーとともにメッカ巡礼を果した立派な人物であるが、次のような話をしてくれた。

ムーサー王が、この地を訪れたとき、アブル・アッバースという白人の法官を連れていた。王はこの人に四〇〇〇ミスカールの金を旅費として与えたところ、ミーマまで行ったとき、その金を盗まれたと訴えてでた。王はミーマの総督を呼び、「盗賊を捕えて来よ。さもないと汝を死刑にしようぞ」といった。ミーマにはおよそ盗人というものはいなかったから、捕えようもなかった。そこで総督は、法官の宿に行って、その従者をおどしつけたところ、一人が、「主人はあの金を盗られたのではございません。かくしただけのことなんで……」といって、かくし場所を教えた。

総督は早速、その金を持って、王のもとに訴えて出た。王は大いに怒って、法官を人を食う異教徒の黒人のもとに流してしまった。そこに四年間暮らしたところ、王はやっと彼をその故郷に帰してやった。四年もいてなぜ食人種どもに食べられなかったかというと、それは彼が白人だったせいである。実際、その人々は白人の肉はよく熟していないから毒だ、黒人の肉だけが熟しているといっている……。

かつてスライマーン王のもとへも、これらの食人種の一群がやってきたことがあった。耳には一〇センチあまりの大きな輪をぶらさげ、絹のマントをはおっていた。その国には金鉱もあるので、王も鄭重にあつかい、贈物として侍女を与えたところ、屠って食べてしまい、その血を顔や手に塗って、王のところへ礼をいいにきた。この人々にいわせると胸と手の平の肉が一番上等であるとか。

＊

クリー・マンサーという所で泊ったとき、乗用の駱駝が死んだと知らされた。でて見たときは、すでに黒人たちが食べてしまったあとであった。二人の下僕を二日行程をへだてたザーガリーまで駱駝を買いにやり、その帰りを待って六日間その地に滞在した。アブー・バクルはミーマに向かって先発したが、その友人達がわたくしと一緒に残ってくれた。

ある夜のこと、夢に見しらぬ人が現われて「イブン・バットゥータよ、何故に毎日、ヤー・スィーンの章（コーラン第三六章）を誦えぬのか」といった。このとき以来、旅中であれ、自宅であれ、わたくしは一日としてこれを欠かしたことはない。

ミーマを経て、トゥンブクトゥ（ティンブクトゥ）に着いた。ニジェル河から四マイルをへだて、住民の大部分はマッスーファ族で、顔の下半分をリサームという布で蔽っている。

そこから独木舟で河上を進んだ。毎夕、どこかの部落に上陸して、塩、香料、ガラス器などを出しては食糧に換えた。

ある日、地名は忘れたが、ファルバー・スライマーンという人の治めている土地に上陸した。この人は勇名のなりひびいた猛者で、誰にも弦がかけられぬほどの剛弓をひく。わたくしは黒人のうちに、これほど背が高く逞しい男を見たことがない。ちょうど、預言者の誕生日であったが、いくらかの黍を所望にその家に行くと、「何用で来られた」という。そばに秘書役がいたので、その前にあった書付板をとって、「旅の食糧に黍が少しばかり欲しいと将軍にお伝え願います」と書いた。

恐らく秘書役が、これを土地の言葉に訳して取り次いでくれるものと思っていたところ、アラビヤ語のままで読みあげた。すると将軍は直ちにこれを理解したらしい。そしてわたくしの手を執って客間に導いたが、そこには楯、弓、槍などがたくさん並んでいた。それとともにバグダードの学者イブン・ジャウジー（西暦一二〇一年没）のキターブル・ムドヒシュ（驚歎の書）というイスラム神学の書が置かれてあった。黍の粉に蜜と酸乳を加えて水に入れたダクヌーという飲物を出し、次に西瓜をすすめた。

身のたけ五あたり（一メートルあまり）ほどのちび小僧がはいってきた。将軍はこれを呼び、わたくしに向かい「おもてなしのしるしとして、こやつを差し上げます。逃げないようにお気をつけなさいまし」といった。有難く頂戴して、帰ろうとすると、「今、食事を差し上げます」という。そこへダマスクス生まれのアラブ系の侍女が来て、いろいろ話しかけた。そのうちに家の中が騒がしくなって、この家の令嬢が死んだという知らせがあった。将軍は、

「わしは涙を見るのがいやだ。客人、河の方へ参りましょう」といった。河岸に、いくつもの別宅を持っているのである。家人が馬を一頭つれてくると、将軍は、「お乗りなさいまし」とすすめた。「いや、ご辞退申します。あなたが歩かれるのですもの」と断り、二人で河岸の家に歩いて行った。そこでご馳走になって船に戻ったが、黒人中、これほど立派な人物は初めて見た。彼がくれた小僧は今もわたくしの家にいる。

*

ガウガウ（ゴゴ）に着いた。河に臨んだ大きな町で、黒人の都市中、もっとも広く、物資の豊かなところである。米、乳、雞、魚などに富み、イナーニーという胡瓜は絶品である。住民の通貨はワダア（宝貝）で、この点はマールリーと同じである。ここに約一カ月滞在したのち、多人数の隊商に加わってタガッダーに向かった。先達はウチーンという人であったが、黒人の言葉で「狼」を意味する。

　わたくしは牡駱駝に乗り、牝駱駝に荷を積んでいたが、最初の日も終るころ、牝の方が立ちどまったと思うと、ばったり倒れてしまった。隊長はその荷を外して、皆に分けて運ばせることにした。ところが、ひとりモロッコのターダラー出身の男だけは、ちょっぴりでも持ってやるのはいやだと断った。またある日、わたくしの奴隷が渇きに苦しみ、この人に水をもとめたが、一滴もくれなかった。

　ベルベル人中のバルダーマ族の勢力地にきた。このあたりを旅するには是非とも、彼らの保護を受けないと危険であるが、女の方が男よりも一層たのもしい。彼らは遊牧の民で、同じ所に永くは住ん

でいない。女達は世界に比類のないほど美しく、容貌は可憐で、すっきりと白く、またふくよかである。全世界でこの部族のものほど体格のよい女性は見たことがなかった。常食は牛乳と、黍の粉とをまぜ、水を加えて朝晩飲むのである。

わたくしは酷暑と胆汁過剰のため、この地で病気になった。そして途を急いでタカッダー（タガッダー）に着いた。この地の家屋は赤い石で造ってある。地下水は銅の鉱山を通ってくるため、色も味も変わっている。また蠍が多い。幼児はよくこの虫のために殺されるが、成年者の被害はまれである。住民はもっぱら商業に従い、毎年エジプトに出かけて美麗な布類その他を仕入れてくる。そして富裕な暮らしをしている。ここから輸出する主なものは銅である。

タカッダーのスルターンはイザールというベルベル人で、町から一日行程ほどの所にいた。わたくしは案内人を雇って、共に会いに出かけたところ、王は裸馬の背に見事な緋色の毛氈を敷いてまたがり、マントも下袴もターバンもすべて青色のものをまとって迎えにきて下された。護衛のテントに泊めてくれ、わたくしには羊の丸焼と一椀の牛乳をくれた。この人々はパンなどというものは食べたことはなく、知りもしないのである。王のあてがってくれた天幕に六日滞在したが、この間、朝晩一頭ずつの羊を丸焼きにしたものを送ってもてなしてくれた。

＊

タカッダーに帰ったとき、われらが御主アブー・イナーン王の使者がきてわたくしに都に来よとの命を伝えた。直ちに駱駝二頭、七〇日間の必需品を準備したが、タカッダーからタワートまでの間、小麦は全く手に入らず、わずかに肉、酸乳、バターなどを布と交易できるだけである。

七五四年シャアバーンの月の一一日の木曜日（西暦一三五三年九月一一日）に大規模の隊商の群れに加

わってタカッダーを出発した。この中には六〇〇人ほどの女奴隷も加わっていた。

牧草の多いカーヒルに着いた。商人達はベルベル人から羊を買い、その肉を細紐のごとく切って乾燥させていた。これはタワートの人々の輸入品の一つである。

そこから三日間、水もない不毛の砂漠を越え、さらに一五日間、水はあるが、不毛の荒野をわたり、鉄分の多い水のある地点に出た。ここで路は二分し、一つはガートを経てエジプトに、もう一つはタワートに通ずるのである。

さらに一〇日を経てハッガル族というベルベル人の住む所まできた。彼らは布で顔を蔽っている。何一つ長所のない無頼の徒である。首長のひとりが迎えにでたが、実は隊商を妨害にきたようなもので、布帛やその他の品をやる約束をしてやっと退かした。ただ折よくラマダーンの月だったので、格別乱暴はしなかった。沿道のベルベル人はこの期間には侵攻も掠奪も行なわぬのである。

ハッガル族の土地を一カ月間、旅したのであるが、樹木もろくになく、石ころだけであった。

ラマダーン明けの祭の日、やはり顔の下半分を布でつつんでいるベルベル人の某部族の地に着くと、われら祖国の情報を伝えてくれた。それによると、ハラージュ族やイブン・ヤグムール族の者どもが叛乱を起こしたということであった。隊商の人々はこれを聞いて憂愁につつまれた。

タワート地方の主な村の一つであるブーダーに来た。ここは砂地で、塩分を多く含んでいる。穀物もバターもオリーヴ油もなく、もっぱらなつめやしと蝗を食べている。蝗はたくさんいるので、なつめやしと同じような方法で貯蔵しておいて食べる。これを捕えるには、日の出前、寒さのために飛べぬ時をねらう。

ブーダーに数日いたのち、キャラヴァンに加わってシジルマーサに至り、さらに七五四年のドゥール・ヒッジャの月の二日（西暦一三五三年一二月二九日）にそこを出発した。折しも大寒で、路は雪に埋もれていた。長年の旅の間には、いくたの難路を越えたし、しばしば大雪にも会った。ブハーラー、サマルカンド、ホラーサーン、トルコ族の国々などでそうであった。けれども、このときのウンム・ジュナイバの路ほどの悪路は知らなかった。犠牲祭の前夜にダールッ・タマアに着き、翌々日、そこを発って都ファース（フェズ）に入った。長い旅も終った。今こそ、明君の仁愛のもとにやすらかに暮らそうと思っている。いと高きにおわしますお方が、われらの君主の御寿命をいや永からしめたまわんことを。

むすび

「都会の珍奇さと旅路の異聞に興味もつ人々への贈物」と題する旅行記はここに終る。しるし終ったのは七五六年ドゥール・ヒッジャの月の三日（西暦一三五五年一二月九日）である。

アッラーよ、称えられていませ。その選びたまいし、しもべらに平安あらんことを。

イブン・ジュザイイいわく、アブー・アブダルラー・ムハンマド・イブン・バットゥータ長老の口述されたところを、わたくしが抄録したものはこれで終る。およそ明敏なひとびとは、この長老こそ当時代を代表する旅行家であることを見のがさぬであろう。「これこそわれらがイスラームの世界の卓越した旅行家である」というものは、決して誇張にわたることはないであろう。

解説

前嶋信次

ジブラルタル海峡を大西洋に向かって出て行く船は、左舷にモロッコの海岸をながめてゆくわけであるが、その突端に近くタンジェル（タンジャ）がある。古い歴史を秘めた港町で、アラブ族の大旅行家イブン・バットゥータのふるさとである。西紀一三〇四年二月二四日の生まれといえば、わが国では鎌倉幕府もそろそろ末期に近づき、中国では元朝の英主クビライが死んで一一年目にあたる。

イブン・バットゥータとはその家系を示す名で、本名はムハンマド、父はアブダルラーという人であった。この一家は実はルワータというベルベル人の一部族にぞくし、もとは今のリビヤ地方におり、後にモロッコに移ったもので、今でもかの地にはイブン・バットゥータと名乗る人々がいるそうである。ゆえに純粋のアラビヤ人ではないのであるが、アラビヤ文化に同化したがために広い意味でのアラブ族といってさしつかえないであろう。また本人も自らアラブ族だといっている。

二二歳のとき、聖地メッカの巡礼を志して故郷を出てから、未知の世界にあこがれるままにアフリカから西アジヤ、南ロシヤ、バルカン半島、中央アジヤ、インドをへめぐり、遂にスマトラを経て、福建の泉州に上陸し、北京にまできたといっている。さすがに、故郷がなつかしくなってモロッコに戻っていったのは一三四九年で、その四六歳のときであった。足かけ二五年間の長い長い旅だったが、それから後もスペインのグラナダとサハラ砂漠の奥のニジェル河畔まで赴き、一三五四年の初めにファース（フェズ）に帰着した。その教養は相当に高く、いたるところで学者や修道士と交わり、インドの都やマルディーヴ群島ではカーディー（法官）に任ぜられたし、その晩年もモロッコのある町の法官として没時に及んだという。旅行中は種々の記録をつくったと思われるが、途中で何度も災難に遭ったため、他の持物もこめてほとんど失いつくしたらしい。インドの西南近海で海賊に襲われた際など、下袴一つ残して全部の持物を奪い去られたと自分で語っているほどである。

その数奇な生涯を記録に残しておきたいと望んだのは、かれ自身というよりもむしろモロッコに君臨していたマリーン朝のアブー・イナーン王の方であった。書記に命じて、その口述するところを筆記させ、さらにこれを宮廷にいたムハンマド・イブン・ジュザイイに命じて整理させた。初めの口述が終ったのが西紀一三五五年一二月九日で、イブン・ジュザイイはこれをもとに、繁雑なところは省き、ところどころに自分の意見を書き入れなどして、三カ月足らずで終ったという。

イブン・ジュザイイはスペインのグラナダで一三二一年に生まれた人で、イブン・バットゥータより一七歳も年少であった。カルブ族というアラブ系の名門に生まれ、父ムハンマドも学者として名高く、その著書の一部が今も残っているくらいである。イブン・ジュザイイ（これも父と同じムハンマドというのが本名で、イブン・ジュザイイは姓に類したもの）もまた詩、歴史、文法、神学等に精通し、ことに書道においては一流の域に達していた。はじめグラナダのアブル・ハッジャージュ・ユースフ王に仕えたが、無実のとがめを受けて笞（むち）で打たれたため、モロッコに逃れ、アブー・イナーン王の秘書官となった。

そしてこの旅行記の整理を終ってから、わずか八カ月して、一三五六年にこの世を去った。

一方イブン・バットゥータの方は、さらに二〇年あまりも生きて一三七七年に七四歳で意義深い生涯を終ったというが、一説によれば一三六八年か六九年、すなわち六五、六歳で没したともある。いずれにせよ、五〇歳以後は、比較的静かな生活を送ったものであろう。

後にフランス人がアルジェリヤを征服したとき手に入れた多数の古写本の中から、イブン・ジュザイイその人の筆になるイブン・バットゥータの旅行記が発見された。今もパリーの国立図書館に保存されている由である。紙は黄ばみ、ところどころ蝕まれているうえに、インクもうすれ、ほとんど読み難くなっている部分が少なくないが、その筆蹟の見事さは、さすがにアンダルシヤなうての能筆家とうたわれた人にふさわしいあでやかさであるという。最後のページに「ヒジュラ後七五七年サファルの月（一三五六年二―三月）に業を終る」としるしてあるというところから見ると、これこそ、イブン・バットゥータの口述の筆記に基いて編述し終った最初の稿本であることは明らかである。

＊

四半世紀にわたる旅行の間に、イブン・バットゥータがもっとも長く滞在したのは聖都メッカ、インドの首府デリー、マルディーヴ群島のマハルなどであった。その部分の記述が、もっとも精彩を帯びていることは、当然であろうけれど、インド入国以後を扱った後篇の方が全般的に見て、前篇よりも面白い。これは、われわれに身近い地域に関するものだからというよりも、イブン・バットゥータその人の記憶が新鮮であったせいもあるのであろう。ことにインドのコイル（今のアリーガル）付近で叛徒に捕えられ、幸いに脱出して、炎熱の平原を彷徨するあたりは全篇を通じてもっともいきいきした部分である。

サハラの奥、ニジェル河畔の黒人王国を訪れた記録は、この秘境を世界に伝えた最古の文献として珍重されている。また小アジヤ半島の各地に拠ったトルコ族の君長のもとを歴訪してあるいた部分は、オスマン・トルコ勃興直前の事情を示した史料として高く評価されている。バグダードではチグリス河に舟を浮かべたイール汗国のアブー・サイード王の若く美しい姿をながめ、デリーではムハンマド・イブン・トゥグルック王の寛大と残忍さを織り交えた性格にふるえおののいている。

一たびインドを離れ、スマトラを経て中国に近づくに至って、その伝えたところは、実際の地理や史実とよほどかけ離れた点が出てきて、果たして本当に北京までできたのだろうかと疑う者も少なくない。またヴォルガ中流のブルガールまで行ったと述べているが、その費したと称する日数ではとても行けるはずはなかったことが指摘されている。

しかしそういう若干の例外をのぞいては、その伝えるところは驚くほどよく真実をとらえ、一四世紀中ごろのイスラム社会を躍如として写し出している。イギリスの地理学者クーリー（Desborough Cooley）は、イブン・バットゥータの旅行記は「その興味においてマルコ・ポーロの書に匹敵する」といい、オランダのドズィー教授（Reinhart Dozy）は「いろいろの点から見て、一流の著作である」とも「この正直な旅行家」ともいってほめている。フランスの東洋学者レーノー（M. Reinaud）はイブン・バットゥータは「人間としては、アラブの大地理学者イブン・ハウカルやマスウーディーを凌ぐ。この二人ほどの学はなかったとするも、もっと広い舞台に目を放っている」といっている。イギリスのユール（Sir. Henry Yule）も「この旅行記の正真正銘のものであること、全般的の真実性については疑うべくもない」と評している。アラブ族を代表する旅行家であるということは、かれが自負したところだったらしいが、本質はイスラム神学者、法学者であったから、そのころスペイン、モロッコからインドにつらなるイスラム世界を歩けば、至るところで厚遇され、尊敬をうけ、衣食や旅費に困るようなことはなかった。中国にきても広東や、泉州のようにムスリムの居留地があるところでは、何の不自由もなかったのであるが、一たびイスラム世界以外に出ると、水を離れた魚のごとく難儀することとなる。コンスタンチノープルや、北京への旅行がそうであった。こういうイスラム世界の特殊性は現在でも消え失せてはいないように思われる。ただ異教の人々には経験することができないだけで、すぐ海のかなたからえんえんとしてモロッコのはてまで続いているのである。昭和一〇年代の中ごろにしばらく東京にきていたムーサーという漂泊の博学者などは、いまはどこか天涯のはてに去って消息を断ったが、万巻の書を脳裏に収め、手に一巻の書を持たなくとも、実際は大きな文庫を携帯しているのと同じことであったという。イブン・バットゥータのような旅行家は今も幾人となくイスラム世界をひょうひょうと歩いていることと思われる。

＊

アラビヤ文学史上に特異の地位を占めるべきこの書も、一時は忘れられかけていたものらしい。わずかにアフリカや西アジヤの旧家の書庫や、図書館などに紙の色も古びて積み重ねてあったのであろう。そうして他の世界の人々はその名をさえ知らなかったのである。それが一九世紀の初めになって、やっとヨーロッパの識者の口の端にのぼるようになった。

この書をはじめてヨーロッパに紹介したのは、メッカに潜入し、のちにヤマンに入ったきり行方不明となったロシヤのゼーツェン（Ulrich Jaspar Seetzen, 1767–1810）であった。西アジヤの某地で、不完全な写本を手に入れ、その大体を報告したのは一八〇八年のことである。しかし原本も不充分なればその紹介も正確でなかった。一〇年たって、一八一八年に、ドイツの東洋学者コーゼガルテン（J. G. L. Kosegarten）がゼーツェンの入手した稿本の大部分を出版し、訳文をも添え、なお足りぬところは門下のアペッツ（H. Apetz）が補篇を出した。一八一九年には同じくアラビヤ探検で不朽の名を残した独のブルクハールト（J. Ludwig Burckhardt, 1784–1821）が、「ヌビヤ紀行」中で、イブン・バットゥータの書の一部を訳出した。その原本は、かれ自身が入手した稿本で、これも省略した本ではあったが、ゼーツェンのものよりも詳細であった。そして「イブン・バットゥータこそ、紀行を残した旅行家のうちでもっとも偉大なものであろう。……この書はエジプトではきわめて珍らしく、わたくしはまだ一度も見たことがない。けれど確かにカイロに一部はあることがわかっているが、果たして誰の所有なのか知るを得ない」としている。アラブ族を代表する大旅行家も、すでにこのころには、アラブ文化の中心地で忘れ去られようとし、たまたま北欧の探検家に知己を見出したのである。

ブルクハールトが得た稿本は、ムハンマド・イブン・ファトフルラー・アル・バイルーニーという人が省略したもので、ブ氏の死後、ケンブリッジ大学の所有に帰した。サミュエル・リー（Samuel Lee）はこの稿本から英訳し *The travels of Ibn Batuta*, translated from the abridged Arabic manuscript copies, London 1829. を刊行した。惜しいかな、アル・バイルーニーの省略により重要なところが大分抜けていたのみならず、その訳文にも不正確なところがまま見られた。

一八四〇年にポルトガルの神父サント・アントニオ・モウラ（Jose de Santo-Antonio Moura）が

リスボンで「Ben Batuta 旅行記」第一巻をポルトガル語訳で公刊した。その原本はモウラが一七九七年から九八年にモロッコに旅行したときファース（フェズ）で入手したもので、訳出の部分は、ちょうど、前篇にあたる。後篇の方は遂に刊行されなかったらしい。稿本を得てから四十余年後に第一巻が出たくらいであるから、おそらく神父は第二巻を出さずに他界したのであろう。この訳文も正確を欠き、またしばしば省略を行ない、詩の部分などは黙殺するのが常であった。

その後、部分的の訳出をするものはぼつぼつあった。たとえば、フランスのド・スラーンヌ（Mac Guekin de Slane）がサハラの奥地への部分を、デュローリエー（Édouard Dulaurier）が南洋群島に関した部分を、シェルボノー（Cherboneau）が門出からシリヤまでの部分をというふうであった。

フランス人がアルジェリヤを征服しコンスタンティンヌ市を占領した際、多数のアラビヤ語文献を手に入れたが、その中にイブン・バットゥータ旅行記の完本もあった。この名著の完全な稿本は、こうして初めて学界に姿を現わしたのである。パリーの王室図書館（今のビブリオテック・ナショナール）の所有に帰したこの旅行記は五部に達したが、そのうちの二部は首尾のととのった完本であり、第三は後篇だけであるが、前にも述べたようにイブン・ジュザイイその人の自筆のものであり、第四番目は、前篇のみで、西紀一七二一年に写し終ったもの、他の一つは破損したページが少なくなかった。この五種をつき合わせて校訂し、フランス語の逐語訳を完成したのが二人の東洋学者ドゥフレメリーとサンギネッティ（C. Defrémery & B. R. Sanguinetti）で、アジヤ協会の費用により一八五三—五八年に四巻本として公刊された。一冊が四五〇ページくらいあって、本文だけで一七八一ページある。ただし原文と訳文の双方の分量である。この書の第一巻が現われたとき、エルネスト・ルナンが書評を書き（Mélanges d'histoire et de voyage）、「イブン・バットゥータは記録を残した地上旅行家中で、もっとも多くの国を遍歴した人であろう。少なくともアラブ系旅行家中では、もっとも誠実、もっとも好奇心に富み、もっとも注意深い人である」といい、その人を二十余年間も養い、悠々と旅ゆかせたイスラム社会の微妙な特徴を興味深くえがいている。

こういう立派な手引きがでているし、アラビヤ原文のものは、カイロの書店にたのめばこのごろでは新しい版のものを安価に手に入れることができる。わたくしもいままで、いくどかこの書の訳出を考えた。原文は大体平明であるが、ところどころに美文調の難解な文章、モロッコ地方の特殊な語彙、スーフィイー（イスラム教神秘派）の術語や、前後を外した詩句の引用などが挟まっていて、前記の二訳者も大変に苦心したようである。しかし現在ではそういうものについての参考書も増している。この二人の訳は立派なものであるが、もちろん完璧とは言いがたい。考え違いもあれば、フランス語として理解しやすくするために、余分の語句を補い、そのために原文の興趣を殺いでいる所も少なくないようである。

昨夏、河出書房の方が見えられて世界探検紀行全集の一冊にこれを収めたいといわれたとき、かねての念願を果たそうと喜んで引受けた。しかし、とうてい、全訳を収めるわけにはゆかぬし、原文には一般の読者を退屈させるような部分も少なくないから、約四分の一に抄訳することにした。こういう抄訳は、すでに英国のギッブ教授（H. A. R. Gibb）が試みたところで、Broadway Travellers 叢書の一つとして一九二九年に初版を出している。（Ibn Battuta, *Travels in Asia and Africa*, 1325–1354, translated and selected by H. A. R. Gibb, London 1929, second imp. 1939, third imp. 1953）同教授はアラビヤ語に精通し、イスラム史では世界的に第一人者と目されている。

これは是非とも参照したかったが、容易に手に入らず、そのままに稿を進めていた。たまたま本年の二月はじめ、神田の某書肆にあったと教えてくれる人があったので、急いで行ってみたところ、もはや誰かの手に入った後であった。ところが、ひとまず稿を終えたところへ、新しい版のものがとどいた。ギッブ教授が果たしてどの部分をセレクトしているかに多大の興味をもって、直ちに通読した結果は、わたくしの省略よりも、もう少し縮めたものであることがわかった。もとより直接アラビヤ原文から訳し直したもので、ドゥフレメリーとサンギネッティのものよりもさらに歩を進めてあり、全篇にわたってきわめて正確であると見受けられ、その学殖に敬服したのである。もちろん、わたくしどもがさして必要のないと思うところを克明に訳出している場合もあれば、ギッブ氏があっさり棄てたところをこちらで逐一訳した箇所もある。人それぞれ観点の相違があるからいたし方ない。メッカ滞在中の部分を、ルナンは全巻中でももっとも光彩を放っていると評しているのに、ギッブ氏は、メッカについてはバートンの旅行記をはじめ充分の文献があるからといって、ほとんどあげて削り去っている。

あとで考えると、稿を終えるまで、この英訳本が手に入らなかったことは、むしろ幸いであった。その影響を強く受けることなしに、わたくし自身の立場から取捨することができたからである。

右にあげたほかに、インドと中国に関した部分については Hans von Mžik, *Die Reisen des Arabers Ibn Batūta durch Indien und China*, Hamburg 1911. があり、インド滞在中のことは Agha Mahdi Husain, *The rise and fall of Muhammad bin Tughluq*, London 1938. に考証されている。ベンガルから、スマトラを経て、中国を旅した部分はユールとコルティエーの東域記程録叢（S. H.

Yule & H. Cordier, *Cathay and the way thither,* London 1916）第四巻に英訳され、詳細な序論、注釈などがつけてある。序や注は有益であるが、訳文の方は、仏訳文をそのままに英語に重訳したものので、その誤解や添加をもそのままに踏襲し、特別な価値はないものである。ギッブ氏はこの書の全訳をハックルイト協会の叢書のために準備中であると自記しているが、まだ出ていないようである。M. Husain, *Travels of Ibn Batutah,* Lahore 1898. や Janssens, H. F., Ibn Batouta "Le Voyageur de l'Islam," Paris 1948. は全訳かどうか現物を見たことがないのでわからない。スマトラから中国へ来る途中で寄ったタワーリスィー王の国については山本達郎博士の詳しい研究がある（東洋学報、昭和一〇年八月号）。

解説追記

右は昭和二九年八月一〇日に初版が出た河出書房旧社発行『三大陸周遊記』に寄せた訳者の解説である。その中でハミルトン・ギッブのイブン・バットゥータの抄訳（一九二九年初版、同五三年三版）が「神田の某書肆にあったと教えてくれる人があったので、急いで行ってみたところ、もはや誰かの手に入った後であった」と記した。某書肆というのは一誠堂のことであったが、そのとき、逸早くこれを入手されたのは、香料史の権威山田憲太郎博士であったことが、あとで同博士からの御便りによってわかった。はや二三年の昔話である。

初版出版後、温情の籠った書評がたしか朝日新聞だったと思うが、それに掲載された。これもあとで執筆者は、バートン訳『千夜一夜物語』の完訳をとげられた故大場正史氏であったことが、やはり同氏からの来信でわかった。そのお蔭もあって、あの本は割合によく世に迎えられたらしく、初版数千部が間もなく無くなり、再版が出たのであるが、そのうちに河出書房の方に新社への切り換えなどもあって、絶版となった。

昭和三五年に、私は一年あまり、海外に旅をすることとなり、留守中の家族の生計のことなども考えて、河出書房の了解を得て、角川文庫から出版してもらった。これは翌三六年六月末に初版が出て、三年ほどして再版になったが、そのまま絶版になっている。この文庫版の解説に「さきに抄訳を出したギッブ教授は三〇年来の約束をはたし、一九五六年にその完訳の第一巻を世にとうた。*The Travels of Ibn Battūta*, vol. I. (*The Hakluyt Society*, Second Series No.CX, London 1956) 多分、全部で四巻となることと思われる」と付記した。一九五六(昭和三一)年から六年たって、一九六二年には同書の第二巻が出版された。この巻でギッブは、イブン・バットゥータ自身が述べた一三三〇年から一三三三年九月一二日にインダス河畔に到着までの旅行年次にかなり多くの記憶ちがいがあるとして、新しい年表を示したのである。これは、本書の「年譜」にギッブ説を付記することにしようと思う。

第二巻が上梓される一年前、一九六一年三月下旬にフィラデルフィアのペンシルヴェニア大学でアメリカ東洋学会の年次大会がひらかれた。あたかもそのとき、私はプリンストン大学の東洋学科の世話になっていたので、早春の北米の風物を楽しみながら、これに参加した。ギッブ博士はそのころ、ハーヴァード大学教授で、元気よく見受けられた。カリフォルニア大学のグルーネバウム、イエール大学のローゼンタール、ペンシルヴェニア大学のゴイテインなどの諸教授と共に大会の中心だったが、ギッブ博士はそれらの中でも、とくに長老格で重きをなしているように見受けられた。大会が続いた約一週間のうちには、しばしば同教授の風貌に接し、その音声を耳にする機会もあったけれども、それがまたこの碩学に接することのできた最後のものでもあった。その年の暮近く、帰国して間もなく同博士が病に倒れたとのよしを知ったからである。昭和四二年に私はまた渡米し、ミシガン大学で開かれた国際東洋者会議で、グルーネバウムやゴイテインの元気な姿を見たが、もはやギップ博士の姿はなかった。

私は東洋学の片隅に手をかけてから、もう半世紀を越えている。多くの人々の著作を読み、その本人に会う好機に恵まれたことも度々であったが、ギップの場合ほどに感慨深かったことはないように思っている。あの大会でギップよりかなり年少ながら、颯爽として才気煥発、満堂を圧するごとく見えたグルーネバウムも鬼籍に入ってから、もう数年たっている。

ギップの書の第三巻は一九七一（昭和四六）年に出版された。それより先、一九六五年に『ハミルトン・A・R・ギップを記念してのアラブおよびイスラム研究』という論叢（ろんそう）がライデンのブリル書店から刊行されたが、それに編者のジョージ・マクディシーがギップ博士の略伝を書き「これを書いているとき、彼はイブン・バットゥータの旅行記第三巻の最後の二章と取組んでいられる」という消息を入れている。

第四巻はついに出ずじまいに終ったが、その遺作三巻は一代の権威者が晩年の精力をそそぎ、じっくりと年期をかけた仕事だけあって、素晴らしい出来ばえであるように思われる。短期間に莫大な分量の著作をものするということも、場合によっては意義があるかも知れないが、綿密な考証をともなう著作などが、そんなに早くできるはずはないであろう。

ジャンサンスの「『イスラムの旅行家』イブン・バットゥータ」は一九四八年にブリュッ

セルで刊行された。初版の解説の中で、私はこの書をパリー刊行とし、「全訳かどうか現物を見たことがないのでわからない」と書いた。そのころ、同書はとうに出版されていたのだが、ついに見つけることができなかったのである。

しかし、その後入手することができた。著者はベルギー人でジャンサンス（Herman F. Janssens）といい、原書の翻訳ではなく、一三〇ページの小冊子のうちに、イブン・バットゥータの旅行記の解説を試みたものであることがわかった。ルベーグ叢書 Collection Lebègue という、わが国の教養的新書に似たものの第八九冊目に当っている。著者について詳しいことはわからぬが、充実した内容で、綿密な研究成果を盛りこんだものである。ギップ博士も、この本を高く評価し、その訳注書第一巻の序文の中に「この訳書の一般的の解説を行なうかわりに Herman F. Janssens の Ibn Batouta, 'Le Voyageur de l'Islam' というすぐれた研究 excellent study に留意して頂くことにしたい」という意味の一節を入れている。

イブン・バットゥータの書は、メフメット・シェリーフ・パシャによってトルコ語に訳され、一九一五年に三巻本で、イスタンブールで発行された。またムハンマド・アリー・ムワッヒドによってペルシャ語に訳されたものが、一九五八年にテヘランで刊行されたという。さらにイタリア語の抄訳がF・ガブリエリによって行なわれ、一九六一年にフィレンツェで刊行されている。また、マハディー・フサインの Reḥla of Ibn Baṭṭūṭa は一九五三年にバロダで刊行された。これはインド、マルディーヴ群島、セイロンの旅の部分だけの英訳だが、くわしい注釈がついており、好著である。

終りにあたって、彼の旅行記に対する全般的評価としての、ジャンサンスの言葉を引用して見よう。それによるとこの書は、世界文学中の傑作の中に加えるべきもので、すでに消え去った世界を全般的に復活させるだけの内容をもった著作の一つであるというのである。そして、イブン・バットゥータが復活させたすでに消え去った世界とは、一四世紀のユーラシア大陸、とくにイスラムの世界なのである。

年譜

西暦	年齢	
一三〇四	一	モロッコのタンジャに生まれる。
一三二五	二二	六月一四日メッカ巡礼に出発。
一三二六	二三	四月五日、アレクサンドリヤ着。八月九日、ダマスクス着。九月一日、同地発アラビヤに向かう。メッカ大祭に参列。一一月一七日、メッカ発。
一三二七	二四	イラークよりイランに入り、五月七日イスファハーン着。六月、バグダード滞在。再びメッカに入る。大祭に参列。
一三二八	二五	メッカ滞在。大祭に参列。
一三二九	二六	メッカ滞在。大祭に参列。
一三三〇	二七	メッカ大祭後、ヤマンに向かう。
一三三一	二八	東アフリカ、アラビヤ南岸を旅行。
一三三二	二九	ペルシャ湾を越え、アラビヤを横断。メッカの大祭に参列。シリヤより小アジヤへ。
一三三三	三〇	小アジヤ、南ロシヤ、バルカン、中央アジヤを経て九月一二日イ

ンダス河畔に到着。

一三三四―四〇　三一―三七　デリー滞在、法官としてムハンマド・イブン・トゥグルック王に仕う。

一三四一　三八　デリー滞在。一二月、国王の不興を買い、法官を辞して幽棲す。

一三四二　三九　春、中国への使節を命ぜられ、七月二二日デリー出発。

一三四三　四〇　カリカットにて遭難し、夏ごろマルディーヴ群島に向かう。

一三四四　四一　八月二六日マルディーヴ群島を去り、セイロン、コロマンデル海岸に至る。マルディーヴ再訪。ベンガル、アッサムに行く。

一三四五　四二　スマトラを経て泉州に至り、広東、杭州より北京に至る。

一三四六　四三　南海経由、インドに帰る。

一三四七　四四　四月、インドを去り、フルムズ、シーラーズ等を歴遊。

一三四八　四五　一月、バグダード、六月、アレッポに至り、ペストの災害を見る。エジプトに入る。

一三四九　四六　二―三月、メッカの大祭に列し、四―五月、カイロより故郷に向かう。五月末ガベス滞在、一一月一三日、フェズに着く。

一三五〇　四七　故郷タンジャに帰る。

一三五一　四八　スペインを訪う。

一三五二　四九　二月一八日、シジルマーサを出発し、サハラの奥地に向かう。六月二八日、マールリーに着く。

一三五三　五〇　二月二七日マールリー出発。九月一一日タカッダー出発。一二月

一三五四　五一　二九日シジルマーサよりフェズに向かう。
一三五五　五二　フェズに住む。
一三五五　五二　一二月九日、旅行記の口述を終る。
一三五六　五三　二、三月ころイブン・ジュザイイによる旅行記の整理終る。
一三六八　六五　この年または次の年ころ死亡との説もある。
一三七七　七四　モロッコの某都市で死亡（あるいはその翌年）、晩年はそこの法官であった。

付記

イブン・バットゥータはその旅行談の中で、自分の言っていることが、体験や目撃に基く真実のことばかりであることを幾度か言明している。デリー滞在中の経験を述べたところでは、

「アッラーと、その天使たち、その預言者たちにかけて、私が伝えるところが、確実なものであることを証言する。私が話すことの一部は、多くの人たちの心の中で、納得されず、実際には起こるべからざることだと思われてしまうであろうということを知っている。しかし、私がこの目で見て、その真相を知り、そのことに自分も大きな関わりをもった出来ごとなどについては、真実を語るほかには自分には何もできないのである」

「私はただ、自分がその場に居あわせ、その生証人であり、現にこの目で見とどけたことどものみを話そうと思っている」

などといい、また東南アジヤ方面を旅したとき、珍らしい植物類のことを伝えて

「私たちが親しく見たこと、この目でつらつらと眺め、よくあらためて見たことどもを述べようと思っている」

などともいっている。現代の学者たちは、彼の旅行記がきわめて貴重な内容のものであることは、充分に認めながらも、その伝えたところには、かなり疑ってかからねばならぬ部分もあることをいろいろ指摘している。

イブン・バットゥータは四半世紀にもわたる長途の旅の間に、難破によって持物のすべてを失ったり、山賊や海賊のため掠奪されたりすることも度々で、故郷モロッコに帰ったときは、旅行中のメモなどはほとんど失っていた。ジャンサンスの言葉を借りると「彼の旅行記はよし一種の編纂物、または空想の所産にすぎぬとまでは言えなくとも、その内容のすべては、この旅行家の記憶だけから出たものである」というのである。

しかし、いくら記憶力の強いものでも、時間の経過とともに薄れ去る場合もあるし、憶えちがいということもある。ことに言語・風俗を異にする異郷を長年月にわたって旅しあるき、無数の人々と接触する場合においてはいろいろの誤解も生ずるのが自然である。ドゥフレメリーとサンギネッティの原文対訳書第四巻の末には、イブン・バットゥータの旅行記中に現われてくる地名・人名などの総索引がつけてあるが、これだけで九一ページに達している。仮に一ページ四〇項として計算すると三六四〇項目という多数になる。彼が旅を終ったころに記憶していた数でさえ、これだけあったのである。

ギッブは、この旅行記を冷静かつ綿密に考察した結果、イブン・バットゥータ自身が語った旅行年次では腑に落ちないところがいろいろあるとし、自分一箇の試案ではあるがとことわって、かなり大胆な修正クロノロジーを組立てている。

前掲の「年譜」は私が、イブン・バットゥータその人の語ったところによって作製したもので、河出書房版『三大陸周遊記』初版にはじめて入れたものであるが、ギッブの修正クロノロジーでは一三二九年から一三三三年までの間に重要な改訂を行なうべきであるとし、その他の部分はそのままにしてある。

ギッブは一九六二年、パリーで公刊されることになっていた『レヴィ・プロヴァンサル論叢』Mélanges Lévi-Provençal に「イブン・バットゥータの小アジヤおよびロシヤの旅についての覚書」という論考を寄せると共に、その訂正英訳文を、イブン・バットゥータの旅行記の訳注書第二巻の付録としている。これは「イブン・バットゥータの小アジヤおよびロシヤの旅の仮定年表」と題してあり、一〇ページだけのものであるが、内容は創見に富み、大胆に旅行の年月や行程について批判を試みている。ギッブの説が果たして正しいかどうかについてはまだ誰も断案を下すことはできないし、かつその論拠も動かすことのできぬきめ手とまではいえないものが大部分を占めている。しかし参考までにその仮定的年表を左に紹介することにしよう。

イブン・バットゥータ自身の語ったところでは、一三二七年に再びメッカに入り、大祭に参列し、一三二八年、二九年、同三〇年とひきつづき同地に滞在し、一三三〇年の大祭を終わったのち、ジュッダから海路をヤマン地方に向かったとしている。ギッブは一三三〇年に南方の旅に出たのではなくて、一年早く、一三二九年のメッカ大祭ののちに、ジュッダから南に向かって去ったのであろうとしている。

イブン・バットゥータが自ら語ったところでは、一三三〇年秋から南方の旅に出て、ヤマンから、東アフリカに至り、モガディシュその他の諸港を歴訪したのち、またアラビヤの南部海岸にもどり、東へ東へと進んで、ペルシャ湾に入り、バハレイン島を経て、アラビヤの東海岸に上陸、ナジュド高原を横断して、一三三二年のメッカ大祭に参加したのち、まもなく、エジプト経由、シリヤ、小アジヤ方面に向かったとしている。

しかし、ギッブは、ここのところで、重要な修正案を示している。それによると、それより少なくとも二年早く、一三三〇年の一〇月には、またアラビヤを去って、エジプト、シリヤ、小アジヤへの旅に出、翌三一年には小アジヤ南岸のアラーヤーに上陸したのであろうとし、その後の行程を次表のごとく考えている。

一三三一年　六月　八日　アクリードゥール（エーリディル）に着く。
一三三一年　七月　八日　デニズリ着。
　　　　　　八月　　　　大暑中約二一日間、ビルギー滞在。
　　　　　　九月一三日　マグニーシーヤ（マニサ）着。
　　　　　　一〇月一三日　ブルサ着。
　　　　　　一一月末　ヤズニーク（イズニク）発。
一三三二年　春のある日　サヌーブ（シノペ）から船で黒海をクリミヤに渡る。
　　　　　　五月二七日　カフカースのビーシュ・ダグに至る。
一三三二年　七月　五日　ヴォルガ河口のアストラハンを出発。

八月　九日　バーバー・サルトゥーク着。
九月一八日　コンスタンチノープル着。
一〇月二四日　滞在三六日で、同地出発。
一三三二年　一月初旬　ヴォルガ中流のサラーイ到着。
それより四〇日を費してホラズム（フワーリズム）に至る。
一三三三年　二月　ホラズムに滞在すること二、三週間。
三月中　一八日を費してブハラに至る。
五月初旬　ジャガタイ汗国王タルマシーリーンの行営地に滞在。
六月末まで　クンドゥーズに約四〇日間滞在。
一三三三年　夏　ヒンドゥー・クシュを越えてカーブルに至る。
一三三三年　九月一二日　インダス川を渡る。

大体、右のごとくである。

その他にも、ギッブ博士は、この旅行記の内容について、思いきった仮説をいくつか立てている。今後の研究によって、これら仮説のいくつかが、立証されることになれば、イブン・バットゥータの年譜も、いろいろの点で修正を施さねばならぬことと思われる。しかし、目下のところでは、彼自身が語ったところとしての年譜に拠るのが、穏当であろう。

ギッブ博士の逝去により、われわれにとって、とくに興味が深い東南アジヤや元末の中国各地を旅した部分についてのいろいろの卓見に接することができなくなったのは、まことに恨事といわなくてはならない。私としては、まだ肌寒い浅春のフィラデルフィアの学園や、巷のたたずまい、行きかう人々のにぎわいと同博士の温容とを追憶のフィルムのうちにあわせて思い浮かべ、はや一七年の昔になったあのころを懐しむのみである。

今年の初夏のころ、不覚にも大患にかかり、生死の境をさまようこと数日間であった。不思議にも一命をとりとめ得ただけに、河出書房新社から、この書が新装をこらして復刊されるのを見ることはまことに望外のよろこびである。

（一九七七年一〇月一五日訳者記す）

イブン・バットゥータ（1304 － 1377）

アラビヤの旅行家。北部モロッコに生まれ、22歳の時に聖地メッカの巡礼を志して故郷を離れ、以後、足かけ30年間にわたり、アフリカ・西アジア、南ロシヤ・バルカン半島・中央アジア・インド・スマトラ・中国・スペイン・サハラ砂漠など文字通り三大陸を旅行。この間、滞在地で法官に任ぜられるなど高い教養の持ち主でもあった。

前嶋信次（1903 － 1983）

1903年山梨県に生まれる。東大文学部東洋史学科を卒業。大学では藤田豊八教授の下で、アラブ族の中央アジア征服史を研究。1928年藤田博士に従って渡台、台北大助手となる。1940年満鉄東亜経済局に入り、厖大なイスラム文献を自由にする機会を得た。1950年以後は慶應大学に勤務。同大学語学研究所を経て文学部教授となり、同大学名誉教授。著書には『アラビア史』『イスラムの文化圏』『東西文化交流の諸相』『イスラム世界』『シルクロードの秘密国』『アラビアの医術』など多数があり、主要訳書に『アラビアン・ナイト』などがある。

[監修]　井上靖・梅棹忠夫・前嶋信次・森本哲郎

[ブックデザイン]　大倉真一郎
[カバー装画・肖像画・見返しイラスト]　竹田嘉文
[編集協力]　清水浩史
[地図（本文・見返し）]　株式会社 ESSSand（阿部ともみ）

本書は『世界探検全集02 三大陸周遊記』（1977年、小社刊）にナビゲーションを加え復刊したものです。本書には、今日の人権意識では不適切と思われる表現が使用されています。しかし、差別助長の意図がなく、資料的・歴史的価値が認められること、および著者・訳者が故人であるため表現の変更ができないことを考慮し、発表時のままといたしました。また、地名・人名をはじめとする固有名詞や用語に関しては、当時と現在とでは呼称に一部相違があるものの、前掲の事情を考慮して発表時のままといたしました。（編集部）

تحفة النظار في غرائب الأمصار وعجائب الأسفار
(Tuḥfat an-Nuẓẓār fī Gharāʾib al-Amṣār wa ʿAjāʾib al-Asfār)
by Ibn Baṭṭūṭah

世界探検全集 02
三大陸周遊記

2023年5月20日　初版印刷
2023年5月30日　初版発行

著　者　イブン・バットゥータ
訳　者　前嶋信次
発行者　小野寺優
発行所　株式会社河出書房新社
〒151-0051
東京都渋谷区千駄ヶ谷2-32-2
電話 03-3404-1201（営業）
03-3404-8611（編集）
https://www.kawade.co.jp/

印　刷　株式会社亨有堂印刷所
製　本　加藤製本株式会社

Printed in Japan
ISBN978-4-309-71182-9

世界探検全集

01 東方見聞録
マルコ・ポーロ　青木富太郎（訳）

02 三大陸周遊記
イブン・バットゥータ　前嶋信次（訳）

03 アジア放浪記
フェルナン・メンデス・ピント　江上波夫（訳）

04 カムチャツカからアメリカへの旅
ゲオルク・ヴィルヘルム・シュテラー　加藤九祚（訳）

05 ニジェール探検行
マンゴ・パーク　森本哲郎・廣瀬裕子（訳）

06 アマゾン探検記
ウィリアム・ルイス・ハーンドン　泉靖一（訳）

07 天山紀行
ピョートル・セミョーノフ＝チャン＝シャンスキイ
樹下節（訳）

08 アフリカ探検記
デイヴィッド・リヴィングストン　菅原清治（訳）

09 黄河源流からロプ湖へ
ニコライ・プルジェワルスキー　加藤九祚（訳）

10 世界最悪の旅
アプスレイ・チェリー＝ガラード　加納一郎（訳）

11 恐竜探検記
ロイ・チャップマン・アンドリュース
斎藤常正（監訳）　加藤順（訳）

12 ゴビ砂漠探検記
スウェン・ヘディン　梅棹忠夫（訳）

13 中央アジア自動車横断
ジョルジュ・ル・フェーヴル　野沢協・宮前勝利（訳）

14 コン・ティキ号探検記
トール・ヘイエルダール　水口志計夫（訳）

15 エベレスト登頂
ジョン・ハント　田辺主計・望月達夫（訳）

16 石器時代への旅
ハインリヒ・ハラー　近藤等・植田重雄（訳）

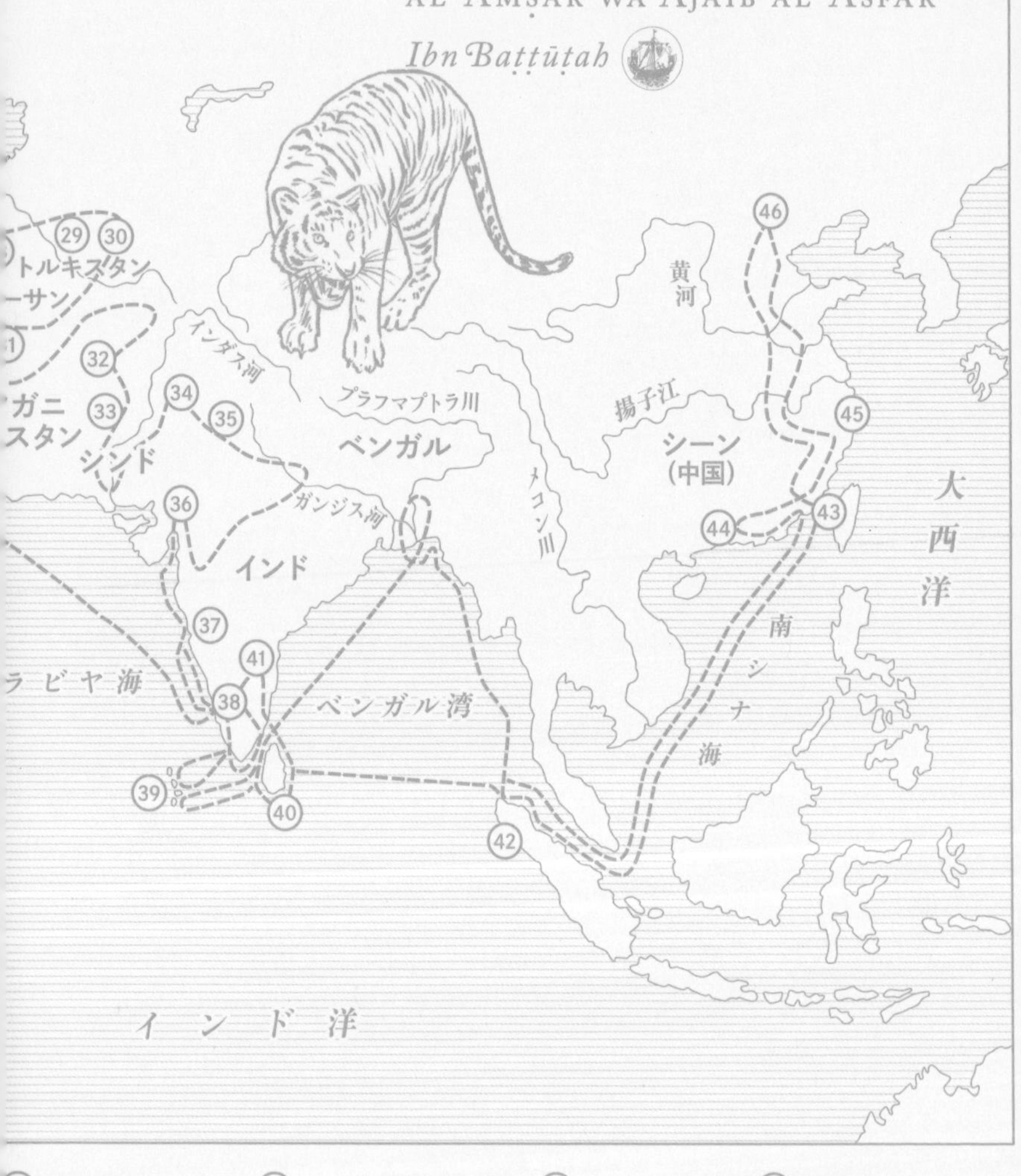

㉙ ブハーラー
㉚ サマルカンド
㉛ ヘラート
㉜ ガズナ
㉝ スィトワスィターン
㉞ ムルターン
㉟ デリー
㊱ キンバーヤ
㊲ サンダブール(ゴア)
㊳ カリカット
㊴ マルディーヴ群島
㊵ セイロン島
㊶ マドゥラ
㊷ スムトラ(スマトラ)
㊸ 泉州
㊹ 広東
㊺ 杭州
㊻ 大都(北京)
㊼ フルムズ
㊽ シーラーズ
㊾ イスファハーン
㊿ バグダード
51 タブリーズ
52 モスル
53 マシュハド・アリー(ナジャフ)